励耘文库

王汝弼卷

Wang Rubi Juan

聂石樵/编选

中国现代学术经典

ZHONGGUO XIANDAI XUESHU JINGDIAN

总主编⊙张　健

北京师范大学出版集团
BEIJING NORMAL UNIVERSITY PUBLISHING GROUP
北京师范大学出版社

图书在版编目（CIP）数据

中国现代学术经典·王汝弼卷／聂石樵编选.—北京：北京师范大学出版社，2011.1
（励耘文库）
ISBN 978-7-303-11707-9

Ⅰ. ①中… Ⅱ. ①聂… Ⅲ. ①社会科学－文集
Ⅳ. ① C53

中国版本图书馆 CIP 数据核字(2010)第 208490 号

营销中心电话 010-58802181 58808006
北师大出版社高等教育分社网 http://gaojiao.bnup.com.cn
电子信箱 beishida168@126.com

出版发行：北京师范大学出版社 www.bnup.com.cn
北京新街口外大街 19 号
邮政编码：100875
印 刷：北京京师印务有限公司
经 销：全国新华书店
开 本：170 mm × 240 mm
印 张：14.25
字 数：175 千字
版 次：2011 年 1 月第 1 版
印 次：2011 年 1 月第 1 次印刷
定 价：36.00 元

策划编辑：赵月华 责任编辑：郭 瑜 齐 琳
美术编辑：毛 佳 装帧设计：毛 佳
责任校对：李 菡 责任印制：李 啸

编委会名单

主　编： 张　健

副主编： 李国英　李春青　李怡（常务）

编委会成员（姓氏笔画为序）

刁宴斌　于天池　王　宁　王富仁　朱金顺

刘　勇　李国英　李　怡　李春青　赵仁珪

赵月华　张　健　陈　惇　聂石樵　郭预衡

童庆炳　谢纪锋　董晓萍　谭得伶

总 序

“百年师大，中文当先”。描绘北京师范大学中文学科的发展历史，这是一句经常被征引的判断。在一个较为抽象的意义上，它的确昭示了某种令人鼓舞的气象。不过，“百年”来的中国社会文化实在曲折多变，中国语言文学学科的发展也可谓是源流繁复，“当先”的真实意义常常被淹没于时代洪流的连天浪淘之中，作为“思想模式”与“学术典范”的师大中文传统期待着我们更多地保存、珍惜、承接与发扬。

现代中国的高等教育肇始于京师大学堂，由京师大学堂师范馆而有1908年5月的京师优级师范学堂，在此基础上，诞生了北京高等师范学校。同月，从京师大学堂母体诞生了作为中国现代高等教育翘楚的北京大学。“办理学堂，首重师范”，作为与北京大学“一奶同胞”的北京师范大学，正是秉承这样的理念引领了现代教育与文化的发展，其首功勋绩由此铭篆于史。从京师优级师范学堂里走出了符定一，我们优质的中国语言文学教育让这位著名的教育家与语言文字学家在后来创办湖南省立一中、执掌岳麓书院之时胸怀天下、垂范后学，培养了包括毛泽东在内的一代优秀青年。北京高等师范学校的中文学科更是云集了当时中国的学术精英，如鲁迅、黎锦熙、高步瀛、钱玄同、马裕藻、沈兼士，不时应邀前来讲学的还有李大钊、蔡元培、胡适、陈独秀等思想名流，可谓盛极一时。京师优级师范学堂、北京高等师范学校、北京(北平)师范大学、北京女子师范大学、国立北平师范大学、国立西北联合大学、辅仁大学，京师中文学科的漫漫历史清晰地记录着中国现代语言文学的学术历程与教育历程，这里，活跃着众多享誉中外的学术巨匠，书写了现代中国语言文学研究的华章：从九十余年前推行白话文、改革汉字，奠定现代汉语的基石到半个多世纪以来开创现代中国民俗学与民间文学的卓越贡献，诸多学科先贤都将自己坚实的足迹留在了中国现代思想文化发展的旅程中。

伴随着北京师范大学参与和引领现代中国学术坚实旅程的，则是近百年来中国社会发展的风波与激浪。这里交织着进步对落后的挑战、正义对邪恶的战斗、真理与谬误的较量。作为民众教育基本品质的彰显，我们的学术精英从来没有将自己的生命超脱于现实，从来没有放弃自己关注社会、“为人生”的责任和理想。中国第一流的语言文学学术哺育了中国优秀的校园作家，从黄庐隐、冯沅君、石评梅到苏童、毕淑敏、莫言，他们以自己的热情与智慧描绘了“老中国儿女”的受难与奋斗，为现代语言文学的学术思考注入了新鲜的内容；同样，在五四运动、女师大事件、“三一八惨案”和抗日的烽火里，北京师范大学的莘莘学子与皓首穷经的教授们一起选择了正义的第一线，在这个时候，他们不仅以自己的思想和智慧，更以自己的热血和生命实践着中国士人威武不屈、身任天下的人格理想，他们的选择铸造了现代中国学术的另一重令人肃然起敬的现实品格。

质朴坚韧的学科探求与身任天下的忧患意识，这不就是值得我们保存、珍惜、承接与发扬的学术传统么？有鉴于此，我们决定在《励耘文库》中增选一套能够记录、保存、彰显师大中文传统的“中国现代学术经典”系列，系统全面地总结我们曾经有过的学术业绩和文化贡献，希望今人能够借此缅怀我们的历史，又不断从中获得继续前行的力量。

新世纪的中国，经济的繁荣与精神的隐忧并存、文化的多元与选择的歧路同在。作为新时代的教育家、新的学术事业的继承人，如何回首我们的历史、领悟我们的使命，如何理解我们的传统，这些话题本身的复杂与沉重远远超过了词语表述的轻松。在这个时候，重温先贤的智慧或许大有裨益，但愿这些温润的文字能够引领我们重返深厚的过去，走向更为辽阔的未来。

北京师范大学文学院

励耘文库·中国现代学术经典编辑委员会

2010年3月10日

前 言

王汝弼先生，原名王绍通，又名闻夫，汉族，河北省蓟县人。1910 年生于蓟县富有的家庭，卒于 1982 年。中国民主同盟盟员。他自幼好学，1929 年入河北省通县师范学校读书，1929 年毕业后考入北平师范大学国文系，当时北平师大名教授很多，他师从钱玄同、高步瀛、黎锦熙诸先生，在学习上受到很好的教育，打下了坚实的古文献和古文学的基础。1935 年毕业后，在河北省立新集中学任国文教员。1937 年抗日战争爆发，国难当头，他参加了冀东抗日游击战争的联络工作。1939 年出于抗日热情，由天津去大后方云南，执教于云南宣城师范学校，同时组织学生出壁报，引导学生阅读进步报刊和书籍。日本军国主义占领北平之后，北平师范大学迁至陕西城固改称国立西北师范学院，当时许多名教授都集中于此，如黎锦熙、谭介甫、吴世昌、杨晦、杨向奎等，成为西北地区重要的文化阵地。由于黎锦熙先生的邀请，他由云南去陕西城固西北师范学院国文系执教，任讲师。1942 年提升为西北师范学院的副教授，又兼西北大学的副教授。1944 年西北师范学院由陕西迁至兰州，他继续任职该院国文系副教授，并指导文谭会会员整理国故，此项工作一直延续到北平解放之初。1945 年抗日战争胜利，次年，即 1946 年北平师大复员回北平，他也随学校返回北平。从此到他过世，一直任职于北平师大，历任北平师大国文系副教授，并兼校务委员会委员。1952 年改国文系为中文系，他又任中文系教授兼古典文学教研室主任，民盟北京师大区分部中文系小组长等职。

王汝弼先生与北京师大其他教授的不同之处，在于他毕业于北京师大，并始终执教于北京师大，他的学问具体体现了北京师大的学风，即朴实、深厚，对声韵、文字、训诂、经、史、子、集都具有深厚的修养，这源于他的师承，是他对老师学问的直接继承。尤其对高步瀛先生，他心慕神仪。高先生一生执教于北京师大，把全部心血贡献于北京师大，他对待课堂教学特别认真，凡上课都撰写有详细的讲义，如《先秦文举要》《两汉文举要》《魏晋文举要》《唐宋文举要》《唐宋诗举要》《史记举要》《辞赋举要》等，这些讲义与一般笺释或叙述不同，而是经过参考诸多资料、细心研究撰写成的，有很高的学术价值，这在学术界是有定评的。王汝弼先生教书同样如此认真，每讲一门课程，都印发自己撰写的讲义，如《历代韵文选注》《汉诗选注》《魏晋南北朝诗选注》《唐诗选注》《宋词选注》等，笺释过程中沉潜乎训义，反复乎句读，追溯上古字书之文，以识其字，旁通诸子百家之书，以证其义，也很有学术价值，非一般讲义可比，是高步瀛先生学风之嫡传。当时仅是蜡版油印，未曾出版，而今已很难见到了，十分可惜！

王汝弼先生的学术成就，亦如他的老师高步瀛，主要表现在对古书和文学作品的疏证和笺释上。他早年曾著有《离骚笺证》《九歌笺证》《汉魏六朝唐宋诗笺证》《屈赋发微》等，其中除《屈赋发微》六篇中之部分章节发表在抗日战争时期顾颉刚主编的《文史杂志》外，其他都是手稿，未曾刊印发表。新中国成立后著有《白居易选集》(上海古籍出版社出版)、《乐府散论》(陕西人民出版社出版)和与聂石樵合撰的《玉豀生诗醇》(齐鲁书社出版)，学术论文有刊载于北京师大出版的《爱国主义与文学》期刊上的《发扬〈诗经〉〈楚辞〉中爱国主义的优良传统》等。另外有在抗日战争时期所作之旧体诗二百余首，编集成册，名之曰《支离草》，取意于杜甫诗句“支离东北风尘际，飘泊西南天地间”，是手稿，未曾刊印。王汝弼先生对诗文之笺释，显示出他读书之“精”与“细”，斟酌词句，考稽史事，往往能阐发出诗文新的内涵。如对古乐府《战城南》中“梁筑室，何以南，何以北？禾黍不获君何食”的解释，历代很有分歧，王先生笺释云：“梁字上可能有‘乘’或‘架’字的脱文。‘乘’或‘架’梁筑室，与下文‘禾黍不获君何食’一气贯注，都是农民在家乡常做的两种活计。《诗·豳风·七月》：‘昼尔于茅，宵尔索绹，亟其乘屋，其始播百谷。’一年之计在于春，这都是古代农民家庭必须由男人担负的繁重劳动，但由于他们被征，从军在外，所以这些工作也就自然搁置起来了。”并征引《史记·酷吏列传》记载：汉武帝穷兵黩武的结果，不但使农民缴纳不上租税，而且有些县份，还要朝廷开仓赈济，影响所及，不仅农民缺吃少穿，最终还要使国君的口粮也失去了保证。既训释词语，又参证历史，使诗意更其显露。又如对乐府《有所思》中“双珠玳瑁簪，用玉绍缭之”两句之笺释云：“用物以表心。表心不能无物，但物即使是瑰宝，也总是有限的，而人的深情则是无限的。《诗·卫风·木瓜》篇说：‘投我以木瓜，报之以琼琚；匪报也，永以为好也。投我以木桃，报之以琼瑶；匪报也，永以为好也。投我以木李，报之以琼玖；匪报也，永以为好也。’又《古诗十九首》有一首：‘庭中有奇树，绿叶发华滋。攀枝折其荣，将以遗所思……此物何足贵？但感别经时。'和此诗所表露的思想情感基本一致，可以用来做这两句诗的最恰当的注释。这两句诗，不仅是写了赠物，而且也写了钟情。玳瑁簪已很珍贵，又缀以双珠，还感到不满足，又用无数的美玉把它镶嵌起来。这里是贯穿着一缕热情的'丝'线的。繁钦《定情诗》说：'何以致拳拳？绾臂双金环。……何以致区区？耳中双明珠……何以结恩情？佩玉缀罗缨。何以慰别离？耳后玳瑁钗。……'明显是读过这首诗并对此诗作者的寄兴深有体会的，可以用来作我们对此诗理解的参考。"旁征博引，融会贯通，于诗句讽籀极熟，于诗意讲贯极精，笺释得深入、透辟至无以复加的境地。以上诸例，皆见于他的《乐府散论》。

王汝弼先生的代表作或称学术价值最高的著作是《白居易选集》，此书是他用十余年的时间完成的，倾注着他大部分心血，是目前有关白居易诗文最好的笺注本。白居易的诗文以浅显著称，一般人认为容易读懂，似乎不需要多加笺注。其实这只是就字面而论，对其透过字面的深层含义并不了解。王先生在书的序文中说："如原文浅显易懂，则仍用原文，而附注其难字难词……亦有原文虽若可解，然不注则无以尽其丰富的含义者，亦加注……白诗多用口语，注时不仅要知其含义，还要尽可能和现代汉语沟通，因而也适当地运用了训诂学上的音训原则，以免臆造。"这段话即针对仅就字面论者而言的，他是要通过对难字难词和口语的笺注，阐发白氏诗文之深层含义。但王先生在序文中未加说明，而在实际工作中做的，即他不仅注释词语，更注释典故和历史，白居易诗文字面通俗易懂，但关涉到很多唐朝的典章制度和历史，在这些方面不加注释，仍然不能彻底阐发其诗文之内涵。王先生对历代典故掌握得极其丰富。对唐代历史也极其熟悉，因此笺注白氏诗文穷源竟委，详细周密。如对《杜陵叟》中"岁种薄田一顷余"的笺注云："这是反映中唐均田制基本破坏后幸存的少数中人之家的耕田面积。《旧唐书·食货志》：'武德七年(624)，始定律令：丁男中男给一顷(百亩)，所授之田十分之二为世业，八为口分。世业之田，身死则承户者便授之；口分则收入官。'所以杜陵叟虽能种田一顷左右，而所承受的世业则不过二十亩。"以史书记载当时的田亩制度准确地说明杜陵叟"岁种薄田一顷余"。又对"急敛暴征求考课"一句笺注云："唐代最高统治者制订一种定期对官吏考核成绩的办法，名叫考课，京官由吏部考功郎中、外官由员外郎主其事，实际上是考查他们是否胜任剥削和压迫老百姓。《旧唐书·宪宗纪》记载：'元和七年五月庚申，上谓宰臣曰：卿等累言吴越去年水旱，昨有御史自江淮回，言不至为灾，人非甚困。李绛曰：臣得两浙淮南状，继言歉旱……御史非良，或容希媚，此正当奸佞之臣……’这件事发生在白氏写《新乐府》以后，可见当时这类坏人坏事，层出不穷，诗人所说的‘急敛暴征求考课’，不仅可以出现在地方官身上，而且可以出现在皇帝所派遣的钦差大臣御史身上，则情况之严重，可想而知。”此以史事阐发诗句之内涵，以史证诗，增强了诗歌内容的确凿性。举以上诸例，以赅其全。王汝弼先生对诗文之笺释大都如此。其察之也精，则释之也密，毛举栉剔，细入无间，用力之勤，犹如前人之治经史的精神。

王汝弼先生在笺注和研究工作中，特别推崇《文选》李善注、《三国志》裴松之注和《世说新语》刘孝标注，因为这三家注文为考据家提供了大量的资料。如李善注征引群书23类，1689种，从经史子集、文字训诂到佛经皆有，历来史家对其有“淹贯古今”的评价。《三国志》裴松之注征引书159种，注文约50余万字，注文在于补缺、备异、惩妄、辩证，并将三国两晋时代研究三国历史的成果纳入注中，反映了当时的史学水平。《世说新语》刘孝标注，以增补史料为主，征引古书达395种，以纠正原书的错误，但多已亡佚，因此刘氏的注文在保存史料方面有很大贡献。他推崇这三家的注文，自然在精神上与他们契合，他们的笺释方法与路数必然对他产生潜移默化的影响。事实上他对《文选》李善注特别熟悉，这与他的老师高步瀛曾著《文选李注义疏》有师承关系。他笺注诗文即在吸收前人及其老师的学术传统之基础上，结合当前的学术风气而有所变化，收集史料取精用宏。这种学术路数皆见之于他的笺释和研究工作之中。他特别重视前人对古书的笺释，目的在希求对经、史、子、集透彻的解读，阅读时兴致所至，往往忘记了疲劳，一部极其烦琐的《皇清经解》，他竟认真地点逗了两遍，这种读书精神，是今人所罕见的。

除了教书、科研工作之外，王汝弼先生还参加了青年教师和研究生的培养工作。他培养青年教师，重在指导研究方法和治学道路。青年教师研究《楚辞》，他要青年教师将《楚辞》与《诗经》同时阅读，比较两者在内容、艺术上的异同，以见《楚辞》比《诗经》有哪些发展，同时要青年教师阅读战国诸子百家之作，以见屈原思想与当时学术思想之联系及其特殊成就等，收到很好的效果。新中国成立后到文化大革命以前，古典文学教研室共招收了三届研究生15人，当时的培养方式是教研室集体培养，王先生为研究生讲课，开列阅读书目，指导论文撰写，倾注了很多心血。

王汝弼先生这部《乐府散论》在著述历程上与他的其他著作是一致的。不同的是首先对汉魏晋南北朝乐府的产生、演变、发展作了系统的论述，并提出了一些与先贤不同的新见解。对此书的写作目的："是在想进一步探讨一下乐府诗研究中存在的某些问题，不是作选注，因此所论篇目不限名篇。……选取一些笔者认为有问题需要探讨一下的具体篇目，大体按照《乐府诗集》编排顺序，挑选一些重点，加以分析研究，提出个人的看法。"因此名为《乐府散论》。

如其对《汉铙歌》的解释，在概括前人旧说的基础上，提出自己的见解说："'铙歌'的本意，当即'杂曲'的异称。知之者，《后汉书·五行志》载：桓帝末，京都童谣云：'茅田一顷中有井，四方纤纤不可整，嚼复嚼，今年尚可后年铙。'此处的'铙'字本义不是乐器，而是杂乱的意思。因此《五行志》下文解'后年铙'说：'陈窦被诛，天下大坏。'正是因为这样，应劭《风俗通》引此作'今年尚可后年铙'"。铙，抑或叠言称"铙口"。《孤儿行》"里中一何铙口"，亦杂乱之意。由此可见，"铙歌"并非因乐器而得名。况且把内容各不相同的歌曲，使用一种乐器托腔伴奏，亦使人难于置信。解为"杂曲"，则此疑可以涣释。

又如对"铙歌"中《上邪》的篇意，自清代庄述祖《汉铙歌句解》认为"'《上邪》与《有所思》当为一篇……叙男女相谓之言'的说法，后人多附和之。"王先生则认为：

①庄说按之两篇具体内容，取譬不同，归趣亦异，实在令人感觉对不上口径，其说非是。

②考《史记·功臣诸侯年表》引《封爵之誓》："使河如带，泰山若厉，国以永宁，爰及苗裔。"始未尝不欲固其根本，而枝叶稍陵夷衰微也。余读高祖侯功臣，察其首封所以失之者，曰："异哉所闻！"

③细察文意，似汉高祖刘邦封功臣为诸侯时，曾经对他们发过"使河如带，泰山若厉，国以永宁，爰及苗裔"的四句誓言。开国皇帝虽然做过这个誓言，则揣情度理，臣僚不能不作出反应，而这首《上邪》，不是最有针对性的赓和之辞吗？……《上邪》并非紧排次于《有所思》之后，所以庄述祖的说法，是缺乏内证和旁证的，不足信据。

全书选录需要探究的乐府诗140余首，对其中之疑难问题，善能鉴别其真伪然否，博辨纵横，归于至当。对奇词邃义，穷探冥索，使文义豁然开朗。这显示了王先生治学之宏通博精，采摘之丰富，剖释之入微，诚为高步瀛先生学术传统的传承。这是一部功力极深，极具学术价值的著作。

王汝弼先生很少参加社会活动，专心致志于教学、科研工作，无声无息地为北师大中文系做贡献。但他大半生的学术经历并不顺利，“文化大革命”前历次政治运动，带给他的精神上的压力是不言而喻的。改革开放后，形势大好，然他已经年迈多病。住进北医三院后，我去看他，他还说：“我要回学校，写我的书。”未料到自己已经不能回学校了，于1982年春节与世长辞。“已断燕鸿(王先生是河北人)初起势，更惊骚客(王先生是研究楚辞的学者)后归魂”(李义山《赠刘司户蕡》)。但他的学术经验给后人留下了可贵的精神遗产！

聂石樵

目　　录

乐府散论

前言

我写这本《乐府散论》，主观的愿望是想探索一下汉魏六朝乐府诗有关的一些问题。因为这个时期的乐府诗中，保存了大量的民歌，从多方面反映了人民的生活实践，传达了人民的思想感情，上薄风骚，下开唐宋，是这一个时期诗歌的精粹部分。个别篇目如《焦仲卿妻》《木兰诗》等长篇叙事诗，写人物则高风跨俗，飒爽英姿；出辞气则绘形绘声，惟妙惟肖。是祖国古典诗歌的瑰宝，是世界文艺琼林的奇葩。因此，在解放前，特别是在解放后，学者专家对此多有论著阐发，取得了可喜成绩。不过，同时也必须看到，古典文学的整理总结工作，也如对其他文化遗产的整理工作一样，目前还在起步阶段，更艰巨更光荣的任务还摆在我们的前头。譬如说：用历史唯物主义和辩证唯物主义的观点和方法解释文学现象，尽管不是轻易能够做到的，但总应当作为我们今后的奋斗目标。因此，我们不能满足于过去所取得的一切成就，而应当勇往直前，继续前进。

这本小书，只是想把平素阅读汉魏六朝乐府诗所发现的一些问题，而又为发表过的这方面的论著所遗漏，或认为解决得不够圆满的地方提出来，进行点滴尝试性的探索。例如：一、乐府诗与乐府的关系问题；二、乐府诗的内容与形式的问题；三、乐府民歌与文人所作；四、从乐府民歌中吉光片羽遗存，看我国古代各族人民对中华民族文化的卓越贡献。

下面我想就这几个问题谈谈自己粗浅的看法。

一、乐府诗和乐府的关系：按照形式逻辑，必须先有乐府，然后才有乐府诗，这在推理上似乎是无可非议的。而许多专家的论著，也正是从这一基本出发点来阐明二者的关系。但是当我们稍一深入实际，就知道问题并不那么简单。尽管乐府诗的命名，必须以乐府机关的设置为前提，但这只是问题的一个方面；而我们同时必须看到另一个方面，即封建王朝乐府机关的设置，目的是为了采诗合乐，而诗与乐的兴起，却与乐府机关的设置并无依赖关系，而且遥遥领先于乐府机关设置之前。《吕氏春秋·古乐篇》：

> 昔葛天氏之乐，三人操牛尾投足以歌八阕：一曰载民，二曰玄鸟，（王念孙《读书杂志》据《史记·司马相如传》索隐引，谓“玄鸟”当作“玄身”，“身”与“民”韵。）三曰遂草木，四曰奋五谷，五

曰敬天常，六曰建帝功，七曰依帝德，八曰总禽兽之极。

这里所说的“八阕”，实即指古诗八篇。虽其具体篇目所反映的生活内容，烙有出于后人增饰的印记，但其“昔葛天氏之乐，三人操牛尾投足以歌八阕”的叙述，却透露了在人类的童年时期，歌、乐、舞三者合一，则颇符合古代文化发展的一般情况，那时还处于原始公社时期。到了虞舜时代，据《尚书·舜典》说：

帝曰：“夔！命汝典乐，教胄子……诗言志，歌永言，声依永，律和声，八音克谐，无相夺伦……”夔曰：“於！予击石拊石，百兽率舞。”

这里既谈到诗歌，也谈到声律，而且谈到“八音克谐，无相夺伦”，也是指的诗乐配合问题。当时也还没有进入阶级社会。到了周朝，旧史中就出现了采诗合乐比较详细的记录。《汉书·食货志》：

冬，民既入，妇人同巷相从夜绩……男女不得其所者，因相与歌咏，各言其伤……孟春之月，群居者将散，行人振木铎徇于路以采诗，献之大师，比其音律，以闻于天子。(《公羊传》宣十五年何休《解诂》的记载与此大同小异。据《方言》载刘歆《与扬雄书》知班固、何休所述为周秦时事。更进一步说：这些记载，实际是在描述《诗经》的风诗采访收集过程)

上引这一则历史文献有两点值得注意：一是“男女不得其所者，因相与歌咏，各言其伤”，(何休《公羊解诂》作“男女有所怨恨，相从而歌。饥者歌其食，劳者歌其事”，大旨与《汉志》相同，而内容更加明确)这是乐府诗的最精粹部分，是民间歌谣的主要内容，是这一诗体被人喜爱的决定性因素，但仍是遥遥领先于汉朝乐府机关的设置而独立存在的。二是“献之大师，比其音律”，这里所说的“大师”，实际上就是汉朝乐府令或协律都尉的前身，他们也必然要有一个办事的机构，这个机构的设置是为了采诗配乐。从这个意义上讲，是前者依存于后者，而并非后者依存于前者。由此可见，乐府诗的最精粹部分民歌，源远流长，在乐府机关设置之前，早已独立存在了。即使在乐府机关设置以后，最高封建统治者虽然也让一些御用文臣搞一些郊天祭地，宗祀祖祢的作品，但这是为了“以神道设教”，欺骗愚众；他们自己实际上并不欣赏这一套。至于他们自己所欣赏的，也仍然是由各地方采访来的民歌民谣。关于此点，《汉书·礼乐志》给我们提供了最足以说明问题的史料：

> 至武帝定郊祀之礼，祀太一于甘泉，就乾位也；祭后土于汾阴，泽中方丘也。乃立乐府，采诗夜诵，有赵、代、秦、楚之讴，以李延年为协律都尉，多举司马相如等数十人造为诗赋。（据王先谦《汉书补注》引周寿昌说：当李延年为协律都尉时，司马相如已死。“多举”是举司马相如等数十人所为诗赋，非举其人也）略论律吕，以合八音之调，作十九章之歌（按指《郊祀歌》十九章）。

这一宗历史文献告诉我们，汉武帝设立乐府，目的有二：一方面采用御用文臣所作诗赋，以郊天祭地；另一方面从民间采访歌曲，供宫廷欣赏作乐。二者性质完全不同。但是为了把问题彻底搞清楚，我们还要继续引用下文：

> 是时河间献王有雅材，亦以为治道非礼乐不成，因献所集雅乐。天子下大乐官，常存肄之，岁时以备数。然不常御，常御及郊庙皆非雅声。

什么是“非雅声”？“非雅声”即指“俗乐”，也就是前面所说的“赵、代、秦、楚之讴”。由此可见，最高封建统治者表面上崇雅抑俗，而骨子里却对雅乐敬而远之，对俗乐则亲而近之；不独日常生活中要“常御”，甚至在敬神的时候，也离不开它。为什么？就因为俗乐民歌真实地反映了社会生活，有饱满的生命力，足以填补皇室贵族精神生活的空虚；而任何御用文臣的作品，是不可能做到这点的。

乐府机关虽然职掌采诗配乐，但是诗歌、声乐、舞蹈三者结合，也首先是由人民大众创始，然后才由奴隶主、封建主邯郸学步，移入宫廷。因此历史文献尽管记述一些各朝各代采诗合乐的表面现象，但却体现不出二者之间的内在联系，更不能解释乐府诗“声辞相杂”（如汉《铙歌》十八曲），“一唱一和”或“一唱众和”（如《相和歌辞》）的特殊现象。只有当我们掌握了历史唯物主义的基本观点，“劳动创造世界”的基本原理，才能对这些现象做出科学的分析。

《吕氏春秋·淫辞篇》：

> 今举大木者，前呼舆謣，后亦应之。

高诱注："舆謣或作邪謣。前人唱，后人和，举重劝力之歌声也。"按高注本《淮南子·道应》：

今夫举大木者，前呼邪许，后亦应之，此举重劝力之歌也。

上面《吕氏春秋》和《淮南子》这两则详略不同的引文，十分重要，有助于我们今天对乐府诗原始形态的悬揣。鲁迅先生在1934年所写的《门外文谈》《不识字的作家》里，曾经这样写道：

我们的祖先的原始人，原是连话也不会说的，为了共同劳动，必须发表意见，才渐渐练出复杂的声音来。假如那时大家抬木头，都觉得吃力了，却想不到发表，其中有一个叫道"杭育杭育"，那么，这就是创作，大家也要佩服，应用的，这就等于出版；倘若用什么记号留存下来，这就是文学，他当然就是作家，也是文学家，是"杭育杭育派"。(《鲁迅全集》6《且介亭杂文》)

鲁迅先生这一段极为精辟的论述，很可能是融合了上面的两则引文，运用历史唯物主义的观点加以阐发，有助于我们今天对上两则引文的深刻理解，有助于我们今天对乐府诗(实际是包括一切诗歌)原始形态的追怀。因为从历史唯物主义的观点看来：

劳动的发展必然促使社会成员更密切地结合起来，因为互相帮助和共同协作的场合由于劳动的发展而愈益增加了。并且这种协作的好处对于每一个成员都更加了然了。简言之，正在形成中的人们已经到了彼此间需要说些什么的地步了。需要便产生了自己的器官：猿类不发达的喉管，缓慢而一贯随着音调抑扬顿挫程度不断变换而逐渐改进起来，口部的器官也逐渐学会了连续发出一个个清晰的音节。(恩格斯《劳动在从猿到人转变过程中的作用》，见《马克思恩格斯文选》卷二，83页)

恩格斯上面所描述的人类文化发生、发展的过程，那时还处于史前蒙昧期的低级阶段，(见所著《家庭、私有制和国家的起源》，引自《马克思恩格斯文选》卷二，184页。他的原话是这样的："音节语言的发生是这一时期的主要成就。"这里所说的"音节语言"也就是原始形态的诗歌)由此可见，最古的诗歌，亦即恩格斯所说的音节语言，是直接产生于劳动，服务于劳动，而不是产生于"言志"和"情动于中"。"言志"和"情动于中"是有的，但那是后来的事，更不能解释古乐府“诵”“歌”“弦”“舞”四者合一的特殊现象。

《墨子·公孟篇》有“诵诗三百，歌诗三百，弦诗三百，舞诗三百”，“三百”是指《诗经》，因为《诗经》存者三百零五篇，故亦称“三百篇”。由此可见，《诗经》在古代，是既可诵，又可歌，又配弦(弦乐)，又赴舞(按节投足)的，四(或三)者合一，是由原始人类的集体劳动的需要规定的。集体劳动需要统一行动，所以必须有音节的语言以协调步骤，缓解疲劳；劳动必须制造生产工具，因而在打制粗石器时，逐渐又有了原始石磬石鼓等打击乐器的发明。(《尚书·舜典》：“夔曰：‘於！予击石拊石，百兽率舞。’”所述，当即根据这一古代历史现实而加以增饰。不过“百兽率舞”的叙述，还颇保留原始人民生活的粗犷面貌，未可尽视为后人依托)劳动必须有预习和模拟，于是又有了逐渐与劳动脱离而独立的舞蹈。原始人类依射猎以获得肉食来源，而张弓泛响就给原始人类制造弦乐以有力的启发。由生产劳动而繁衍为艺术上的发明创造，乃社会发展的必然趋势。以上数者，虽俱根源于劳动，但出现的时间，孰先孰后？今日已难质言，实际的情况可能是参互交替地进行，但肯定不是按照《尚书·舜典》所安排“诗言志，歌永言，声依永，律和声”那样的模式和程序来进行。《毛诗大序》说：

> 诗者，志之所之也。在心为志，发言为诗。情动于中，而形于言；言之不足，故嗟叹之；嗟叹之不足，故咏歌之；咏歌之不足，不知手之舞之，足之蹈之也。情发于声，声成文谓之音。

这是对《舜典》“诗言志”说的推衍，是一幢经过精心缔构的空中楼阁，是历史唯心主义的向壁虚造，是违反文化发生和发展的实际情况的。因为持此说者不懂得古代诗歌、音乐、舞蹈都根源于劳动的道理，因此他们不可能科学地阐明三者配合的真正的原因。另外一些人只抓住一些表面现象，就把诗歌、音乐、舞蹈互相配合的业绩轻率地塞在封建政府机关的档案中，这是对历史事实的严重歪曲。历史事实的真面目，先有民间的诗、乐、舞合一，然后才有宫廷乐府机关的采诗配乐。采诗配乐不是宫廷乐府的首倡，而是他们对人民大众文艺的“效颦”。

写到这里，还要补充做一点说明：笼罩在古代诗歌与声乐相配历史真相上的迷雾，是重重的。除去上述“行人采诗，协律配乐”的传说以外，还有《史记·孔子世家》“三百五篇(指《诗经》)，孔子皆弦歌之”的说法。这种说法，如果是指孔子以诗乐相配的传统，讲授《诗经》，教育门徒，当然是无可非议的，但是一探上文：

> 古诗三千余篇，及至孔子，去其重，取可施于礼义，上采契、后稷，中述殷周之盛，至幽厉之缺，始于衽席。故曰《关雎》之乱，以为《风》始；《鹿鸣》为《小雅》始；《文王》为《大雅》始；《清庙》为《颂》始。

显然是把删《诗》、编《诗》以及弦歌《诗》的劳绩，统统记在孔子的名下，这段叙述，不符合历史事实，这可能是本之汉代经生适应最高统治者尊孔的需要而编造的妄说，与历史真相大相径庭。历史的真相是，《左传》襄公二十九年：

> 吴公子札来聘……请观于周乐，使工为之歌《周南》、《召南》……为之歌《邶》、《鄘》、《卫》……为之歌《王》……为之歌《郑》……为之歌《齐》……为之歌《豳》，为之歌《秦》……为之歌《魏》……为之歌《唐》……为之歌《陈》……自《郐》以下无讥焉。

那时孔子年才九岁，“三百篇”早已编好，并已合乐。可见诗歌、声乐配合，不仅不始于汉乐府，且亦无关乎“孔夫子”。

我们想进一步申论一下的是：汉设乐府，从封建统治者来说，自不失为一种比较开明的政治措施，因为他们可以通过向民间采诗，“观风俗，知薄厚”(《汉书·艺文志》)，了解一些社会风俗、人民情绪，做施政时的参考。从人民大众的角度来说，他们固然是物质财富的创造者，也是精神财富的创造者，但是限于生活条件，对自己所创造的大量民歌民谣，不能用文字把它们记录下来，使它们流传下去，而乐府机关的采诗，多少算是部分地弥补了这一缺憾，让我们今天还能领略一些古代社会的生活情景，听到一些劳动大众的惨痛呻吟，看到一些剥削阶级的荒淫无耻，吟味一些诗歌遗产的逸韵清芬，为我们今天建设社会主义祖国的新文化提供借鉴。因此，我们绝不想抹杀在这些方面客观上所起的进步作用。但是我们同时必须严正指出，封建统治阶级采集民歌民谣，其终极的目的，还是为了维护他们自己的阶级或集团的利益，想方设法对付人民，而不是为了启发教育人民。因此，当他们派遣行人采集民歌民谣的时候，就必然是有选择的。今天所能看到的乐府诗，反映古代人民强烈的抗议、辛辣的讽刺的作品，比较稀罕，就恐怕是由于这种原因。但这类的作品原先肯定是很多的。

除此而外，乐府机关在采诗配乐的过程中，往往要对原作进行一些篡改，使原来人民性较强的作品战斗性大大削弱，妥协性大大增强，用这种办法来麻醉人民，其效果往往要比直接宣扬反动思想的作品危害更大。最足以说明问题的例子是《相和歌辞·瑟调曲·东门行》。

此诗《宋书·乐志》入“大曲”四解标为“古辞”，不如《乐府诗集》卷三十七以四解者为晋乐而另出“古辞”者较为近实。《东门行》古辞真面目，赖《乐府诗集》得以保存，是本书著作的最大功绩。虽他处或偶有缺误，然辑录乐府辞最多，收集古乐书最备，固瑕不掩瑜，远非左克明《古乐府》以后诸书可比。

《东门行》的古辞，是民歌的本来面目，写一个男人因饥寒所迫，拔出利剑，走出家门，寻找生路，但是胆小怕事的妻子却扯他后腿，苦苦哀求他：

> 他家但愿富贵，贱妾与君共餔糜，上用仓浪天故，下当用此黄口儿，今非！

这在原诗中本来不过是陪衬之笔，所以结尾写遭到男主人公的严词斥责，并且表白了不能坐以待毙的反抗决心。主题思想是十分明确的。可是到了晋朝乐府合乐的时候，一方面阉割掉结尾男主人公那段声色俱厉的决绝之辞，另一方面又添加了妻子对封建统治者歌功颂德、畏威怀惠，奉劝丈夫隐忍苟活，千万不要铤而走险的对话内容。这么一来，作品的主题就由一出“逼上梁山”变成一出“浪子回头”，让它起了封建说教诗所不能起的作用，用意多么阴险！

此外还有《相和歌辞·相合曲·陌上桑》，虽传本多题古辞，但看它已划分三解，且结尾处缀以“前有艳，歌曲后有趋”和“右一曲魏晋乐所奏”的签注与题记，显然是已经经过乐府机关改编增损，不会仍是古辞(今各本皆有，不合通例，当是后加)。这里我们根据上述乐府采诗配乐，往往要经过皇帝御用文人的篡改这一基本观点，对此诗第三解加以考察，认为颇似“狗尾续貂”“画蛇添足”。与崔豹《古今注》所载的罗敷的身份不符；与后来辛延年拟作的《羽林郎》的情节亦在要害处有显著差异。极可能是御用文人在配乐的时候，为了适应封建统治者的需要，外附夸夫夸官一解，以冲淡原作阶级压迫的色彩。这就无怪让读者看来，感到有些美中不足。

综上所论，我们的看法是：诗乐相合，根源于劳动，不创始于宫廷所设置的乐府机关；在此以前，人民亦早已以诗配乐；乐府机关以诗配乐是向民间文艺效颦，而不是民间艺人向乐府机关学步；乐府采诗配乐往往对原作进行篡改；把劳苦大众的战斗武器偷换成为剥削阶级服务的御用工具，从而使部分优秀的民歌民谣思想变质。

二、乐府诗的内容与形式问题：乐府诗的精粹部分是未经篡改的民歌，它们是真正人民的作品，从内容到形式，都具有明显的人民性，如《东门行》古辞、《孤儿行》《妇病行》《焦仲卿妻》《木兰诗》等。但是也有一些作品，形式虽然也像民歌，而内容却是对豪家大族穷奢极欲、安富尊荣的罪恶生活表示羡慕和赞赏，如《相和歌辞·清调曲·长安有狭斜行》《相逢行》两篇，都有“夹毂问君家”的话，我们根据王符《潜夫论·浮侈篇》“骑奴侍童，夹毂并引”的记载，确定这两篇是贵族豪门穿街走巷，让骑奴侍童歌唱、夸官炫俗之作。过去有些注本认为这两篇诗旨在讽俗刺时，这完全是脱离作品实际的瞽说。试看“君家诚易知，易知复难忘”之句，哪有分毫讽刺的意味？封建统治者为什么宣扬这些东西？单从这两篇作品本身似乎还看不出有何“妙用”，但是当我把它和《相和歌辞·相和曲·鸡鸣篇》联系起来一分析，则封建统治者宣扬这些东西的意图就很清楚了。关于《鸡鸣篇》的主题思想，只有张玉穀《古诗赏析》的说法最为中肯。他说：“此警荡子乱名干法将贻累兄弟之诗。”只是他解释“黄金为君门”以下十八句，认为是写“荡子”自己的家世，则还有一间之隔。这篇诗是胆小怕事的兄弟担心荡子铤而走险，牵连自己，先亮上朝廷刑法，对他施加压力；然后再用夸耀贵族豪门生活的安富尊荣，诱使他走向仕宦之途；一打一拉，目的在使荡子回头，帖然就范。明乎此，我们再回读《长安有狭斜行》《相逢行》，就比较容易掌握葫芦里所装何药了。这不是为人民大众服务的作品，而是为封建统治者服务的作品，它们不是真正的民歌。但这类作品对我们还有用处，它们客观上暴露了当时贵族豪门生活的骄奢淫逸、空虚腐朽，和反映贫苦大众饥寒交迫的生活的作品如《东门行》《妇病行》等形成鲜明的对照，对我们今天也有认识价值。但是二者的根本分歧必须弄清！过去一些专著，对此观念是很模糊的，所以我们在这里特为郑重揭出。

《古诗源》卷三《鸡鸣篇》下，编者沈德潜注云：

> 此曲前后辞不相属，盖采诗入乐，合而成章，非有错简紊误也。后多放(仿)此。

沈氏说“盖采诗入乐，合而成章”是对的，但前面他说“此曲前后辞不相属”，则是他只看到了问题的一方面，没有看到虽“辞不相属”而意实相连的另一方面。《古诗赏析》的作者张玉榖比他老师高明，他看出此诗前后辞意的内在联系。尽管所见比较肤浅，和我们今天对此诗的看法还有很大距离，但比起他老师前进了一大步，则是确定无疑的。

又北朝乐府，虽形式多似民歌，风格亦比较豪壮；但思想内容是否完全正派？则还要针对具体作品具体分析。譬如说，有的选注本选了《横吹曲辞·梁鼓角横吹曲·幽州马客吟》四曲的第一曲，并且作了一些美化它的注释。但是当我们通读了这全诗四曲的时候，肯定作者是个土匪出身的军官，他用抢来的金银饰物诱骗女性，等到目的达到之后，又要回去，这首诗是一篇邪气十足的爱情骗子的赤裸裸的自白，根本没有一点人性。此外还有《捉搦歌》四曲，大言不惭地说什么“男儿千凶饱人手”，也完全是一派流氓土匪的口吻，没有分毫人民作品那种淳朴的气息，大约也是出于受招抚整编的土匪歹徒之口。这种人表面是兵，实际是匪，他们可以凭借官府势力，任意调戏妇女。当我们看到这类作品的时候，痛彻感到当时处在群魔肆虐之下的各族妇女灾难的深重。这里阶级压迫的阴影隐约可辨；和各族劳动人民和睦友好相处的生活画面形成鲜明的对照。

这类徒具形式的伪民歌，同样是乐府诗中的糟粕，而毒性则要比郊庙礼神的歌曲大得多。

此外，乐府歌辞在形式方面有比较明显的拼凑和分割现象。这种现象到底是怎样形成的？我们的意见是：御用文人的作品，由于作者思想的僵化，决定作品形式的必然僵化；而剽窃人民的创作加以分割拼凑，正是形式走向僵化已经达到不可救药地步的症候。钟嵘《诗品序》所指责的“拘挛补衲，蠹文已甚”，不仅大明、泰始时作品为然，传世的乐府诗这一类也正复不少。

我们不仅对乐府诗要具体分析，甚至对未曾入乐的歌谣也要作具体分析，不能竟认为都是人民的创作。这里混杂不少地主阶级为封建官僚歌功颂德的作品，封建文人互相标榜的作品；其中还有极少数如《皇甫嵩歌》，竟把残酷镇压黄巾起义的刽子手吹捧为救世主。这究竟是代表哪一个阶级的声音？如果我们不考察当时的历史背景，单看字面是很难一下看出它们的反动实质来的。因为语言文字是“交通工具”，各阶级都在利用它为自己服务。我们遇到这类作品，就需要透过现象看本质，下一番“去粗取精，去伪存真，由此及彼，由表及里”科学分析的苦工夫。

但同时也有另一种情况，作品本身实际是人民的作品，但被封建士大夫记在帝王的名下。譬如传世的《南风歌》，本来是山西蒲州盐池地区的人民生产经验的总结，却被尸佼、王肃等人把著作权记在大舜的名下(说详《南风歌》论注下)，这种现象也不是极个别的。譬如相传为陈琳所作的《饮马长城窟行》，恐怕也应当属于这一类。对此，我们不能满足于就事论事，而应当提到剥削阶级总是千方百计想垄断人民所创造的精神财富的高度来认识。

最后，我们还想顺便谈一谈古诗与乐府名实交错的问题。这也是研究乐府形式与内容时往往要碰到的一个问题。一般说来：入乐或配乐的称为乐府，不配乐或不入乐的徒歌称为古诗。徐陵的《玉台新咏》区分似乎就是根据这一标准。此在古代这样区分似乎有其现实意义。但时至今日，人们之所以喜爱乐府诗，主要是因为它在内容方面反映了广大劳动人民"饥者歌其食，劳者歌其事"的生活状况和思想感情；在形式方面，有故事情节，有人物形象，能给读者以多种多样鲜明生动的艺术感受。比起封建士大夫所作的"言志""咏怀"诗来，没有那么浓厚的令人作呕的自我表现的气息。但按诸实际，具备上述这几种特色的，并不限于叶律配乐的乐府诗，而且也往往出现于或长或短的徒歌中。长诗如《焦仲卿妻》，短诗如《上山采蘼芜》《十五从军征》，虽然从内容到形式，也都具备上述的诸特点；但前两篇在《玉台新咏》里，都题为"古诗"，不称"乐府"，(《太平御览》卷五二一称《上山采蘼芜》为"古乐府"，而《乐府诗集》未收，大概是受了《玉台新咏》的影响)后者虽被郭茂倩《乐府诗集》收入卷二十五《横吹曲辞·梁鼓角横吹曲·紫骝马歌辞》中，但该诗题解引智匠《古今乐录》仍称"十五从军征以下是古诗"。这种同是一篇作品而各书标题，或称"古诗"或称"乐府"互相交错的现象，例子还可以举出一些，我们认为，这是偶然出现的分歧，两者之间并不存在什么不可逾越的鸿沟。因此有些专著把这类作品编入乐府诗，见解和做法都是很高明的。

根据我们上面归纳出来的论点，宫廷乐府采诗合乐，往往要经过御用文人的篡改，使作品比原来大为减色。而一些未经采集、未遭篡改的作品，往往倒能保存更多的固有优点和特色。在思想性和艺术性方面看不出有什么美中不足。上举三篇都具有这一特点，这也是一桩值得我们注意的问题。

三、乐府民歌与文人所作：乐府诗中保存了大量文情并茂的民间口头创作，既吸引了古今广大的读者，同时也就必然会诱掖着众多优秀的文人，从事乐府诗的模拟与创作；这是另一条文学发展的客观规律。这种风气兴起于东汉，到建安时代而大盛。在这里，曹操、曹植父子起了很重要的作用。以后南朝的鲍照、北朝的庾信(有部分南朝的作品)，也都有脍炙人口的篇章流传下来，为唐代乐府诗的伟大作家李白、杜甫与白居易开辟一条广阔的道路。所以我们对汉魏六朝这一方面的作家作品也不容忽视。限于篇幅，这里只想谈谈曹操、曹植父子和鲍照在乐府诗拟作和创作方面所取得的显著成就。

我们首先发现的一点是：曹操写作乐府诗，有些题目是袭用旧的，如《薤露歌》和《蒿里行》，乍一看似乎是拟作，可是当我们稍作进一步的考察，就马上会发现：曹操所作不仅内容与古辞全然两样，甚至曲调是沿用旧的还是另创新的，也大成问题。因为原诗都是杂言短章，而曹氏所作，则都是整齐的五言十六句，篇幅约当原诗的四倍。以这样长短悬殊的歌辞，配用同一个乐章，在客观上是没有可能的。所以把这样的乐府题看成作者信手拈来的，也未尝不可。但是根本的变革还是在诗的内容方面。

《薤露歌》和《蒿里行》原辞本皆丧歌，是用于哀悼个别死人的，有比较浓厚的颓丧气息和迷信色彩，其社会意义是消极的。而曹氏所作的《薤露歌》则是愤怒地揭露东汉末年外戚专政、奸臣窃国，引起严重的国家动乱、社会危机；《蒿里行》则是进一步揭露以袁绍、袁术为首的地方长吏，利用董卓之乱，实行篡乱割据，弄得兵连祸结，人民惨罹浩劫。这样的题材比之原作不知要广阔深厚多少倍。这实际是袭用旧题，别裁新制，是创作而非拟作了。还有他所作的《陌上桑》也是如此。此诗虽袭用乐府旧题，但所咏略同屈子《远游》，与罗敷采桑事邈不相涉。又《步出夏门行》古辞，内容咏求仙，体裁用五言句；而曹氏所作，则内容变成叙写征讨三郡乌丸途中一些见闻杂感，而且通体用四言句。歌辞既然大不相同。推想相应的和声乐律也就不可能一成不变。所以我们有理由认为：曹氏的拟乐府，从根本上说，仍然是创作。

但是，我们仍然愿意着重指出：曹氏写乐府诗，并不满足于袭用旧题，而是把精力更多地使用在创作新题上。例如《度关山》篇，作者愤怒地揭露封建王朝“劳民为君，役赋其力”，而且严正指出“舜漆食器，畔者十国；不及唐尧，采椽不斫”的“成由勤俭败由奢”的历史经验教训，向当时从政者敲起警钟。又如他在《短歌行》里，强调了“山不厌高，海不厌深，周公吐哺，天下归心”是每个当政者必须学习的榜样。他自己也的确是在这样身体力行，从而笼络了一些人才，在统一中国的大业上，得到他们的协助。这些作品，已经突破了模拟的范畴，应当名正言顺地称为创作。

他的儿子曹植，这个汉魏之交最杰出的诗人，写了不少乐府诗，除了

《薤露篇》等个别篇目而外，绝大多数是实所依傍，即事名篇，是名副其实的创作。如《名都篇》《白马篇》《美女篇》《鰕䱇篇》《精微篇》等都是。这种由模拟而转入创作，开唐代杜甫写《三吏》《三别》《悲陈陶》《悲青坂》《塞芦子》《茅屋为秋风所破歌》和白居易写《秦中吟》十首、《新乐府》五十首的先河，在文学发展史上曾经起过一定的进步作用。

还有，汉魏六朝乐府诗的作者，往往上继屈原的传统，有远大理想，有政治抱负，这是作为一个伟大诗人必不可少的精神品质。建安时代在文学史上之所以被人们认为是一个重要时代，就因为这一时代作家的领袖曹氏父子处在社会大动乱的时期，以坚韧不拔的积极精神，在极其艰苦的条件下，行军用兵，抵御外侮，削平割据，为进一步统一中国开辟道路。虽然当时的社会现实早成为历史陈迹，可是当人们读到"骥老（通作'老骥'，说详后注）伏枥，志在千里；烈士暮年，壮心不已"（见曹操《步出夏门行》）、"捐躯赴国难，视死忽如归"（见曹植《白马篇》）诸警句的时候，不知道有多少老年、青年人从中汲取了精神力量。这些作品，和人民的口头创作一样，同样应当被看成是我中华民族的精神财富。

但是另一方面我们也必须看到，文人作品比起乐府民歌，在某些方面存在着显著的差异。如：第一，文人写诗，喜欢"掉书袋"，不像乐府民歌用口语写诗的朴素自然。曹操的作品，这一缺点尤其突出。有些作品连篇累牍地堆砌许多典故，使人读了感到枯燥而又生硬，得不到具体形象感染。第二，许多乐府民歌采用了叙事诗的体裁，有新颖曲折的故事情节，有鲜明生动的人物形象，容易收到引人入胜、百读不厌的艺术效果。尽管其中的人物形象有些仍然是个体的，但却有广泛的代表意义，所以他们实际上并不单薄，犹如在一滴水下面激荡着滥汗洪涛；这样，他们与读者之间的距离就不会相隔很远。而文人乐府有许多实际上是变相的抒情诗，在这里往往是作者抒发个人怀才不遇的思想感情；这种思想感情，往往又与他们在仕宦途径上的坎坷遭遇相联系，和人民大众"饥者歌其食，劳者歌其事"的作品有很大距离，因此它不可能引起广大读者的共鸣。

总之，文人的具体情况也各不相同，所以他们所作的乐府诗，也不能一概而论。有的对乐府民歌有所革新，有所提高；有的对乐府民歌只是做了皮毛的模仿，并未真正学到它的精髓；甚至有些作品连皮毛也没有学到，一点也不能给读者以鲜明生动的艺术感受。对此，我们就不想多谈了。

四、从乐府民歌中吉光片羽的译作遗存，看我国古代各族人民对中华民族文化的卓越贡献：中华民族文化虽然主要是用汉语记录下来的；但是用汉语记录下来的古文化，并非都是汉族自身的创造，其中也往往融合着古代兄弟民族的心血劳绩。这在乐府民歌中少数遗存的译作中可以看出。目前我们所能找到最早的例子是《说苑·善说篇》所载的《越人歌》，是一首越语楚译的作品。不仅楚译被《说苑》的作者刘向全部记录下来，尤其难能可贵的是连越语的音译也都完整地记录下来，使我们得以确信这是一篇译作。这一爱情故事由庄辛口述。庄辛是楚襄王时人，生当战国中期。《越人歌》的产生当比此略早。译笔是相当成熟的，几乎可以和屈子《九歌》比美。那么早的年代，那么高的翻译水平，是我国古代南方兄弟民族文化融合所结出的丰硕成果。到了汉代，西北匈奴族的人民用愤怒高昂的声口，唱出："失我焉支山，使我妇女无颜色；失我祁连山，使我六畜不蕃息"的悲歌，以抗击黩武的汉族统治者所发动的入侵。这首悲歌赢得了有正义感的汉族作家的同情，用熟练的文学语言把它译成汉文。这里既表达了兄弟的匈奴族人民抗暴守土的坚强意志，同时也融合了汉族诗人擅长用双关语表情达意的文字技巧。所以这篇译作不仅仅是汇集了匈、汉两族人民的心血，而且更重要的是这里凝聚着历史悠久的兄弟民族的深厚情谊。到了北朝，伴随着北方各兄弟民族的空前融合，在文艺创作上，也出现了崭新的风貌。像著名的《敕勒歌》这样的作品，只用寥寥七句二十七个字，就把代北边远地区的山川部位，游牧民族的生活习俗，"角濈濈而耳湿湿"的牛羊群牧、"天苍苍而野茫茫"的草原景色，像幻灯片一样地统统概括进去；境界阔大而不空洞，景物生动而不荒凉，是边塞诗最精练最自然的典范，是唐代高适、岑参等名家作手的前驱。要知道，这是一篇《敕勒歌》的汉译，这里边也汇集了敕、汉两族人民共同的心血，同时更重要的是这里凝聚着历史悠久的兄弟民族间的深情厚谊，像这样的作品，在《乐府诗集》卷二十五《鼓吹曲辞·梁鼓角横吹曲》里还有，如《钜鹿公主歌》，据《旧唐书·音乐志》：

> 梁有《钜鹿公主歌辞》，似是姚苌时歌，其辞华音，与北歌不同。

得知《乐府诗集》卷二十五所载的《钜鹿公主歌辞》，原是用羌族语言写成，后才译为华音(汉语)。又《折杨柳歌辞》第五曲末云："我是虏家儿，不解汉儿歌。"则知此歌今所见者，虽系汉文，但原辞必用羌语，歌辞本身，可作证明。不宁唯是：《乐府诗集》卷二十五《企喻歌辞》题解下引《古今乐录》曰：

《企喻歌》四曲……最后“男儿可怜虫”一曲是苻融诗。本云：“深山解谷口，把骨无人收。”

按苻融是前秦主苻坚之弟，是高度汉化了的氐族人。精通汉语，下笔成章，甚为汉族文人朱肜、赵整所推许。其“男儿可怜虫”一曲，当系直接用汉语写成，并不是像斛律金用敕勒语唱《敕勒歌》那样。“男儿可怜虫”一曲的情况既如上述，则前面三曲的情况亦不难推知。实际上，《乐府诗集》卷二十五《横吹曲辞·梁鼓角横吹曲》所载曲辞，如《企喻》《琅琊王》《地驱歌》《雀劳利》《慕容垂》《捉搦歌》《幽州马客吟》《高阳乐人歌》等许多篇目，不是北歌汉译，就是北人汉歌。二者都是当时我国北方各兄弟民族在文化上互相交流互相融合所出的成果。作为一种历史现象，它反映了当时各族人民潜在的团结友好的真诚愿望，这种愿望从四面八方汇成一股洪流，冲激着各族少数统治者所制造的地域上、种族上人为的畦畛，为行将到来的隋朝大一统的局面铺平了道路，为祖国古典诗歌全盛时期的唐代奠立了鸿基。我们不要看轻这少许涓涓的滥觞之水，它是长江大河发源的星宿海哟！

但是我们通过对这一部分作品的具体分析，又不禁深深感到，古代文化的一切成果，不仅需要广大作者群众付出大量心血，而且需要在生活上付出惨痛代价。民族文化的融合，是伴随着各族的上层统治者所挑起的种族歧视、压迫甚至火拼厮杀同时进行的。当我们读到《隔谷歌》《慕容垂歌》《幽州马客吟》的时候，我们仿佛看到当时北方人民生活的另一侧面。

此外，我们本着民族文化都是历史现象，它是各个历史阶段社会现实的艺术形象概括的基本观点，认为研究古代文学，历史知识是必不可少的，否则，没有事实根据的论点容易架空。过去不少学者专家已注意及此，在考证文学作品产生的历史背景方面，做了许多工作，取得了可喜成绩。笔者认为这是踏踏实实的工作作风，当为后学所取法。因此在撰写这本小书的时候，也把较多的精力花费在这方面。但是自揣学识浅陋，郢书燕说之处，在所难免。甚望通人硕学，示我通津，匡其不逮。

笔者草写这本小书的目的，是想进一步探讨一下乐府诗研究中存在的某些问题，不是做选注，因此所论篇目不限名篇。所持论点，有话则长，无话则短，别人已经解决了的，这里尽可能避免重复。这样，全书的组织体例就不容易保持条理性、系统性。取名《乐府散论》，就是意在表明这不是一部结构完整、条理井然的文艺论集，而是一部“不成报章”的读书随笔。

这本书的基本体例是：选取一些笔者认为有问题需要探讨一下的具体篇目，大体按照《乐府诗集》的编排顺序，挑选一些重点，加以分析研究，提出个人看法，对于一些前人所作的注释，个人认为有问题的、应当另做处理的，附在总论的后面，不是每篇都有，而是根据具体情况来决定。

最后，我想附带在这里声明的两点是：一、本书的编写，友人刘锡庆同志给我很大的鼓励。他的鼓励，是对我一种强有力的鞭策。“君子爱人以德”，我在这里敬表谢忱！二、在本书的编写过程中，友人辛志贤同志对于有关古代地理参考资料部分，热情地给予我许多有益的帮助。他在这方面是目前国内有数的专家。我也愿意在这里表示深深的谢忱！

王汝弼　北京

1980年5月19日

鼓吹曲辞

汉铙歌 四首

沈约《宋书·乐志》引蔡邕《礼乐志》云：

> 短箫铙歌，军乐也，黄帝岐伯所作，以建威扬德，讽敌劝士也。

蔡邕的说法，和《宋书·乐志》所载的《铙歌》十八曲的具体内容对照，除《战城南》《圣人出》以外，大都和叙战阵、述功德无关。因此庄述祖《汉铙歌句解》说：

> 短箫铙歌之为军乐，特其声耳；其辞不必皆叙战陈（阵）之事。

陈本礼《汉诗统笺》也说：

> 按今所传铙歌十八曲，不尽军中乐，其诗有讽有颂，有祭祀乐章。其名不见于《史记》，亦不见于《汉书》，唯《宋书·乐志》有之，似汉杂曲，历魏、晋传讹；《宋书》搜罗遗佚，遂统名之曰《铙歌》耳。

近人余冠英《乐府诗选注》则在结合诗歌内容、概括前人旧说的基础上，提出自己的观点说：

> 大约铙歌本来有声无辞，后来陆续补进歌辞，所以时代不一，内容庞杂。其中有叙战阵，有解祥瑞，有表武功，也有关涉男女私情的。有武帝时的诗，也有宣帝时的诗，有文人制作，也有民间歌谣。

我认为陈氏“似汉杂曲”之说，最是卓见。余冠英同志所说“内容庞杂”，也很切合实际。但对铙歌的“铙”字到底应当如何理解？则大都存而弗论，保持一种阙疑的慎重态度。我的看法，“铙歌”的本意，当即“杂曲”的异称。知之者，《后汉书·五行志》载：桓帝末，京都童谣云：“茅田一顷中有井，四方纤纤不可整；嚼复嚼，今年尚可后年铙。”此处的“铙”字的本义不是乐器，而是杂乱的意思。因此《五行志》下文解“后年铙”说：“陈窦被诛，天下大坏。”正是因为这样，应劭《风俗通》引此作“今年尚可后年铙”。铙，抑或叠言称“铙口”，《孤儿行》“里中一何铙口”，亦杂乱之意。由此可见，“铙歌”并非因乐器而得名；况且把内容各不相同的歌曲，使用一种乐器托腔伴奏，亦使人难以置信。解为“杂曲”，则此疑可以涣释。

《战城南》虽写战阵，但反战思想比较浓厚，绝不宜用为军乐，以免瓦解士气。学者论述，及此义者，尚不多见，所以在这里特别提出。

战城南

战城南，死郭北，野死不葬乌可食。为我谓乌：“且为客豪，野死谅不葬，腐肉安能去子逃?”水深激激，蒲苇冥冥。枭骑战斗死，驽马徘徊鸣。梁筑室，何以南，何以北？禾黍不获君何食？愿为忠臣安可得？思子良臣，良臣诚可思！朝行出攻，暮不夜归。

《战城南》大约是汉武帝刘彻时人民反对他穷兵黩武，轻启边衅，给边疆和内地人民带来重大灾难的作品。这种连年不休的非正义战争，不仅广大的劳动人民群起反对，即封建统治阶级内部一些有识之士，也奋起而谏诤。《史记·酷吏张汤传》载：

会浑邪(匈奴王)等降，汉大兴兵伐匈奴。山东水旱，贫民流徙，皆仰给县官，县官……空虚。匈奴请来和亲，群臣议上前，博士狄山曰：“和亲便。”上问其便，山曰：“兵者凶器，未易数动。高帝欲伐匈奴，大困平城，乃遂结和亲。孝惠、高后时，天下安乐，及孝文帝欲事匈奴，北边萧然苦兵矣。孝景时，吴楚七国反，景帝往来两宫间，寒心者数日。吴楚已破，竟景帝不言兵，天下富贵。今自陛下举兵击匈奴，中国以空虚，边民大贫困，由此观之，不如和亲。”上问汤，汤曰：“此愚儒，无知。”狄山曰：“臣固愚忠，若御史大夫汤乃诈忠。”

狄山的言论，应当看成是反映了当时一般的社会舆论。值得注意的是：当时无论是主战派还是主和派，都以王室的忠臣自命，但又互相攻击对手为“愚忠”或“诈忠”，所以这首诗“愿为忠臣安可得”的责任，也肯定是反映时代的呼声。这是一首以反穷兵黩武为主题思想的民间歌谣，后人因见“铙歌”之名，而《周礼》地官鼓人又有“以金铙止鼓”之语，遂错误地把《战城南》理解为战歌军乐，而不悟其内容与军乐之用以鼓舞士气者正相违反。

这首民歌充分反映了汉乐府构思超脱，感情奔放，现实主义与浪漫主义高度结合的特征，给后代诗人创作在思想上艺术上都垂示了光辉的典范。唐代诗人李白的《战城南》、杜甫的《兵车行》都明显地是受到了此诗的启示和影响。

纵观古今历史发展，我们绝不能也不愿否定汉武帝在祖国历史上的伟大功绩，其中也包括他经营四夷的功绩在内。但同时我们又必须承认，在阶级社会里，评价战争的性质是否属于正义的，一个最重要的标准，就是要看它对人民是否有利和人民是否拥护。汉武帝“外事四夷之功，内盛耳目之好”；因而“征发频数，百姓贫耗”；不可避免地要引起阶级矛盾的激化。《战城南》集中地反映了当时劳动人民反战的情绪，是《铙歌》里战斗性最强的一篇檄文。

［注释］

“梁筑室”三句：张琦《古诗录》称筑室于桥梁之上，表示社会秩序的不正常的解释（大意）似过于局执厥文，很难使人信服；因为封建统治者不会愚蠢到这步田地。这样违反现实生活的说法，不可能出现于民歌之中。比较合理的推断是：梁字上可能有“乘”或“架”字的脱文。“乘”或“架”梁筑室，与下文“禾黍不获君何食”一气贯注，都是农民在家乡常做的两种活计。《诗·豳风·七月》：“昼尔于茅，宵尔索绹，亟其乘屋，其始播百谷。”一年之计在于春，这都是古代农民家庭必须由男人担负的繁重劳动；但是由于他们被征，从军在外，所以这些工作也就自然搁置起来了。“何以南，何以北”，何以被征而从事连年不休的南征北战？

“禾黍不获君何食”：“不”字汉隶作“”，与“而”字作“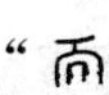”形近，故或本亦作“而”字，然句义实不可通，当以作“不”字为正。上文的“梁筑室”，是属于农民各家自己的生活问题；而播种五谷，收获禾黍，则除去农民自家食用之外，还要向国家缴租纳粮，喂养那一群封建君主以下的大批统治

者。根据上面所引《史记·酷吏传》，汉武帝穷兵黩武的结果，不但使农民缴纳不上租税，而且有些县份，还要朝廷开仓赈济；影响所及，不仅农民缺吃少穿，最终还要使国君的口粮也失去了保证。所以这句诗的实际含义，不言“民何食”，而“民何食”的怨艾自在其中。这句诗的表现手法比上句“梁筑室，何以南，何以北?”更深入了一步。

“愿为忠臣安可得”：这句话是嘲讽那些以忠臣自居而教唆皇帝穷兵黩武的主战派。意思是说：你们让皇帝这样搞下去，必然的后果一定是怨声载道，众叛亲离，还有什么“愿为忠臣”之可言?

“暮不夜归”：疑当做“暮夜不归”，“不夜”二字，疑当互易。

君马黄

君马黄，臣马苍，二马同逐臣马良。易之有騩蔡有赭。美人归以南，驾车驰马，美人伤我心！佳人归以北，驾车驰马，佳人安终极?

看内容这应当是一首文学侍臣讽谏皇帝驰骋畋猎的诗。过去的注释不是存而不论，就是做了牵强附会的说解。封建时代，政论家一般都认为驰骋畋猎，是皇帝的不务正业，所以多上书加以谏止。《汉书·徐乐传》：

乐上书曰：“间者关东五谷数不登，年岁未复，民多穷困……陛下逐走兽，射飞鸟，弘游燕之囿，淫从(纵)恣之观，极驰骋之乐，自若。金石丝竹之声不绝于耳，帷幄之私，俳优侏儒之笑不乏于前，而天下无宿忧?”

徐乐是汉武帝时人，此诗是否是他所写，虽不可知，但写作年代，大约当在武帝时，此一推论，或不甚大谬。徐乐上书，是从正面谏诤，这篇铙歌，是用讽谕进言。此诗虽大半是文学侍臣所作，但在艺术上婉而多讽，开后世写“讽谕诗”的先河，所以也有参考价值。

[注释]

“君马黄，臣马苍，二马同逐臣马良。”这三句话的意思是在开导国君，君臣一起，驰骋游猎，这种形势对于国君极为不利。因为国君维持尊严是凭地位；而射猎时的竞技则凭才干。万一国君竞技输给大臣，则威信扫地，今后何以为天下主，“君马”“臣马”，皆指畋猎时所乘的马；“逐”，是指畋猎时追逐飞禽走兽而言。《汉书·蒯通传》：“秦失其鹿，天下共逐之。”可证。

“易之有騩蔡有赭”：“易”，古燕地，在北；“蔡”，古蔡地，在南，与下文“归以南”“归以北”，互相呼应。此句言中国产名马的地方，南北四方，所在多有，其中必有才能出众，胜过大厩（御马监）的。所以国君与大臣一同校猎，未必定操胜算。“之”字，句中语助，无义。

“美人归以南，驾车驰马，美人伤我心！佳人归以北，驾车驰马，佳人安终极！”：这是诗人讽谕，更深入一层。汉武帝是个“内穷耳目声色”的君主，内宠极多。又常让她们跟他一起驰骋射猎。司马相如《上书谏猎》：“卒然遇轶才之兽……犯属车之清尘”的话，就是用随从你出猎的许多老婆可能受惊来讽谏刘彻，而措辞则是很隐曲的。这首诗和司马相如上书同工而异曲。意思是说：你那么众多的老婆实际都是怨女，但平时闭锁深宫，没有机会逃回故乡；现在你带领她们出外游猎，不是给她们机会，让她们东西南北，各奔他乡吗？我实在替你担忧这个！《汉书·外戚传·李延年歌》：“北方有佳人”中之“佳人”，指的就是李夫人，可与此诗互证。有的人认为“美人”“佳人”皆以喻君，借指武帝（陈直《汉铙歌十八曲新解》，见《人文杂志》1959年第四期），我们认为：这两个成词不能孤立地来理解，而必须综合全句来考虑。此诗“美人”“佳人”之下，有“归以南”“归以北”，则肯定不是指皇帝，而只能是指他的妃嫔。因为她们都有家乡可归。皇帝属京城，南北巡游，是暂时旅行性质，此而言“归”，可谓文不对题，故知其说非是。

有所思

有所思，乃在大海南。何用问遗君？双珠玳瑁簪，用玉绍缭之。闻君有他心，拉杂摧烧之；摧烧之，当风扬其灰。从今以往，勿复相思！相思与君绝！鸡鸣狗吠，兄嫂当知之。妃呼豨！秋风肃肃晨风飔，东方须臾高知之。

这首民歌，是一个年轻女子上了一个爱情骗子的当，始乱而终弃，精神上受到极大的痛苦：男子见异情移，咫尺天涯；家中兄嫂无情，幸灾乐祸。使得这个可怜的少女，进退维谷；左思右想，除了像那《孤儿行》里的孤儿一样最后选择"下从地下黄泉"一条道路以外，别无其他的道路可走（由于此诗后面文字疑有脱误，语意欠明，这种意向表露得不够显豁；然通观大旨，意绪悲凉，音节凄断，上面论点，或无大误）。这类情况，在男人当权的阶级社会里，层出不穷。《诗经・卫风・氓》的女主人公，元稹《会真记》里的崔莺莺，《红楼梦》里的林黛玉、晴雯，纵观上下三千年，尽管具体情节各不相同，但是她们对于婚姻自主的憧憬与尝试，遭遇与结局，大都是十分热烈而又勇敢，多难而又悲惨，这一点却是基本上相同的。至于爱情骗子之所以这样肆无忌惮，最根本的原因就在于女子无权。从人类历史的发展上来看，人压迫人的制度，首先是从男人压迫女人开始的。因此，在任何阶段的阶级社会里，女人的呼声往往代表着一切被压迫者的呼声；女人的控诉，往往意味着对压迫者的控诉。悲剧是发生在爱情问题上，根却深扎在历史社会的土壤中。

人民的感情是奔放的，天涯海角，无远弗届；人民的怨恨是彻底的，烟灭灰飞，排惑务尽。言行一致，爱恨相因，没有丝毫做作忸怩之态；现实主义和浪漫主义水乳交融，这里深打着阶级烙印，也渗透着时代精神。

［注释］

"有所思，乃在大海南"：这是女主人公对男方说：我对你的怀念的殷切，并不因为居处遥远而稍有淡漠，乃在大海南，也可能是事实，也可能是虚构——艺术的夸张。但后者的可能性更大。因为据下文"闻君有他心"推断：如果二人居住距离过于遥远，则男方爱情的转移情况为女方所掌握，绝不会那么容易。了解这一点，就可以了解汉代民歌喜用浪漫主义表现手法的一般特点。

"双珠玳瑁簪，用玉绍缭之"：用物以表心。表心不能无物，但物即使是瑰宝，它总是有限的，而人的深情则是无限的。《诗经・卫风・木瓜》篇说："投我以木瓜，报之以琼琚；匪报也，永以为好也。投我以木桃，报之以琼瑶；匪报也，永以为好也。投我以木李，报之以琼玖；匪报也，永以为好也。"又《古诗十九首》有一首："庭中有奇树，绿叶发华滋。攀枝折其条，将以遗所思。……此物何足贵？但感别经时。"和此诗所表露的思想感情基本一致，可以用来做这两句诗的最恰当的注释。这两句诗，不仅是写了赠物，而且也写了钟情。玳瑁簪已很珍贵，又缀以双珠，还感到不满足，又用无数的美玉把它镶嵌起来。这里是贯穿着一缕热情的"丝"线的。繁钦《定情诗》说："何以致拳拳？绾臂双金环。……何以致区区？耳中双明珠。……

何以结恩情？佩玉缀罗缨。……何以慰别离？耳后玳瑁钗。……”明显是读过这首诗并对作者的寄兴深有体会的，可以用来作我们对此诗理解的参考。

“闻君有他心，拉杂摧烧之；摧烧之，当风扬其灰。从今以往，勿复相思！”由爱成恨，彻底决裂，绝不拖泥带水，藕断丝连。这是人民的爱憎另一方面的表露。表现技法：由浅入深，层层推进。使人读了感到淋漓痛快，无毫发遗憾。

“鸡鸣狗吠，兄嫂当知之”：《易林·随之既济》：“当年（意即丁年，指鳏夫）早寡（寡妇），孤与独居；鸡鸣犬吠，无敢问者。”《易林》多采汉代流行谚语，所用“鸡鸣犬吠”，可与此诗互证。这两句诗的实际含义应当是：女主人公追溯过去与男方热恋幽会之时，不可避免地会有些风吹草动，招得鸡鸣狗吠，使兄嫂备悉隐情，而你现在竟然忘恩负义地遗弃了我，我今后如何能在家里继续住下去呢？即使我想继续住下去，但寡情的兄嫂是否见容？还是毫无把握的。很可能他们借此为理由，把我赶出家门，而我的出路又在哪里呢？

“秋风肃肃晨风飔，东方须臾高知之”：肃肃，即飕飕，形容秋风越刮越紧。晨风，《毛诗传》训鹯，即鹞子。飔，风疾速貌。这句诗表面的意思是：凄紧的秋风就像鹞子飞时那样疾而有力；骨子里则是诗人极意烘托在绝命前意境的悲凉。这样写法在汉诗里是可以找到旁证的。《孔雀东南飞》写焦仲卿决心自杀，向他母亲诀别的时候，描述周围的情景是这样的：“今日大风雪，寒风摧树木，严霜结庭兰。”可以有助于我们对这句诗的理解。“东方须臾高知之”：高，当读为皓，白亮意。整句诗表面的意思是：天不久就亮了，要发生什么事情大家会知道的。实际上这句诗应当看成是女主人公决心自杀比较委婉的措辞。封建时代，多少妇女被迫自杀，为了避开人们的营救，时间往往选择在夜间。《孔雀东南飞》写兰芝决心自杀，亦时在“奄奄黄昏后，寂寂人定初。”就是证明。

这位女主人公的自杀，是被封建礼教吃掉的。我们不能把它看做受害者懦弱的表现。因为我们通观全篇，这位女主人公的性格是极其刚烈的。她的自杀，是在宣判封建礼教的吃人本质。像这样的社会现实，在旧社会绝非仅见，应当认为它是严重的社会问题而加以重视。

上　邪

上邪！我欲与君相知，长命无绝衰。山无陵，江水为竭，冬雷震震，夏雨雪，天地合，乃敢与君绝！

这首诗自清代庄述祖《汉铙歌句解》创为“《上邪》与《有所思》当为一篇……叙男女相谓之言”之说，以后闻一多《乐府诗笺》、余冠英《乐府诗选》附和之，后出注本遂多信从。然庄说按之两篇具体内容，取譬不同，归趣亦异，实在令人感觉对不上口径，其说非是。

考《史记·功臣诸侯年表》引《封爵之誓》：

“使河如带，泰山若厉，国以永宁，爰及苗裔。”始未尝不欲固其根本，而枝叶稍陵夷衰微也。余读高祖侯功臣，察其首封所以失之者，曰：“异哉所闻！”

细察文意，似汉高祖刘邦封功臣为诸侯时，曾经对他们发过：“使河如带，泰山若厉，国以永宁，爰及苗裔”的四句誓言。开国皇帝虽然做过这个誓言，则揣情度理，臣僚不能不作出反应。而这首《上邪》，不是最有针对性的赓和之辞吗？《铙歌》内容极其庞杂，有民歌，也有大臣和文学侍从表忠心或歌功颂德之作。时间可能早到汉初，晚到西汉中、末叶。从《铙歌》的排列次第看，《上邪》并非仅次于《有所思》之后，所以庄述祖的说法，是缺乏内证与旁证的，不足信据。

［注释］

“上邪”：意即皇上呀。汉人习称皇帝为“上”或“今上”。此在史籍例证不胜枚举。庄述祖“亦指天日以自明”，乃是臆说。

横吹曲辞

梁鼓角横吹曲

企喻歌辞　四曲

男儿欲作健，结伴不须多；鹞子经天飞，群雀两向波。

放马大泽中，草好马着膘；牌子铁裲裆，钷鉾鸐尾条。

前行看后行，齐着铁裲裆；前头看后头，齐着铁钷鉾。

男儿可怜虫，出门怀死忧；尸丧狭谷中，白骨无人收。

右四曲，曲四解。

《乐府诗集》卷二十五《横吹曲辞·梁鼓角横吹曲》题解引《古今乐录》曰：

梁鼓角横吹曲有《企喻》、《琅琊王》、《钜鹿公主》、《紫骝马》、《黄淡思》、《地驱乐》、《雀劳利》、《慕容垂》、《陇头流水》等歌三十六曲。二十五曲有歌有声，十一曲有歌。是时乐府胡吹旧曲有《大白净皇太子》、《小白净皇太子》、《雍台》、《擒台》、《胡遵》、《利𤬪女》、《淳于王》、《捉搦》、《东平刘生》、《单迪历》、《鲁爽》、《半和企喻》、《比敦》、《胡度来》十四曲，三曲有歌，十一曲亡。

三曲指《淳于王》《捉搦》《东平刘生》，词见《乐府诗集》二十五卷。而同书所载的《企喻歌辞》则当是新曲。题解下引《古今乐录》曰：

《企喻歌》四曲。或云：后又有二句"头毛堕落魄，飞扬百草头。"最后"男儿可怜虫"一曲，是苻融诗。本云："深山解谷口，把骨无人收。"按《企喻》本北歌。

又引《唐书·乐志》曰：

> 北狄乐其可知者，鲜卑、吐谷浑、部落稽三国，皆马上乐也。后魏乐府始有北歌，即所谓《真人代歌》是也。大都时，命掖庭宫女，晨夕职之。周、隋世，与西凉乐杂奏，今存者五十三章。其名可解者六章：《慕容可汗》、《吐谷浑》、《部落稽》、《钜鹿公主》、《白净皇太子》、《企喻》也。其不可解者，咸多可汗之辞。北虏之俗，呼主为可汗；吐谷浑又慕容别种，知此歌是燕、魏之际鲜卑歌也。其词虏音，竟不可晓。梁胡吹又有《大白净皇太子》、《小白净皇太子》、《企喻》等曲。隋鼓吹有《白净皇太子》曲，与北歌校之，其音皆异。

我们综合《乐府诗集·企喻歌》题解所引证的《古今乐录》《唐书·乐志》等文献资料，可以归纳为以下几点。

第一，梁乐府鼓吹有《企喻》。

第二，《企喻歌》本北狄鲜卑乐，马上所奏。故此歌以骑兵生活为背景。

第三，《企喻歌》本用鲜卑语，《乐府诗集》所采者为汉译。

第四，据《旧唐书·音乐志》云："自汉以来，北狄乐总归鼓吹署"，可见汉乐府采用北狄乐，由来已久，所以我们不必以《梁鼓角横吹曲》用北歌为疑。

第五，《企喻歌》和《越人歌》《匈奴歌》《敕勒歌》一样，都是我国古代民族文化高度融合的产物，它们是我国古代民族团结的津梁，在乐府诗中是很重要的组成部分。

[注释]

《企喻歌》："企喻"二字费解，当是鲜卑语的音译。细玩诗的内容，前三曲可能是骑兵进行曲。

"作健"：意为要强、逞能。《世说·轻诋》："庾(恒)复云：'颊似，足作健否?'"作健，意为奋发图强，与此处用法相同。

"鹞子"：鹞鹰，猛禽类，骑兵自喻。

"群雀两向波"："群雀"，对敌蔑称；波，披靡。全句意为：英雄所向，使敌兵四散奔逃。

"放马大泽中"："大泽"，郭璞注《山海经·海内西经》："在雁门北，群鸟所生及所解。"然此处似指一般湖沼。古代游牧民族，逐水草而居；此写其生活的一个侧面。

"着膔"：意谓"上膘"；膔，"膘"古今字。

"牌子铁裲裆"："牌子"，义当指"片子"，指铁片而言。"裲裆"或本作"两当"，音义同，俗称背心。"铁裲裆"，音指保护胸背的铠甲，用多块铁片连缀而成。秦始皇墓出土的武士陶俑，犹可见其遗制。

"钰铎鹳尾条"："钰铎"，审察文义，当即"兜鍪"，古代称胄，是古代战士头上所戴的钢盔。此作"钰铎"，疑本作"鉔鍪"，是"兜鍪"的同音异体字，缺画成为"钰铎"了。鹳尾，即雉尾，野鸡翎，是古代武士头上所戴钢盔上的饰物。

"前行看后行"一首，前一个"着"字是"穿"的意思，后一个"着"字是"戴"或"插"的意思。与前一首"着膔"的"着"字意义有别。这一句写战士整队前进的阵容，非常形象、生动。

"男儿可怜虫"一首，据《古今乐录》是苻融诗。苻融是前秦主苻坚的季弟，《晋书》第一百十四《载记》有传，说他"为将善谋略，好施爱士"，他反对穷兵极(黩)武，曾谏诤苻坚伐晋，苻坚不听，结果招致淝水之败。这支曲对暴骨疆场上的战士深致哀悼之情，可与《晋书·载记》之言相印证。据《古今乐录》，这四句诗后还有"头毛堕落魄，飞扬百草头"两句，则融原诗至少当有六句，为了保持整齐划一的一曲四解，被编书人把它割裂了。

"右四曲，曲四解"：此歌以四句为一曲，一句为一解。说见《乐府诗集》卷二十六"相和歌辞"题解下引《古今乐录》："伧歌（南人对北歌的蔑称）以一句为一解，中国以一章为一解。"

紫骝马歌辞　二曲

烧火烧野田，野鸭飞上天。童男取寡妇，壮女笑杀人。
高高山头树，风吹叶落去；一去数千里，何当还故处。

《乐府诗集》卷二十五此两曲下尚有"十五从军征"十六句，而后面加以题记云："右六曲，曲四解。"但我们认为："十五从军征"以下，一气贯下，似乎是一首诗，不当强分四曲，且思想内容和前两曲也没有什么联系。所以历来选诗者都独立成篇。即使是辑录《乐府诗集》的郭茂倩自己的看法也恐怕是这样。否则他不会在这首乐府的题解下，引《古今乐录》："十五从军征以下是古诗"的说法了。但为什么他还要这样编排呢？除此以外，同卷又录"独柯不成树"等两曲四行诗，与这两曲体例近似，但题作《紫骝马歌》，和此二曲标题只有一字之差，而题解引《古今乐录》云："与前曲不同"。"前曲"当指此二曲。但不同在哪里？同书第二十四卷梁简文帝《紫骝马》题解引《古今乐录》曰：

> 《紫骝马》古辞云："十五从军征，八十始得归。道逢乡里人，家中有阿谁？"又梁曲曰："独柯不成树，独树不成林。念郎锦裲裆，恒长不忘心。"盖从军久戍，怀归而作也。

这首梁曲风格比较委婉细腻，不像前两曲《紫骝马歌辞》那样豪迈粗犷，体现了北歌、南曲民性的某些差异，所以《古今乐录》有"与前曲不同"的说法。其所以称《紫骝马歌辞》二曲为"前曲"，是因为《乐府诗集》卷二十五的排列顺序，沿袭了《古今乐录》的旧有顺序的缘故。

这两曲《紫骝马歌辞》，第一曲所写的生活现实是"童男娶寡妇，壮女笑杀人"。这在作歌者童男应当娶壮女。第二曲是一篇背井离乡，远去故土的游子，怀念旧居的作品。看诗中第二句"风吹叶落去"，可知他的漂泊异乡，并非情出自愿，很可能是由于被封建统治者征调或社会动乱促成的结果。在情绪上流露一些愤慨，但无颓丧之气，其出于下层人民的口头笔下，殆无疑义。以上两曲，第一曲反映南北朝时期，北朝各族大迁徙所形成的对寡妇再嫁问题上观点的歧异；第二曲反映安土重迁的中原人民在社会动乱的波荡下，已经丧失自主的无限悲愤。每一曲都从不同的角度反映了当时社会生活的一个侧面。

[注释]

"何当"：义为何时何日。此种用法汉朝时已有。古诗："何当大刀头"？谓何日当还也。为此诗所本。

紫骝马歌辞　四曲

> 十五从军征，八十始得归。道逢乡里人："家中有阿谁？""遥看是君家，松柏冢累累。"兔从狗窦入，雉从梁上飞。中庭生旅谷，井上生旅葵；舂谷持作饭，采葵持作羹；羹饭一时熟，不知

赔阿谁？出门东向看，泪落沾我衣。

此诗正文与“烧火烧野田”“高高山头树”两曲，《乐府诗集》卷二十五编在一起，而题为《紫骝马歌辞》，另外在题解下引《古今乐录》指明：“十五从军征”以下是古诗。意在告诉读者，“烧火烧野田”等二曲是今诗，“十五从军征”四曲是古诗，虽编排在一起，但并非作于同一时代。又同书卷二十四梁简文帝《紫骝马》的题解下，引《古今乐录》云：

> 《紫骝马》古辞云：“十五从军征，八十始得归。道逢乡里人：‘家中有阿谁？’”又梁曲曰：“独柯不成树，独树不成林；念郎锦裲裆，恒长不忘心。”盖从军久戍，怀归而作也。

这里称“十五从军征”为古辞，又是什么意思呢？依乐府专书编著的通例，“古辞”都是乐府首创原辞的意思，是用以区别于入乐改编的。我们通过《乐府诗集》卷二十四、二十五两次摘引《古今乐录》，都称“十五从军征”一首为《紫骝马》，得知这一首确实是乐府古辞。其主题思想诚如《紫骝马》题解所说：“盖从军久戍，怀归而作也。”根据这一线索来阅读“十五从军征”这首诗，是能够确切掌握它的基本内容的。

按此当系汉乐府古辞。其主题是揭露汉代不合理的兵役制度，给人民带来了深重的苦难。根据汉代官方文献《汉书·高帝纪》颜注引如淳曰：

> 《律》：“年二十三傅之畴官。”（意思是：民男年至二十三岁，算是正丁，有义务给国家任徭役，须到掌田赋的官员那里登记注册，以备征用）

又《汉仪》注：

> 民年二十三为正（正丁），一岁为卫士，一岁为材官骑士，习射御，年五十六乃免为庶民，就田里。

这就是汉朝初年的制度。到了景帝时代，服役的年限较汉朝初年提前了三年，民年二十岁就要开始应征服役，（见《汉书·景帝纪》），以后成为定制。而这首诗的开头两句说：“十五从军征，八十始得归”，则知封建统治者表面宣扬的是一套，而实际执行的又是一套：把服役期限提早了五年，免役期限推迟了二十四年，两者加起来一共是二十九年。可见封建统治者是执法犯法，给人民所制造的痛苦是异常深重的。其根源在于皇帝的好大喜功，穷兵黩武，为了满足自己的奢欲，不惜残民以逞。这首乐府民歌揭露汉代兵役制度的腐败与黑暗，为唐代伟大现实主义诗人杜甫创作《垂老别》《无家别》垂示了典范。从主题的选定以至细节的模写，都可以发现彼此承前启后的痕迹。此诗不少选本仍然把它归入“古诗”，不敢称它为“乐府民歌”，都未免是囿于传统成见；我们应当还它一个历史的本来面目，确认它是“乐府民歌”，而且是一篇杰出的名作。

这是一篇控诉封建统治者穷兵黩武给人民造成深重痛苦，使社会走向极端凋敝的作品。但在表现手法上，却没有大发议论，而只是作者把身之所经，目之所见，如实地反映给读者；使读者从诗人的切身遭遇中、创作实践中，来领略当时广大人民的疾苦，这样给读者的感染是十分强烈的，自然而然地对当时的社会，做出合理的评价。这就是大家熟悉的：“让事实说话”。

生活本身的意蕴就是无限丰富的：当我们读到“遥望是君家，松柏冢累累”两句时，是任何人也会联想到：这家人已经是死绝了的。当我们读到“羹饭一时熟，不知贻阿谁”，是任何人也会联想到：这位八十多岁的老人，此时正在回忆十五岁未离家以前，炊黍贻亲的往事，而感到无限辛酸了。当我们读到此诗的末尾两句：“出门东向看，泪落沾我衣”时，是任何人也会替这位八十老人，走出去，还是住下来，左右为难、进退维谷了。这不是一篇血泪控诉又是什么！

此诗“舂谷持作饭，采葵持作羹”两句不入韵，这也可以看出民歌的一些特色，韵脚是比较自由的。

[注释]

“旅谷”“旅葵”：两“旅”字并“穞”或“稆”的借字，是不种而自生的意思。

地驱歌乐辞　四曲

青青黄黄，雀石颓唐；槌杀野牛，押杀野羊。
驱羊入谷，白羊在前；老女不嫁，蹋地唤天。
侧侧力力，念君无极！枕郎左臂，随郎转侧。
摩捋郎须，看郎颜色；郎不念女，各自努力。

《乐府诗集》卷二十五，《横吹曲辞·梁鼓角横吹曲》题解引《古今乐录》曰：

梁鼓角横吹曲有《企喻》、《琅琊王》、《钜鹿公主》、《紫骝马》、《黄淡思》、《地驱乐》、《雀劳利》、《慕容垂》、《陇头流水》等三十六曲。二十五曲有歌有声，十一曲有歌。

又同卷《地驱歌乐辞》下题解引《古今乐录》曰：

"侧侧力力"以下八句，是今歌有此曲。最后云："不可与力"或云："各自努力"。

据此，知所传的《地驱歌乐辞》四首，原来只有两首。以后又续成两首。《古今乐录》这种说法是可信的。所以四首前后的思想内容不甚连贯统一。前两首是写贫家女的放牧艰苦生活，后两首是单纯的恋歌。带有北方民族质朴而近于粗犷的意味，仍然是地地道道的北方民歌。

[注释]

"青青黄黄"二句：青青，石色；黄黄，土色。沙石夹土，最易坍塌。西北诸山，所在多有。雀石，如麻雀大小的石块。颓唐，坍塌，双声联绵字。

"槌杀野牛"二句：槌，意近砸；押，同压。野牛、野羊两野字，疑指在山野放牧而言，不必是指野生动物。观次一首有"驱羊入谷"之句可知。

"白羊在前"：元刊本、汲古阁本"白"字并作"自"，无义，肯定是"白"字形误。在畜牧业中，一般称绵羊为白羊，此种羊行动较迟缓；称山羊为黑羊，此种羊行动较敏捷，与白羊群牧时，往往走在前面，这似乎是众所周知的常情。而今白羊行迟，反而走在前面；黑羊行疾，反而落在后面；这是十分反常现象。以比贫家牧女老大当嫁，而竟没人过问；富室少女未届婚龄，大都早已成亲。人世不平，一至于此！

"侧侧力力"：与《折杨柳枝歌》"敕敕力力"音近义通。彼诗用以模拟机杼声；此处用以描写思念之情。音读接近现代语"急急刺刺"，意义也很相近。

"各自努力"：原作"不可与力"，比较费解。大概是"不能勉强"的意思，但语义不够显豁。所以改从别本作"各自努力"。意思是："去你的！彼此各奔前程。"这流露了北方女人的刚强烈性。在爱情决裂后，一刀两断，绝不藕断丝连。或解“与力”为给予力役（苦力），验之本诗，殊难拍合。

陇头流水歌辞　三曲

陇头流水，流离西下。念吾一身，飘旷野！

西上陇坂，羊肠九回；山高谷深，不觉脚酸。

手攀弱枝，足逾弱泥。……

此歌《乐府诗集》卷二十五入《横吹曲辞·梁鼓角横吹曲》。题解引：

《古今乐录》曰：梁鼓角横吹曲有《企喻》、《琅琊王》、《钜鹿公主》、《紫骝马》、《黄淡思》、《地驱乐》、《雀劳利》、《慕容垂》、《陇头流水》等歌三十六曲。二十五曲有歌有声，十一曲有歌。

但同书同卷又载《陇头歌辞》三曲四解，其第一曲与此歌第一曲文字基本相同。可以看作同一歌曲的传闻异辞。

［注释］

“飘旷野”：校以《陇头歌辞》第一曲末句，“飘”下似当补“然”字，则歌曲通首皆整齐的四言句。如以原刊，则第一曲的末两句，势必合成一个七言句，与《乐府诗集》诗后所题：“右三曲，曲四解”之言不相应和。

“羊肠九回”：“回”字位当韵脚，似当作“旋”，始与第四句末“酸”字相叶。

“手攀弱枝，足逾弱泥”：语意未完，不能独立成曲。当佚两句，始与《乐府诗集》、“曲四解”之言相应。“逾”字似当为“踰”字的形误。

陇头歌辞　三曲

陇头流水，流离山下。念吾一身，飘然旷野！

朝发欣城，暮宿陇头。寒不能语，舌卷入喉。

陇头流水，鸣声幽咽。遥望秦川，心肝断绝。

此歌《乐府诗集》卷二十五入《鼓吹曲辞·梁鼓角横吹曲》。同卷又有《陇头流水歌辞》三曲：第一、二两支曲各四解，第三曲二解，余二解缺佚。此歌三曲，曲四解，无缺文。是一首漂泊者之歌。大约是因为社会动乱而被迫从秦川漂泊到陇外的人士抒发他在道路上的生活感受。这样的漂泊者西汉、魏、晋、南北朝都屡见不鲜，反映封建统治者的残酷剥削与压迫，造成广大人民生活上颠沛流离的深重苦难，这类漂泊者之歌有一定的现实意义。

《后汉书·郡国志》：

陇西郡、陇州……有大坂，名陇坻。

又《三秦记》刘昭注：

其坂九回，不知高几许，欲上者七日乃越。高处可容百余家，清水四注下，郭仲彦《秦州记》曰："陇山东西百八十里，登山岭东望秦川四五百里，极目泯然。山东人行役升此而顾瞻者，莫不悲思。故歌曰：'陇头流水，分离四下，念我行役，飘然旷野。登高远望，涕零双堕。'度汧陇，无蚕桑；八月乃麦，五月乃冻解。"

按《三秦记》作者为辛氏，汉代人；郭仲彦为南朝宋人。

［注释］

"朝发欣城"：刘盼遂说："欣城，地名，无考。我疑'欣'是'秦'之误字，其声正相近也。"

"遥望秦川"：指当时（后魏）之秦州而言。秦州距陇头（当时叫渭州陇西郡）约三百余里，秦川在东南，陇头在西北，地高天寒，故诗人以到陇头为苦。按以上亦刘盼遂说。考《水经·渭水注》有"清水上下咸谓之秦川"之言，证明刘说是确当的。

又刘盼遂对这三首诗的顺序，提出了他自己的看法。他说："我觉得这三首歌应是'朝发欣城'作第一首；'陇头流水，鸣声幽咽'作第二首；'陇头流水，流离山下'作第三首。诗人发秦城到陇头，回望秦城而眷恋；及见陇水四散，又自伤无所寄托也。"

捉搦歌 四曲

粟谷难舂付石臼，敝衣难护付巧妇。男儿千凶饱人手，老女不嫁只生口。

谁家女子能行步？反着裌禅后裙露。天生男女共一处，愿得两个成翁妪。

华阴山头百丈井，下有流水彻骨冷。可怜女子能照影，不见其余见斜领。

黄桑柘屐蒲子履，中央有系两头系。小时怜母大怜婿，何不早嫁论家计？

《捉搦歌》四曲，《乐府诗集》卷二十五入《横吹曲辞·梁鼓角横吹曲》。内容是写一个轻薄男人向一个鲜卑族女性调情，而遭到对方以背相向的冷遇的作品。通过作品“男儿千凶饱人手”句判断，这个“男儿”不是土匪，就是军官；通过作者对女性的服装感到新奇的细节刻画，得知这个男儿肯定和这个女性不属于同一种族。他对这个女性的追求，近于恶作剧，不像是对对方有真正的爱情，颇使人怀疑这里有阶级压迫和种族歧视的意味。

第一曲，头两句是女性语气，上句是打比喻，是劳动妇女的本色语，有鲜明的阶级色彩。下句是坦率求友的莺鸣，但是仍然洋溢着劳动妇女“敢将十指夸偏巧”的自豪感。这两句是寄兴，也是抒情。后两句是男性语气，一边自炫自鬻，一边血口喷人，是一个令人疾首蹙额的人物。但不要忘记！他是《捉搦歌》的演唱者，他所扮演的角色是小丑，是死皮赖脸的好色之徒，是不值一顾的败类。“付”是交给、付托的意思。“敝”，元刊本、汲古阁本并作“弊”，误；当据《论语·子罕》：“衣敝缊袍”作“敝”。

第二曲通首都做无赖汉的声口。“能行步”是反诘语气，意思是：“能够如此这般地出来走动吗？”第二句“反着裌禅后裙露”，是抓住这位劳动少女身着饭禅围裙一事为话柄而进行调戏。这也无意中透露了对方是一位劳动女性，和第一曲所写是存在着内在联系的。“反着”是指衣衫前后的位置互易。因为一般的衣服系带（纽结）都在前襟，而劳动妇女所着的饭禅或围裙的系带却在背后。“禅”，元刊本、汲古阁本并作“禅”，当是“禅”字的形误。此“禅”字不是“夹”“单”的“禅”，而是围裙一类的“饭禅”，盖因其不是完全的衣着而得名。“饭禅”或“围裙”皆在背后系带，只有前襟，而无后裙，所以诗言“后裙露”。这是劳动妇女最明显的衣着标志，成为后世新旧舞台上一直袭用的服装道具。这两句话在《捉搦歌》里是公开对女方戏谑亵渎的话，是十分惹人讨厌的。“天生男女共一处，愿得两个成翁妪”，恶语令人齿冷，“狂童之狂也且”！“翁妪”，意为老夫老妻，白头到老。

第三曲，是写女方感到“狂且”过于轻薄，报以冷面，“狂且”对此虽有所察觉，但并未知难而退。这是从反正两方面写女方的冷若冰霜，不可干以非义。“华阴山头百丈井，下有流水彻骨冷”，韩愈《古意》诗：“太华山头玉井莲，开花十丈藕如船。”魏怀忠《五百家注音辩昌黎先生文集》引《华山记》云：“山顶有池，生千叶莲花。”清代道光李榕修《华岳志》卷一“玉井”下引《三才图绘》云：“深可十丈”，此言百丈，是艺术夸张。首句借“天外三峰”，写女方人品之高；用“玉井百丈”喻女方涵蕴之深。“下有流水彻骨冷”，飞泉泻玉，下临无地，如藐姑射仙人，冰肌雪肤，冷气侵人，这对无耻之徒来说，真不啻一盏醍醐灌顶。这两句是虚写，是借景抒情。下两句“可怜女子能照影，不见其余见斜领”是实写。是女方敢于以冷面示意痴男莽汉要他清醒一些毫无效果以后的一次行动。但亦只做到以背相向而已，并不见以恶语相加。如此严格掌握分寸以塑造人物，我们认为是十分高明，十分成功的。这是《捉搦歌》最精彩的一支曲。由于“斜领”一词，我们颇疑女方是鲜卑族。因据史书记载，后魏孝文帝元宏太和十八年(494)十二月，下令改革服制，禁止鲜卑妇女穿“夹领小袖”的衣裳(见《魏书·高祖纪》《北史·魏纪》《资治通鉴》卷一百四十《齐纪》)。“夹领”当即“狭领”的意思，“狭”“斜”同音；这不仅透露了诗句所写是汉族眼里的异族服装，而且也透露了诗歌的创作年代不晚于四九四年。因为此后鲜卑妇女再穿“夹领小袖”就成了非法的了(此就基本趋势而言。当代移风易俗在短暂时间就能取得雷厉风行的效果也是不容易的)。如果我们上面的推论不错，则《捉搦歌》里的女性和辛延年《羽林郎》里的胡姬，在性格上颇有相似之处。只不过在做法上，一个泼辣刻露，一个略为蕴藉而已。

第四曲写这个无耻之徒虽然受到冷遇，但仍不肯善罢甘休，继续用一些下流语言进行纠缠撩拨。“柘屐”、“蒲履”，都是鞋子，但有软硬凉暖之别。暗喻男女性别各殊，相须以成室家之道；所以下面又有“中央有系两头系”之句，寄托他焦灼地向对方求爱的私情。最后两句暴露了这个无耻之徒全然不懂：问题并不在于是否“怜婿”，而在于“怜”什么样的“婿”。

折杨柳歌辞 五曲

上马不捉鞭，反折杨柳枝。蹀座吹长笛，愁杀行客儿。

腹中愁不乐，愿作郎马鞭。出入擐郎臂，蹀座郎膝边。

放马两泉泽，忘不着连羁。担鞍逐马走，何见得马骑？

遥看孟津河，杨柳郁婆娑。我是虏家儿，不解汉儿歌。

健儿须快马，快马须健儿。䟢跋黄尘下，然后别雄雌。

这五首《乐府诗集》卷二十五入《横吹曲辞·梁鼓角横吹曲》，看篇中“孟津河”“虏家儿”以及歌辞的风格情调，可以确认是北方少数民族的作品汉译无疑。且作品语气可能全部出于女性之口。

第一首的头两句，说骑马者赶马不用马鞭，而是随便折一条杨柳枝当做马鞭。后两句是说骑马者技术非常高明，可以不鞴鞍而驏骑生马，并且悠扬自在地吹着长笛。

第二首是作者抒发对所恋坦率而炽热的爱情，毫无羞涩忸怩之态，体现了北歌的民族特色。

第三首作者用自嘲的口气，写自己在放牧生活中，偶尔忘记给马戴笼头，马跑了只好扛着马鞍追马；这就不是人骑马，而是人变成马了。这是一种打趣的话，作为放牧生活的一个插曲，是饶有兴致的。

第四首点明作者的所属种族，以及作品产生的地点时间。并透露原作是用少数民族语言写成，经过汉语翻译的。不只这一首，《折杨柳歌辞》五首都是这样。北朝民歌诸如此类的，远在此五首以上。北方少数民族可以到洛阳附近的孟津河饮马，这只能是西晋末年以后的事。

第五首写北方游牧民族与骏马相依为命。这既是民族生活的反映，也是民族性格的体现。

［注释］

第一首

“捉”：拿。

“蹀座”：此二字比较费解，遍检词书亦无解。《乐府诗集》同卷收第一首入《折杨柳枝歌》，此句作“下马吹长笛”，盖缘不解“蹀座”词义而臆改。殊不知这么一改则下句“愁杀行客儿”，就成为不可理解的了。剩余的办法只能从上下文的联系中，即所谓“语言环境”中来探索这一成语的含义了。此诗上文言“上马不捉鞭，反折杨柳枝。”给我们提示了这篇作品的基调：告诉我们这位郎君是位非凡的骑马能手，只用一枝柳条就把马赶得服服帖帖；这句的“蹀座”，是说他骑马的本领超凡出众，用不着鞴鞍就能把两胯实踏踏地贴在马背上，北方俗称骣骑。第二曲“蹀座郎膝边”。亦只有如此理解，才能讲通。

“愁杀行客儿”：此处的“愁”字为愧惭的意思。行客儿，义当指“行人”，也就是骑士。后来杜甫作《兵车行》“车辚辚，马萧萧，行人弓箭各在腰”，行人指骑士，而不是泛指行路之人，是沿袭北朝民歌的传统。诗的作者对骑马的卓越本领有强烈的自豪感，对比之下，甚至使骑士自叹弗如。

第二首

“擐”同“绾”：缠绕、紧系的意思。此句同繁钦《定情诗》“何以致拳拳？绾臂双金环”是同一表现手法，而风格要朴素得多。

“蹀座郎膝边”：写愿与所欢同骑一匹不鞴鞍鞯的野马，纵横驰骋于河干广阔的原野之中。

第三首

“两泉泽”：两个泉眼的沼泽，指有水草，宜于放牧的地方。

“忘不着连羁”：忘记了给马戴笼头。

“担鞍逐马走”：言饮马时既忘记给马戴笼头，也忘记给马鞴鞍鞯。马跑了，只好扛着马鞍到处追马。

“何见得马骑”：这是作者很风趣地自嘲语，说已见前。

第四首

“孟津河”：流过孟津的黄河。旧孟津在今河南孟津县东，洛阳在其西南。

第五首

“健儿快马”：“健儿”非泛指一般壮士，而是具体指武士或骑士。《洛阳伽蓝记》卷四：“琛为秦州刺史，诸羌外叛，屡讨之不降。琛令朝云假为贫妪，吹篪而乞，诸羌闻之，悉皆流涕，迭相谓曰：‘何为弃坟井，在山谷为寇也？’即相率归降。秦民语曰：‘快马健儿，不如老妪吹篪。’”可见“快马健儿”是北朝通语，“健儿”是兵勇的意思。

“跶跋”，当系马蹄踏地状声词，犹今言“跶哒跋哒”。此两句意谓必须通过比赛实践然后才能评定武艺高下；雄雌，胜负。

折杨柳枝歌　四曲

上马不捉鞭，反拗杨柳枝；下马吹长笛，愁杀行客儿。

门前一株枣，岁岁不知老。阿婆不嫁女，那得孙儿抱？

敕敕何力力！女子临窗织。不闻机杼声，只闻女叹息。

问女何所思，问女何所忆？阿婆许嫁女，今年无消息。

这四首《折杨柳枝歌》，《乐府诗集》卷二十五与《折杨柳歌辞》同入《横吹曲辞·梁鼓角横吹曲》，题目基本相同，第一首也只有三字之差；作为乐府歌辞，可能是同源分流，这种现象，在当时并非罕见。然而比较起来，此诗的第一曲和后面的三支曲没有什么内在联系，这一点和《折杨柳歌辞》有所不同。可能《折杨柳歌辞》的写作稍微靠前，所以这篇《折杨柳枝歌》有剪裁拼合前诗的痕迹。

此诗的主要思想内容体现在后三曲。是北方老大不嫁的贫家女的愤怨之辞。这种作品可能与民族习俗有关，但主要原因应当从贫富贵贱过着不同阶级生活中去找。此诗第三曲有“女子临窗织”一句，知主人公是一个靠双手织布来养亲的劳动女子。只要掌握了这一点，则第二曲的“阿婆不嫁女”的苦衷何在，可以不难推知。所以我们的着眼点和主人公微有不同。我们痛恨的对象不是“阿婆”，而是整个封建等级制度所维护的贫富悬殊。

［注释］

第一曲：“拗”即折的意思。

第二曲：“枣”，似为“早”的双关语。旧时北方习俗，给新婚夫妇絮被用枣，取“早日生子”之意。但冷酷的现实生活却是：“枣子”年年熟，而“早子”的希望又安在？人嘛！一年老似一年，做母亲的全不体谅女儿的痛苦，一任枣子笑人！

第三、四曲：“勑勑何力力”，是织布机杼的拟声词。又“不闻机杼声，只闻女叹息”与“问女何所思，问女何所忆”两句，亦见于《木兰诗》，论者多主《木兰诗》剪裁合并此诗之说；但并不排除另一种可能性的存在，即此诗的上四句，系割截《木兰诗》而来，因为统观全首，这四句诗在《木兰诗》里，比起在这首诗里，要浑成圆融得多；而《折杨柳枝歌》则多少给人一种集腋补衲的感觉，所以晚出的可能性更要大些。

幽州马客吟 五曲

恡马常苦瘦，剿儿常苦贫。黄禾起羸马，有钱始作人。

荧荧帐中烛，烛灭不久停。盛时不作乐，春花不重生。

南山自言高，只与北山齐。女儿自言好，故入郎君怀。

郎着紫袴褶，女着彩袂裙。男女共燕游，黄花生后园。

黄花郁金色，绿蛇衔珠丹。辞谢床上女，还我十指环。

此诗收入《乐府诗集》卷二十五《横吹曲辞·梁鼓角横吹曲》。按《幽州马客吟》，《乐府诗集》卷四十一《相和歌辞·楚调曲·梁甫吟》题解：

《陈武别传》云："武常骑驴牧羊，诸家牧竖十数人，或有知歌谣者，武遂学《泰山梁甫吟》、《幽州马客吟》及《行路难》属。"《蜀志》曰："诸葛亮好为《梁甫吟》"，然则不起于亮矣。

认为《幽州马客吟》是汉乐府旧曲，其主要依据是《陈武别传》，但此书所记，未必是信史，不足据为典要。结合到北朝当时的历史实际，《北齐书·杜弼传》云：

显祖(高洋)尝问弼云："治国当用何人?"对曰："鲜卑车马客，会须用中国人。"

杜弼的意思是说：鲜卑族的人能骑马打仗，当兵行，搞行政是外行。他所说的"车马客"，和这首诗题中的"马客"，指的都是武人。这可以从诗的本身用语得到证明。第二曲"荧荧帐中烛"的"帐"字，有极大可能是行军帐，不一定是人家屋里所挂的帷帐。第四曲"郎着紫袴褶"，"袴褶"是一种戎衣，不是普通人穿的服装。这样就大体可以确定歌吟的作者郎君身份是个武官。

作者郎君的身份既然确定，我们还要进一步注意以下四点。

一是，诗的发端用"恡马""剿儿"起兴，颇使人怀疑这位"郎君"诗人的出身是"响马"，这在旧社会往往是士兵的后备队。

二是，由于这个郎君的人生观是颓废主义的，这是剥削阶级意识形态的表露，又不禁使人怀疑这位响马诗人的出身是没落贵族或破产地主。

三是，第五曲“绿蛇衔珠丹”，是作者在使用典故，炫耀学问，可见他原是有文化教养的，足以证明第二点的推断绝非臆说。

四是，根据第五曲“还我十指环”之句，可以肯定这位“诗人”是一个抢劫匪徒出身，否则一个人绝不可能拥有这么多的指环。这种人污辱妇女，是不付任何代价的。有的故弄狡猾，先拿一些珠宝饰物做诱饵，等到欲望达到之后，又变卦索回；道声“谢”字了事。这是对妇女最大的欺侮！这是混在乐府诗里的糟粕，绝不可以把它当作民歌一律看待。更不要仅仅把它那些过于露骨的腐朽的反动的部分删掉，而保留其不太露骨的部分；这样做容易鱼目混珠，使人产生把糟粕误认为精华的错觉。

结合当时的历史实际来考察：到了后魏晚期（五二六年前后），河北幽、定、冀、瀛诸州，在政治上形成了一个特殊地区。《魏书·广阳王元深传》载深上书：

> 自定鼎伊洛（指魏孝文帝元宏自平城迁都洛阳），边任益轻。唯底滞凡才，出为镇将，转相模习，专事聚敛。或有诸方奸吏，犯罪配边，为之指踪，过弄官府。政以贿成，莫能自改。咸言奸吏为此，无不切齿憎怒。

这是说：自从后魏迁都洛阳以后，河北幽、定、冀、瀛诸州，成了朝廷堆积政治垃圾的场所。被派遣到这里当镇将的，尽是些敛钱有术当官无能的庸才。他们与奸吏狼狈为奸，鱼肉人民；贿赂公行，黎民切齿。朝廷对此，采取姑息政策，听之任之。一些政治野心家，如葛荣、杜洛周之流，乘机拥兵自立。他们为了扩充自己的实力，不惜接纳亡命，收编匪徒，到处抢劫珠宝，戏弄女性。如此黑暗社会现实，在这篇作品中可以看到部分的反映。

这篇作品，乍看似一首恋歌；但当我们稍为深入分析，就感到邪气十足，是一篇土匪出身的武官在玩弄女性后得意忘形的自白。所以我们对它的思想内容，基本上是否定的。但是我们并不主张把它毁弃，因为它替我们保存了一些历史遗迹，使我们通过它得悉古代魔鬼们是怎样飞扬跋扈，而人民又是怎样饮泣吞声的。因为它给我们的是具体的形象，而不是抽象的概念。

还有，《幽州马客吟》作为一篇古典文学作品，它在艺术形式方面，如第五曲“男女共燕游，黄花生后园”的叙写，似乎又是唐代李白《长干行》“八月蝴蝶黄，双飞西园草”，白居易《井底引银瓶》“笑随戏伴后园中”一类布境取景的先驱，对后世戏曲的影响是巨大的，在美学上有足资借鉴的地方。

［注释］

“幽州马客”：根据前引《北齐书·杜弼传》，马客指鲜卑人，在当时的历史条件下，这一可能性是很大的。因为当时北魏朝廷征发原六镇（在今内蒙古自治区西南部地区旧绥远、察哈尔一带）鲜卑人赴河北戍边，《魏书·广阳王元深传》和《北齐书·魏兰根传》皆载其事，所以幽、定、冀、瀛诸军戍军杂有大量鲜卑人是肯定的。唐李白作《幽州胡马客吟》，在乐府原题上加“胡”字，大概就是从这一基本认识上出发的。其中有少数败类当过“响马”，也是有可能的。但是我们不能和古人一样，存种族偏见，认为坏事都是异族干的，本族绝不会有这种人。

“快”：《乐府诗集》汲古阁本下有注：“一作快”。以“快”释“快”乃浅人望文生义，元刊本无。《广雅·释诂》：“快，恶也。”故“快马”意谓恶马或劣马，指难于驯服的马。

“勦儿”：勦，注家多据《左传》宣十二、昭九年杜注训劳，结合当句下文“常苦贫”三字来理解似乎是可通的。但通观全诗，其所表露的思想感情不像劳动人民；颇疑此处“勦”字是用为“钞”或“抄”的借字，是劫掠的意思。《宋书·张进之传》：“时劫掠充斥，每入村抄暴。”“抄暴”，意为“抢劫”。引申为劫匪。《南史·萧综传》：“为抄所伤。”此诗作者的身份是武官，但看他的“开场白”，颇使人怀疑他的出身本是“劫匪”。“要当官，杀人放火受招安”，这在旧社会是数见不鲜的，劫匪绝不是劳动人民，他们是剥削者。这个界限我们切不可混淆。

“有钱始作人”：这类话在旧社会常听有人说。不过人的理解各不相同。且看下文作者有了钱以后怎样“作人”的吧。

“盛时不作乐，春花不重生”：意思是人在盛壮之年，当花天酒地，及时行乐，不要让大好时光白白度过。而他就是不仅这样说，也是这样干的。请看这里哪有一点劳动人民的气味？

“女儿自言好”二句：得了便宜卖乖，爱情骗子的流氓行径暴露无遗。他所感到“有钱始作人”的，就具体指的是这类事实。

“郎着紫袴褶”：袴褶，是古代武官的一种服装。《三国吴志·吕范传》裴注引《江表传》：“（吕）范出，更释褠，着袴褶，执鞭，诸阁下启事，自称领都督。（孙）策乃授传，委以众事；由是军中肃睦，威禁大行。”方以智

《通雅·衣服》:"古袴上连衣，故戎衣谓之袴褶。吕范自请为孙策都督，出更释褠，着袴褶。师古所解重衣在上，正谓今之罩甲，半臂而戎衣也。"案褶音习，又音十。可见这个郎君是个高级武官、镇将之流。

"袂裙":袂谓有表有里，是一种比较华贵的服饰。

"燕游":同冶游，谓猥亵的游荡。

"郁金":古代用以作黄色染料。故郁金色谓黄色。

"绿蛇衔珠丹":《淮南子·览冥》:"隋侯之珠。"高注:"隋，汉东之国，姬姓诸侯也。隋侯见大蛇伤断，以药傅之。后蛇于江中衔大珠以报之，因曰隋侯之珠，盖明月珠也。"此处作者用隋蛇衔珠报恩事比喻女方用燕情酬答男方的厚赏。盖此男子在初会时曾以十个指环佯赠女方。

"还我十指环":此人一次可以拿出十个指环用以诱骗妇女，如何得来？非由为匪时劫掠即当官后纳贿，除此不可能有第三条来路。此女在分别时全数璧还，绝非情甘自愿，而是迫不得已。则这一郎君"诗人"是一个穿着军装的匪徒，夫复何疑？

高阳乐人歌　二曲

可怜白鼻䯄，相将入酒家。无钱但共饮，画地作交赊。

何处䩭觞来？两颊色如火。自有桃花容，莫言人劝我。

此诗《乐府诗集》卷二十五入《鼓吹曲辞·梁鼓角横吹曲》。题解引《古今乐录》曰:

魏高乐阳王人所作也，又有《白鼻䯄》盖出于此。

按魏高阳王，是魏孝文帝拓跋(后改姓元)宏之子、《魏书》二十一有传。本名拓跋雍，太和二十年后奉令改姓元。史臣称其为人:

识怀浅短，又无学业，虽位居朝首，不为时情所推。

又《洛阳伽蓝记》卷三，对他的生平有比较详细的记载:

正光中，雍为丞相，给羽葆鼓吹，虎贲班剑百人。贵极人臣，富兼山海，居止第宅，拟于帝宫。僮仆六千，妓女五百，自汉晋以来，诸王豪侈，未之有也。出则鸣驺御道，文物成行；铙歌响发，笳声哀转，入则歌姬舞女，击筑吹笙，丝管叠奏，连宵尽日。雍嗜口味，厚自奉养，一日食必以数万钱为限。海陆珍羞，方丈于前。陈留侯李崇谓人曰：高阳一日食，敌我千日……”

拓跋雍生活如此豪奢，可是通过此诗，我们却发现他家的豪奴，三五结伴，走街串巷，喝了酒不付钱的恶霸行径，和大约二百年后杜甫在《少年行》中所写：“马上谁家白面郎，临轩下马坐人床。不通姓氏粗豪甚，指点银瓶索酒尝。”那副嘴脸极其相似。不过所异者，一则出之以揭露谴责的语气，一则出于暴徒得意忘形的自我暴露。当然我们认为罪魁祸首还是拓跋雍，因为这正是由于他平素厚以自奉、残酷剥削家奴所造成的恶果，总账要记在他的名下。

[注释]

“可怜白鼻䯄”：可怜，意为可爱，这是作者自夸之词。白鼻䯄，疑即“的卢”马的俗称。《相马经》：“马白额入口齿者名榆雁，一名的卢。”的卢马不只白额，而且白鼻，故下达口齿。此马原产中亚，然传入中国似很早，故《诗·秦风·车邻》有“有马白颠”之言。这种马体高足壮善走。后魏与西域贸易频繁，故强宗豪族的家奴间有乘者。

“相将”：相携，结伴之意。

“酒家”：见辛延年《羽林郎》。

“无钱但共饮”二句：写强宗豪族的家奴饮酒用餐不付款、画地作钱以欺侮酒家的恶棍行径。“无钱”是他们赖账的托词，不可信以为真。“交赊”，就是当作“还账”的意思，赤裸裸地暴露了这些“无耻之徒”专门拿穷人寻开心的丑恶嘴脸。

“何处䂊觞来”一首：䂊，当是舐的异体字，现代说舔。作者得了便宜就卖乖，奴才的流氓匪气表演得淋漓尽致。

木兰诗

唧唧复唧唧，木兰当户织。不闻机杼声，唯闻女叹息。问女何所思，问女何所忆？女亦无所思，女亦无所忆。昨夜见军帖，可汗大点兵。军书十二卷，卷卷有爷名。阿爷无大儿，木兰无长兄。愿为市鞍马，从此替爷征。

东市买骏马，西市买鞍鞯。南市买辔头，北市买长鞭。旦辞爷娘去，暮宿黄河边。不闻爷娘唤女声，但闻黄河流水鸣溅溅。旦辞黄河去，暮至黑山头。不闻爷娘唤女声，但闻燕山胡骑鸣啾啾。

万里赴戎机，关山度若飞。朔气传金柝，寒光照铁衣。将军百战死，壮士十年归。归来见天子，天子坐明堂。策勋十二转，赏赐百千强。可汗问所欲，木兰不用尚书郎。"愿驰千里足，送儿还故乡！"

爷娘闻女来，出郭相扶将。阿姊闻妹来，当户理红妆。小弟闻姊来，磨刀霍霍向猪羊。开我东阁门，坐我西阁床。脱我战时袍，着我旧时裳。当窗理云鬓，对镜贴花黄。出门看伙伴，伙伴皆惊忙。同行十二年，不知木兰是女郎。雄兔脚扑朔，雌兔眼迷离。双兔傍地走，安能辨我是雄雌？

此诗《乐府诗集》卷二十五入《横吹曲辞·梁鼓角横吹曲》，标题称《木兰诗》古辞。题解：

《古今乐录》曰："木兰不知名。"浙江西道观察使兼监察御史韦元甫续附入。

又《文苑英华》标题称《木兰歌》，作者韦元甫。按《古今乐录》："木兰不知名"，措辞过于简略。可以作不知其名字解，也可以作不知其名字解。由于第一种理解，则木兰只能是姓。但结合诗的本文看，道姓而不称名，不符合一般说话习惯，很难使人信服；如果做第二种理解，则木兰是化名，是花名；这样做，虽然可以援引"罗敷"既可出现于《日出东南隅行》，亦可出现于《焦仲卿妻》的故事为佐证，但终觉过于纡曲牵合，不如把《古今乐录》"不知名"解为"不知姓"比较稳妥一些。因为这样解释施之本诗，较少抵牾。至其姓氏，则《明一统志》以为姓朱，《清一统志》以为姓魏，徐渭《四声猿》以为姓花。说法如此分歧，本身显示这一问题是个悬案。《明一统志》的作者说她姓朱，可能意在讨好当时的皇族；《清一统志》的作者说她姓魏，可能寻源于"木兰从军"的故事发生于后魏。徐渭杜撰"木兰"姓花，大概是由"木兰"作为一种植物的科属联想而得。与其我们相信明朝以后这些言之凿凿的向壁虚造，倒不如认为陈僧智匠所说的"不知其名"是老实话，在分析问题上要明智些。

此外，对木兰的籍贯，亦言人人殊：《清一统志》以为在颍州谯郡城东魏村；元刘廷直撰《墓碑》，以为完县（在今河北）人。河南《商邱县志》则以为商邱营郭镇人。湖北《黄陂县志》则言木兰将军冢在县北七十里木兰山。《名胜志》云："木兰村在黄陂县治北六十里，其上有木兰将军冢。木兰者，朱氏女。"姚莹《康輶纪行》以为在武威（凉州）。诸如此类分歧的说法还有很多。

我们对此问题的看法是：第一，由于说法的分歧，暴露了各种说法的相对性，也就是不巩固性；第二，在这么众多的分歧说法当中，地区越靠北，就越接近事实；越靠南，就越远离事实。这是由于作品本身所展示的主人公性格以及所涉及的地名如黄河、黑山等，都显示作品的原产地只能是在北中国，而不可能远在长江流域；第三，主人公籍贯如此异说纷纭，反映另一个客观事实，即"木兰从军"这一民间传说一经诞生，即为广大人民群众所喜爱，于是不胫而走，故里、庙宇、墓葬分散于华北、华中各地。这种现象对民间口头创作来说，是数见不鲜的。

至于诗歌的诞生和写定的年代，亦如主人公的姓名和籍贯，曾经有过许多不同的说法，我们不准备一一列举。我们在这里想申述以下几点。

一是诗歌产生的历史背景，根据作品所展示的基本情节，我们大致可以这样肯定：诗歌是以公元429年即后魏太武帝拓跋焘神䴥二年反击柔然牟汉纥升盖可汗郁久闾大檀率部侵略的战争大获全胜为背景的。在这以前，魏太祖拓跋珪、魏明元帝拓跋嗣和拓跋焘初即位的始光元年、二年时期，柔然与后魏间即不断发生侵略和反侵略的战争。但是规模不大，不具备决战的性质。只有神䴥二年这一战，规模非常巨大，战果异常辉煌，对于后魏进一步统一北中国，保卫绵远的北部边防，都奠定了比较坚固的基础，具备决战的性质，在历史上所起的作用无疑是应当肯定的。《魏书·蠕蠕传》：

> （郁久闾）大檀号牟汉纥升盖可汗，魏言制胜也。大檀率众南徙犯塞，太宗（拓跋嗣）亲讨之，大檀惧而遁走。遣山阳侯奚斤等追之，遇寒雪，士众冻死堕指者十二三。及太宗崩，世祖（拓跋焘）即位，大檀闻而大喜。始光元年（424）秋，乃寇云中。世祖亲讨之，三日二夜至云中，大檀骑围世祖五十余重，骑逼马首，相次如堵马。士卒大惧，世祖颜色自若，众情乃安。二年，世祖大举征之，东西五道并进。平阳王长孙翰等从黑漠，汝阴公长孙道生从白黑两漠间，车驾从中道，东平公娥清次西从栗园，宜城王

奚斤、将军安原等西道从尔寒山，诸军至漠南，舍辎重，轻骑赍十五日粮，绝漠讨之，大檀部落骇惊北走。

神䴥元年(428)八月，大檀遣子将骑万余人入塞，杀掠边人而走。附国高车(即敕勒)追击破之，自广宁还，追之不及。

二年(429)四月，世祖练兵于南郊，将袭大檀。公卿大人皆不愿行。……世祖从崔浩计而行。于是车驾出东道，向黑山；平阳王长孙翰从西道向大娥山，同会贼庭。五月，次于沙漠南，舍辎重，轻袭之，至栗水，大檀众西奔。弟匹黎先典东落，将赴大檀，遇翰军；翰纵骑追之，杀其大人数百。大檀闻之震怖，将其族党，焚烧庐舍，绝迹西走，莫知所至。于是国落四散，窜伏山谷，畜产布野，无人收视。世祖缘栗水西行，过汉将窦宪故垒。六月，车驾次于兔园水，去平城三千七百里。分军搜讨，东至瀚海，西接张掖水，北渡燕然山。东西五千余里，南北三千里。高车诸部杀大檀种类，前后归降三十余万，俘获首虏及戎马百万余匹。

又同书《世祖纪》：

神䴥二年秋七月，车驾东辕，至黑山，校数军实，班赐王公将士各有差。……冬十月，振旅凯旋于京师，告于宗庙。

又史臣曰：

世祖……廓定四表，混一戎华，其为功也大矣！

掌握以上史料及史评，对于理解作品的历史背景和社会意义，具有非常重要的价值。

至于此诗的创作年代，清阎若璩《古文尚书疏证》卷五以诗有“策勋十二转”之语，因引《旧唐书·职官志》：“司勋掌官吏勋级，凡十有二转为上柱国”之语，意谓此诗当是唐人作品。我们的意见是：既然陈智匠《古今乐录》已著录《木兰诗》，则《木兰诗》在南朝后期当已基本写定。在此以前，经过一些作家的反复修改，踵事增华，也是可能的；因为这正是民间文学在流传过程中的常见现象。至于阎若璩所提出的“策勋十二转”的问题：其中“十二”这个数字，诗中凡三见；可以看做泛称的虚数，不应当认为是实指。因为如果这样做，“军书十二卷，卷卷有爷名”两句就很难想通讲通；其余也可以类推。因为我们知道，作诗不同于写史，在不违背人类社会生活实践的原则指导下，适当的艺术虚构与夸张是允许的。但这些是属于后人对作品的个别细节的润色部分，一切当以429年后魏太武帝拓跋焘反击柔然的长期寇掠而取得巨大胜利的史实为依归；要分清哪是先，哪是后；哪是主，哪是次，否则艺术形象的完整性就要受到破坏，这是我们应当注意避免的。

二是主人公木兰这一人物形象的出现，在我国古典诗歌中可以说是空前的。她是南北朝时期，北方各民族大融合的结晶(这主要是就她的精神面貌而言)；她是“中华儿女多奇志”的早期历史见证；她是千百万劳动妇女要求从家庭走向社会强烈愿望的艺术概括。作品十分成功地塑造了这一主人公的人物形象，在她的身上，我们看到了诗歌创作中现实主义和浪漫主义最美妙的结合，与《孔雀东南飞》南北对峙，形成汉魏六朝民歌的两大高峰。

下面着重谈谈南北朝时代我国北方各民族大融合对木兰这一人物形象的出现的影响问题：木兰以一少女而代父从军，作为叙事诗的题材，可以说是空前的。在这以前，传统的观念认为妇女从军，影响士气，所以严加取缔(见《汉书·李陵传》)，更不要说立功立业了。而此诗的女主人公木兰，则打破千百年的常规惯例，毅然决然离开亲爱的爹娘，走向朔风凛冽的沙场，而且建立了一连串的殊勋；这就不仅需要当事人在主观上见义勇为，挺身而出；而且需要在客观上，平素就具有娴习弓马的生活实践，这绝不是汉族所固有的，而显然是由于濡染了鲜卑族妇女尚武之风。这无疑是对古代汉族妇女巾帼脂粉之气过重，以致形成一种积弱之习是一种强有力的针砭。在木兰身上，我们发现一些属于未来的东西，这不能不说是当时民族大融合的丰硕成果。

此外，我们通过作品对女主人公木兰的生活方式和生活情趣的描写，如初出家门对父母的殷切眷恋，以及归来后“开我东阁门”以下六句脱却战袍，还着旧服的戏剧性行动，我们可以这样认为：木兰毫无疑问是个汉族女子。但是她在生活上，是一个勤于织作的劳动妇女；在思想上，是一个鄙视功名利禄的高尚其志的人。她的生活实践，什么男主外，女主内；什么男尊女卑，什么名缰利锁，诸如此类的封建传统思想影响，找不到一丝一毫的痕迹。她以一个崭新的人物姿态屹立于作品当中，使作品通篇洋溢着一派清新刚健之气。这主要应当归功于各族人民自己的创作劳绩，然而各兄弟民族在大融合的过程当中，互相学习，取长补短，也是不可缺少的重要条件。否则已有数千年文明史的中华民族，《木兰诗》不产于其他时代，而独产于北朝，将成为一个无法解释的历史之谜。《木兰诗》有许多生活细节表现女主人公出身汉族，但是整个作品却不能否认是我们各族人民共同的精神财富。首先，作品历史舞台的布置者，就肯定不是汉族，因为汉族人民当时处于被支配的地位。其次，在作品中，天子与可汗交替使用，这也是当时各民族融合最现实的见证。杂交出良种，不仅适用于物质生产，而且也适用于精神生产。我们在学习和分析《木兰诗》这篇优秀的古典文学作品过程中，仿佛看到了一条富有成效地发展民族文化的康庄大道。

有的人曾经向我们提出这样的问题：《木兰诗》有没有“爱国主义”思想，木兰的代父从军，算不算是一种爱国行为？我们认为：北魏反击柔然的侵略战争，在历史上是有进步意义的。木兰在生活实践上，参加了这一次战争，而且取得了胜利，树立了功勋，所以是应当肯定的。但是从主观上看，她的代父从军，是被迫的，而不是主动的。如果说它是爱国主义，则多少有些脱离作品实际。《木兰诗》的精髓，实际并不在这里。这是我们一点肤浅的看法，不知是否有当于客观实际？

［注释］

“唧唧复唧唧”：或注作叹息声，疑非是。当是织布机杼声的模拟词。《折杨柳枝歌》第三首“敕敕何力力，女子当窗织。不闻机杼声，只闻女叹息。”“敕敕”“力力”，读音与叹息绝远，解为叹息声，没有说服力。此句《古文苑》作“促织何唧唧”，促织即蟋蟀，振翅做声，有若织布，故得是名。《古文苑》的异文正好启发我们，“唧唧”是织布的拟声词，而不是什么叹息的拟声词。《文选》古诗十九首“迢迢牵牛星”一首中的“札札弄机杼”，“札札”与“唧唧”音近，皆机杼的拟声词。《折杨柳枝歌》“敕敕何力力”句下，紧接就是“女子当窗织”，如果不是听到机声，则“女子当窗织”何从得之？

“不闻机杼声”二句：是说：只听得札札（此诗作“唧唧”）的机杼声忽然停下来，代之而起的是一连串的叹息声。“不闻机杼声”这句话的实际含义，只在表明机杼声由可闻而变成不闻；否则不闻者多矣，何限于机杼声？句子成为不通的了。一些注本由于对此句发生误解，所以将错就错，更进一步把“唧唧复唧唧”误解为叹息声。实则无论“唧唧复唧唧”也好，“敕敕何力力”也好，读音都与叹息声相去甚远，所以这样解释是错误的。

“昨夜见军帖”二句：军帖，是征兵的诏令。可汗，鲜卑族的首领祖辈虽有一个时期称为可汗，但是到拓跋焘时代，已经行用帝号了。北魏在进入中原以前，已经采用汉族魏晋以来“三五简发”（三丁抽一，五丁抽二）的征兵制，不必等到西魏府兵制完全建立以后。

“军书十二卷”二句：军书是登记有服兵役任务人员的名册，其在汉人，称为镇户，一般多集中于城郭，故亦称为城民。木兰家庭，当亦属城民，故下文有“爷娘闻女来，出郭相扶将”的叙写。

“愿为市鞍马”二句：有的注本据此以下一段文章，认为西魏府兵制完全建立以后的制度。未免失之武断。西魏确立府兵制度，事在550年。但据《北齐书·杜弼传》记载：“孝昌初……乃令兵人所赍戎具，道别车载”，事在525年，要比550年早25年，但细味文意，这肯定不是说事在创始。

“东市买骏马”四句：《洛阳伽蓝记》卷二：“城东，出建春（南）门外一里余至东石桥南（或作西）北而行，晋太康元年造。桥南有魏朝时马市。”《水经·穀水注》：“（阳渠）水南即马市，旧洛阳有三市，斯其一也。亦嵇叔夜为司马昭所害处也。”“马市”亦称“东市”，《世说新语·雅量》：“嵇中散临刑东市”之言可证。巧合如此，似“东市买骏马”以下所写，是用的洛阳掌故，是魏孝文帝元宏迁都洛阳以后的史实。然而我们对此仍愿有所保留，而从全局出发，认为有可能发生在平城，当时后魏的首都，或木兰的故乡某城邑，不必执定事出洛阳。又这四句诗以东市、西市、南市、北市和骏马、鞍鞯、辔头、长鞭搭配，这固然和乐府民歌在语法修辞上要求整齐对称有关；然而也恐怕和当时商业都市兴起，行帮制已经涌现于各地大小城邑不无瓜葛（《洛阳伽蓝记》已有马市、金市、通商里、达货里等称谓词，可见行帮制早已建立）。上层建筑是经济基础的曲折反映，是否于此也可以略见端倪？值得研究。

“暮至黑山头”：《嘉庆一统志·山西省》，“归化城”“山川”：“在归化城界内，《魏书》：‘神䴥二年，车驾东至黑山，数军实。’《金史·地理志》：‘丰州富民有黑山神。’《通鉴注》：‘黑山在振武北塞外。’《明统志》：‘在大同府城西北四百十里，古丰州境；与云内州夹山东西相通。’”按：黑山，是拓跋氏迁都平城以前旧京盛乐之所在地。当时柔然入侵，有时占领盛乐城。所以那次拓跋焘和柔然作战，出兵时，整军经武；胜利后，校数军实，都要在此地举行。其地在内蒙古自治区呼和浩特市东南百里。一作黑水，流经黑山脚下，亦称黑河。

“但闻燕山胡骑鸣啾啾”：燕山，指燕然山，即杭爱山，在蒙古人民共和国境内。后汉时窦宪反击匈奴入侵，曾于此刻石纪功。此次拓跋焘反击柔然入侵，亦曾路过此地。故《魏书·蠕蠕传》有“世祖缘栗水西行，过汉将窦宪故垒。六月，车驾次于兔园水，去平城三千七百里。分军搜讨，东至瀚海，西接张掖水，北渡燕然山，东西五千余里，南北三千里。”的记载。可见《木兰诗》的创作，基本上是以史实作依据的。

“天子坐明堂”：魏孝文帝拓跋宏于太和十年九月辛卯，在平城营建明堂，至十五年冬十月而成，《魏书·高祖纪》有明文记载，在此以前，平城不可能有明堂，此明堂当在盛乐。但规模必甚小，亦未必已称明堂。此言“天子坐明堂”，疑是乐府民歌从口头传唱到文字记录时由笔者追加上去的。《魏书·世祖纪》：“神䴥二年秋七月，车驾东辕，至黑山，校数军实，班赐王公将士各有差。”诗句所写即指此事。

“策勋十二转”二句：策勋意谓记录功勋以为颁赏依据。后魏每次出兵打仗，取得胜利，都要论功行赏，称为策勋。如《魏书·世祖纪》：“始光四年秋八月，车驾至自西伐，饮至(凯旋宴飨)策勋，告于宗庙，颁军实，以赐留台百僚各有差。”又“神䴥四年二月癸酉，车驾还宫，饮至策勋，赐留台百官各有差；战士复十年。”按后魏既有策勋之事，则《旧唐书·职官志》：“吏部尚书、司勋郎中一员，凡勋有十二转为上柱国……”的规定，未必不是由于沿袭后魏旧制。阎若璩据此认定《木兰诗》为唐人之作，未免失之武断(《文苑英华》虽题为韦元甫作，然系明人补宋本的误刊)。十二为虚数，《木兰诗》凡三见，对此亦须活看，不可过于拘泥。“转”，是升级的意思。

“木兰不用尚书郎”：《魏书·官氏志》：“尚书郎，从第五品中。”有的注本以尚书侍郎解“尚书郎”，误。考后魏职官尚无尚书侍郎之称，至唐代始有之，见《唐六典》及《新唐书·职官志》，这种称呼不可能出现于反映后魏(拓跋氏鲜卑)与柔然战争的民歌中。

“出郭相扶将”：此诗前言东市、西市、南市、北市，此处又言“出郭相扶将”，可见木兰的家庭确在城市，其成分当是“城民”。“城民”是后魏兵员的主要来源。扶将，意即搀扶。此句倒装，意为相扶将以出郭。

“雄兔脚扑朔”四句：旧的注释未能餍心浃理。闻之猎师云：野兔雌雄难辨。但被捕后，雄兔性躁，极力挣扎，故脚扑朔；雌兔胆小畏缩，故眼迷离(俗称迷缝，闭眼的样子)。然在野地奔跑时，这种微细的差别就无从辨认了。按此四句，充分写出木兰这位女英雄性格的爽朗，情怀的豪迈，精神的乐观，风趣的幽默。

相和歌辞

相和曲

江南

江南可采莲，莲叶何田田！鱼戏莲叶间：鱼戏莲叶东，鱼戏莲叶西，鱼戏莲叶南，鱼戏莲叶北。

黄节《汉魏乐府风笺》卷一：

郗昂《乐府解题》云："《江南》古辞，盖美芳辰丽景，嬉游得时也。"

按黄氏此节，本于郭茂倩《乐府诗集》卷二十六《相和歌辞·相和曲》，只引《乐府解题》而不著撰人名氏郗昂所作，根据《新唐书·艺文志》，当为《乐府古今题解》，而非《乐府解题》。《乐府解题》，《崇文总目》著录一卷，而云"不著撰人名氏"。《乐府诗集》所引并同。钱东垣以为即《旧唐书》一〇二卷《刘悚传》的《乐府古题解》，恐怕亦属臆测之词，尚待详考。

此歌当是江南采莲女所唱。前三句当系唱词，后四句当系和词。和词可能是按东西南北四个不同的方位，由四个人轮唱。因系轮唱，所以不用押韵。黄节笺援据古书，谓古代西、北两韵相叶，乃牵强附会，不足信据。

薤露 古辞

薤上露，何易晞！露晞明朝更复落，人死一去何时归！

这首歌，《乐府诗集》卷二十七，编入《相和歌辞·相和曲》。按《文选》宋玉《对楚王问》：

其为《阳阿》、《薤露》，国中属而和之者数百人。

是为《薤露》见于著录的最早文献。崔豹《古今注》（此书多疑后人伪托）：

《薤露》、《蒿里》并丧歌，本出田横门人，横自杀。门人伤之，为作悲歌，言人命奄忽，如薤上之露，易晞灭也。亦谓人死魂魄归于蒿里。至汉武帝时，李延年分为二曲，《薤露》送王公贵人，《蒿里》送士大夫庶人，使挽柩者歌之，亦谓之挽歌。

《古今注》谓《薤露》《蒿里》并田横门人为挽横作，到了汉武帝时，协律都尉李延年始分为二曲，以《薤露》挽王公贵人，以《蒿里》挽士大夫庶人。其附会田横事迹部分，固未必可信，然其谓以《薤露》挽王公贵人，以《蒿里》挽士大夫庶人，则验以作品的具体内容，还是比较切合实际的。下面我们想对《薤露行》做一点具体分析。

有生必有死，这是必然的规律，用不着忧愁害怕。忧愁害怕也没有用。但一般说来，王公贵人，贪生怕死的多。因为他们不劳而获，坐享安富尊荣，所以妄想长生不老。即使他们活得年岁较长，也总是嫌寿命短促。这就是这首诗头两句“薤上露，何易晞”的感叹所由生。正是因为这样，所以古人有时很自然地把“薤露易晞”的感叹和富贵无常的杞忧联系在一起，如杜甫的《送孔巢父谢病归游江东》诗“惜君只欲苦死留，富贵何如草头露”就是这样。但如果生活是另一种情况，譬如人民，《老子》说：“民不畏死”，对“死”的态度和王公贵人全然不同，自然不在话下。就连部分封建士大夫，只要他们在政治上受到打击迫害，像唐朝的韩愈那样，也会写出如《忽忽》篇：“忽忽乎，余未知生之为乐也，愿脱去而无因……死生哀乐两相弃，是非得失付闲人”的诗句，把死生置之度外，以期在精神上得到解脱。

“薤上露，何易晞”的另一种含义是：王公贵人，生无益于世，死无闻于后，即使他们年过百岁，其生之日，犹死之年，所以这些人的生命确实是短暂的，所以这种感叹，只能发生于这些人。至于那些对人类社会历史有巨大贡献的人，他们是既不轻生，更不怕死的。因为这些人是“与天地兮比寿，与日月兮齐光”的。他们自然的生命尽管是有限的，但是历史的生命却是无穷的。

薤露行 曹操

惟汉廿二世，所任诚不良。沐猴而冠带，知小而谋疆。犹豫不敢断，因狩执君王。白虹为贯日，己亦先受殃。贼臣持国柄，杀主灭宇京。荡覆帝基业，宗庙以燔丧。播越西迁移，号泣而且行。瞻彼洛阳郭，微子为哀伤！

此诗只是袭用乐府旧题，至其体制和内容则完全是由作者根据当时诗歌发展和社会现实进行创新，这确实是曹氏对乐府诗的一个重大推进。曹氏的这种创作，不仅是把汉乐府推向前进，而且开辟尔后建安诗人反映当时重大历史事件的现实主义诗风。对此，我们应当给以充分肯定。

这首诗主要是讽刺庸碌无能而又专横跋扈的外戚何进，妄想利用董卓等地方势力消灭专政的宦官，风声说漏，结果反被对手杀害。而野心家董卓却乘机进京把政权抓在手里，加剧了东汉末叶由统一而走向分裂的严重危机，这就是这首诗所反映的基本社会现实。

朱乾《乐府正义》说：

前言何进犹豫不断自贻害也；后言董卓弑逆宗社丘墟也。《后汉书》："何进拜大将军，谋诛宦官，太后不从；进外收大名，不能断，故召四方豪杰向京城，以胁太后，陈琳谏之不听，遂召董卓屯关中。谋泄，张让、段珪等斩进于嘉德殿。袁术烧南宫，欲讨宦官，珪等劫少帝、陈留王夜出，卓引兵急进，闻帝在北邙，因往奉迎。帝见卓恐怖涕泣；卓与言，不能辞对；与陈留王语，遂及祸乱之事。卓以为贤，遂废少帝为弘农王；立王为天子，是为献帝。并杀太后。卓迁太尉，领前将军事。闻东方兵起。乃鸩杀弘农王，徙都长安。洛阳数百万口步骑驱蹙，更相蹈藉，积尸盈路。悉烧宫庙官府，二百里内，无复孑遗。"

[注释]

"惟汉廿二世"：案《宋书·乐志》作："唯汉二十二世"，但全诗皆五言，唯此句六字，似有未合。其后《诗纪》《诗乘》竟删后"二"字，以就五字之数。朱乾《乐府正义》以"举成数"牵就其说，亦想当然之辞，未必切合作品实际。考秦刻石，凡二十字皆作“廿”，则此“唯汉二十二世”，亦当作“唯汉廿二世”，可以断言。

“所任诚不良”：这主要是对后汉桓、灵二帝时朝廷任人唯亲的批判。当时不仅曹操有这种看法，诸葛亮《出师表》说：“亲贤臣，远小人，此先汉所以兴隆也；亲小人，远贤臣，此后汉所以倾颓也。先帝在时，每与臣论此事，未尝不叹息痛恨于桓灵也。”这是他转述刘备生前对他讲过的话，这代表当时一些有清醒政治头脑的人士的共同看法。这里也包含对汉末皇帝昏聩无知、倒行逆施、自贻伊戚的谴责。这是这篇《薤露行》主题思想一个主要的方面，不能等闲视之。

“因狩执君王”：此借用春秋时晋文公称霸后以臣召君事，讽刺何进召外兵以要胁当时执政的何太后。《春秋》僖公二十八年“天王狩于河阳”。《左传》僖公二十八年：“是会也，晋侯召王，以诸侯见，且使王狩。仲尼曰：‘以臣召君，不可以训。’故书曰：‘天王狩于河阳。’言非其地也。”

“微子为哀伤”：旧注多以微子过殷墟赋《麦秀歌》的史事实之。然微子所过者为殷墟，非洛阳，疑其说非是。此处微子，疑是曹操自称之辞。如鲍照在《代东武吟》里，托为战士的语气自称“贱子”之比。曹操出身庶族，后虽身为显官，但在《让县令》仍然这样说：“自以本非岩穴知名之士”，可见他有出身微贱之感。又当董卓乘外戚与宦官争夺政权互相残杀的机会而进京作乱时，曾表荐他为骁骑校尉，他没有听从，反而改名换姓，间道东归；所以在这一阶段，他实际并没有什么官职。《三国·魏志·武帝纪》载：“卓到，废帝为弘农王，而立献帝，京都大乱。卓表太祖为骁骑校尉，欲与计事。太祖乃变易姓名，间道东归。”所以他这时作诗自称“微子”，是十分合乎情理的。这是他在自叹位末人微，不能拨乱，所以写下这篇《薤露行》，以寄个人忧国厌乱之意。而不少旧注引用《尚书大传》《史记·宋微子世家》所载微子（或作箕子）过殷墟赋《麦秀》的史事以实之。则不仅与上文“瞻彼洛城郭”明显枘凿；而且无论从曹操与汉王朝的关系讲，抑或是从他平生的抱负讲，都断然没有以宋微子自喻的可能，所以肯定是错误的。

蒿里 古辞

蒿里谁家地？聚敛魂魄无贤愚。鬼伯一何相催促！人命不得少踟蹰。

崔豹《古今注》说："李延年以《蒿里》送士大夫庶人。"这个说法从内容看，是切合实际的。因为这首挽歌写墓主，即使到死，魂魄还要受鬼伯的追逼，连一点人身自由都没有，这不是奴隶们永世甚至死后不得翻身的悲惨命运的写照吗？

［注释］

"蒿里"：《汉书·武帝纪》："太初元年，禮高里。"注："伏俨曰：'山名，在泰山下。'师古曰：'此高字自作高下之高，而死人之里谓之蒿里，或呼为下里者也，字则为蓬蒿之蒿。或者见泰山神灵之府，高里山又在其旁，即误以高里为蒿里。'"按：颜说是：蒿里既然是士庶人之墓地，而士庶人是没有条件置备棺椁的。所以袭用最原始的"草葬"的办法。《易·系辞》下说："古之葬者，厚衣之以薪，葬之中野，不封不树……后世圣人易之以棺椁……"蒿是薪的一种，"里"的孳乳派生字为野，所以"蒿里"的本义当为草葬的墓地，北方习称为"乱葬岗子"的就是。此诗首句"蒿里谁家地？"就是很形象地刻画了"蒿里"得名的缘起。

蒿 里 行 曹操

关东有义士，兴兵讨群凶。初期会盟津，乃心在咸阳。军合力不齐，踌躇而雁行。势利使人争，嗣还自相戕。淮南弟称号，刻玺于北方。铠甲生虮虱，万姓以死亡。白骨露于野，千里无鸡鸣。生民百遗一，念之断人肠。

这首诗当作于《薤露行》稍后一点时间，和《薤露行》是姊妹篇，都是对乐府古辞从形式到内容进行彻底地翻新的。这两篇作品都是以汉末董卓之乱为背景，但各有所侧重。《薤露行》主要是谴责外戚何进的开门揖盗和董卓的乘机作乱；这篇《蒿里行》则主要是揭露以袁绍兄弟为首的关东"义士"，以讨董卓为名，行称帝之实的狼子野心。他们各怀鬼胎，怯于公愤而勇于私斗，结果兵连祸结，百姓死亡遍野，社会上出现千里无人的惨景。作者另有一篇《进军令》（见《魏志·武帝纪》《太平御览》卷六三七）说：

吾起义兵，为天下除暴乱。旧土人民，死丧略尽。国中终日行，不见所识，使吾凄怆伤怀！

可与此诗“铠甲生虮虱，万姓以死亡。白骨蔽于野，千里无鸡鸣。生民百遗一，念之断人肠”的叙写互相印证。

［注释］

“兴兵讨群凶”：群凶，指董卓及其党羽李傕、郭汜和其婿牛辅等。

“乃心在咸阳”：这句诗“乃心”二字虽然是袭用了《尚书·康王之诰》的成语，但重心是在后面“在咸阳”三个字上。它的意思是说：汉末董卓之乱，王纲解纽，历史上像《汉书·蒯通传》所说的“秦失其鹿（借喻天禄）”的情况已经重新出现，正是“天下共逐之”的大好时机。所以自称为“关东义士”的，并不是真心想“勤王”，而是像《史记·项羽本纪》记载樊哙谴责项羽的话所说：“怀王与诸将约曰：‘先破秦入咸阳者王之。’”是想先发制人自立为王。正是因为他们各怀鬼胎，才保全实力，在强敌面前趑趄不进；仇视同盟，在私斗场上耀武扬威。所以引起下文：“军合力不齐，踌躇而雁行。势利使人争，嗣还自相戕。淮南弟称号，刻玺于北方”等六句。这为他后来挟天子，令诸侯，一个个地剪灭群雄提供理论根据。

“淮南弟称号”：以下两句是明确指出袁术、袁绍两兄弟是当时最大的两个野心家，罪魁祸首。《三国魏志·武帝纪》裴注引《魏武故事》载曹操《让县令》云：“又袁术僭号于九江，下皆称臣，名门曰建号门，衣被皆天子之制，两妇预争为皇后。志计已定，人有劝术，使遂即帝位，露布天下。答言‘曹公尚在，未可也’。后孤讨禽其四将，获其人众，遂使术穷亡解沮，发病而死。及至袁绍据河北，兵势强盛，孤自度势，实不敌之，但计投死为国，以义灭身，足垂于后。幸而破绍，枭其二子。”可以看出，后来他用兵讨伐二袁，早已在这首诗里做好张本。

“铠甲生虮虱”：以下六句，是写汉末自从董卓之乱，引起军阀混战，兵连祸结，迄无宁日，原来人口密集的中原地区，出现了千里无人烟的惨景，蒿目时艰，魂惊肠断。这在当时确实是一个严重的社会问题。因为人民大量死亡，生产力遭到严重破坏。社会上出现一种奇怪现象，割据的封建统治势力，为了维持自己的统治，往往从敌对的势力范围那里疯狂地掠夺人民。《三国吴志·吴主孙权传》载：“建安十二年，西征黄祖，虏其人民而还。十三年春，权复征黄祖，虏其男女数万口……十九年五月，权征皖城。闰月，克之。获庐江太守朱光及参军董和男女数万口。”这是孙权方面的情形。而曹操自己，为了填补中原的人力物力，也在粗暴地强迫长江两岸的居民向北移动，引起广大人民的惶恐不安。据《三国吴志·吴主传》

记载："建安十八年正月，曹公攻濡须，权与相拒月余。初曹公恐江滨郡县为权所略，多内移，民转相惊。自庐江、九江、蕲春、广陵户十余万皆东渡，江西遂虚。合肥以南，唯有皖城。"以上这些史实，都反映董卓之乱、军阀混战，在社会上造成大量死亡问题的严重。而对这一社会现实，作者除了采取了强制移民政策以外，还采取了一些温和的措施，使社会人口逐渐繁衍起来，如下令"存恤从军吏士家室"和"禁复仇"，目的不外是为了少死人，使社会生气慢慢恢复起来。这首诗的现实意义就在此。

鸡　　鸣　魏晋乐所奏

鸡鸣高树巅，狗吠深宫中。荡子何所之？天下方太平。刑法非有贷，柔协正乱名。黄金为君门，璧玉为轩堂。上有双樽酒，作使邯郸倡。刘王碧青甓，后出郭门王。舍后有方池，池中双鸳鸯。鸳鸯七十二，罗列自成行。鸣声何啾啾？闻我殿东厢。兄弟四五人，皆为侍中郎。五日一时来，观者满路傍。黄金络马头，颎颎何煌煌！桃生露井上，李树生桃傍。虫来啮桃根，李树代桃僵。树木身相代，兄弟还相忘。

此诗《乐府诗集》卷二十八录入《相和歌辞·相和曲》。解者纷纭，唯张玉穀《古诗赏析》卷五，差得诗旨。他说：

此警荡子乱名干法，将贻累兄弟之诗。首六句，以鸡鸣狗吠，各安其所，反兴起荡子舍家远出，诘其何之？随点醒世方太平，刑法不贷乱名之辈，为荡子棒喝正文。下三段乃就其所处地位，历论其尽可不为荡子也。黄金六句，叙其宫室供具使令之美盛，可不为荡子者一；舍后六句，抽叙方池鸳鸯，即隐喻妻妾众多，可不为荡子者二；兄弟六句，叙其兄弟之富贵赫奕，可不为荡子者三；平排养局，总就荡子身上，斥其不能安分乱名干法之非。末六，引喻脱接，独侧到兄弟；言他即勿论，汝为荡子，乱名干法，兄弟必受其累。是犹桃傍生李，李代桃僵，人岂可不鉴于树木之相代，而伤残一本，甘子为荡子耶？曲曲唤醒，收得恻然。

我们说他"差得诗旨"，就是说他掌握了诗的基本内容，但是个别部分，理解得还不够确切。例如张氏解"黄金为君门"以下三段十八句说："乃就其所处地位，历论其尽可不为荡子也。”按照这个说法，这十八句所写就是荡子目前所过的家庭生活；“君”和“荡子”指的是一个人。如此则成了同是对待一个人，忽而诟辱，忽而尊称，揣情度理，恐不如是。况且这十八句诗和《清调曲·相逢行》“黄金为君门”以下若干句相对照，可以说是大同小异；这首诗的十八句，极可能就是从那首诗移录而来。那首诗在“黄金为君门”句前，有这么四句诗：“不知何年少？夹毂问君家；君家诚易知，易知复难忘。”完全是对君家叹羡之词，恐怕这首诗也不能例外。况且其中又有“刘王碧青甓，后出郭门王”两句，说者以为是指汉室同姓和异姓诸侯王的贵族豪家而言，也大致是可信的。既然作品的客观实际情况是这样，那么张氏认为这是荡子兄弟自述其家庭状况的说法，就不对了。但是张氏对此诗的理解，还是超过前人的。他并不认为此诗对“君门”有什么微词或谴责之意，而是在夸耀它，颂扬它，是想借此以扯住荡子的后腿，不让他走出家门，搞“乱名”非法的活动。如果他不听劝阻，那就肯定会连累弟兄。

我们对此诗的理解，和张氏分歧之点是在“黄金为君门”以下十八句，是作者袭用当时部分城市居民对豪门贵族生活摹写的套语、劝导荡子，希望他回心转意，安分守己，步步高升，也当上“君家”的主人，坐享安富尊荣的清福。这是想让荡子以达官贵人为榜样，走循规蹈矩致身青云的道路；而不是说他们兄弟现过的是这种生活。因为看诗的语气，不像是这样。但是认为这十八句诗的基本情调是宣扬而不是诅咒，是夸耀而不是揭露，却和张氏并无二致。因此，我们认为这篇作品的思想倾向，是和晋乐所奏的《东门行》相类似，和《东门行》的古辞背道而驰。

这首诗组织结构十分整齐绵密，前六句和后六句遥相呼应，一面斥责对方，一面哀怜自己；中间插进十八句，大肆宣扬贵族豪门生活的安富尊荣，也都是六句一意，各有重心。章法如此整齐紧密，疑是经过乐府加工结果，不一定还是民歌的本来面目。

我们读完这首诗，在脑海里泛起了一个强烈的印象是：贵族权门的生活是那么豪华奢侈，荒淫腐朽，其基础必然是建筑在残酷剥削人民上面的，这样的社会不可能是太平的，法网的日密就正好是这个问题的反映。说“天下方太平”是不真实的。《汉书·刑法志》说：

> 孝武即位，外事四夷之功，内盛耳目之好，征发频数，百姓贫耗，穷民犯法，酷吏击断；奸轨不胜，于是招进张汤、赵禹之属，条定法令，作见知、故纵、监临、部主之法。缓深故之罪，急纵出之诛；禁网寖密，律令凡三百五十九章。

比刘邦时约法三章陡增百倍不止，但结果如何呢？《汉书·酷吏传》说：

> 是时郡守尉、诸侯相、二千石欲为治者，大抵尽效王温舒等，而吏民益轻犯法，盗贼滋起。……

可见此诗下文所说"刑法非有贷，柔协正乱名"那种封建统治者对奋起反抗的贫苦人民一贯使用的软硬兼施、威胁并用的两手，也是无济于事的。由此可见，此诗的主要思想倾向是站在封建统治者的立场说话，是维护封建统治者的利益的。

但是由于这首诗的中段宣扬了贵族豪门的豪华奢侈，荒淫腐朽的生活；它就客观上成为历史的见证，对我们今天还有认识意义。

此诗的较大成就，是在它的艺术性方面。陈祚明《采菽堂古诗选注》评此诗说：

> 鸡鸣二句，太平景象如睹；黄金以下，繁华之状写得曲象；桃生以下，比兴之旨，曲折入情。

他的看法，我们基本上同意，特别是后两句。

乌　生　魏晋乐所奏

> 乌生七八子，端坐秦氏桂树间。唶我！秦氏家有游遨荡子，工用睢阳彊，苏合弹。左手持彊弹两丸，出入乌东西。唶我！一丸即发中乌身，乌死魂魄飞扬上天。阿母生乌子时，乃在南山岩石间。唶我！人民安知乌子处？蹊径窈窕安从通？白鹿乃在上林西苑中，射工尚复得白鹿脯。唶我！黄鹄摩天极高飞，后宫尚复得烹煮之。鲤鱼乃在洛水深渊中，钓钩尚复得鲤鱼口。唶我！人民生各各有寿命，死生何须复道前后。

这首诗所表露的思想感情和《诗·小雅·正月》："谓天盖高，不敢不局；谓地盖厚，不敢不蹐……哀今之人，胡为虺蜴！"所表露的思想感情十分相像。《正月》的小序说："大夫刺幽王也。"虽然未必完全确切，但认为这是一篇周大夫之作，则恐怕是事实。因为它充满了感伤没落的情调，不可能是人民的作品。而且那篇诗有“瞻乌爰止，于谁之屋”的句子，和此诗以《乌生》名篇，二者之间，也似乎不无瓜葛。我们认为，《乌生》篇中有一段叙写是这样的：“唶我！秦氏家有游遨荡子，工用睢阳彊(古弜字，意为硬弓)，苏合弹，右手持彊弹两丸，出入乌东西，唶我！一丸即发中乌身，乌死魂魄飞扬上天……”给我们提供了一定的史实线索。《汉书·酷吏尹赏传》：

> (汉成帝)永始、元延间，上怠于政，长安中奸猾浸多，闾里少年，群辈杀吏，受赇报仇，相与探丸为弹：得赤丸者斫武吏，得黑丸者斫文吏，白者主治丧。城中薄暮尘起，剽劫行者，死伤横道，枹鼓不绝。

这给汉朝东西两京文武官吏的生命安全以重大威胁，使他们感到上天无路、入地无门、死无葬身之地的严重恐怖。这首诗里的乌鸦、白鹿、黄鹄、鲤鱼等动物，实际都是拟人。黄节《汉魏乐府风笺》引《西京杂记》：“长安五陵人以真珠为丸以弹鸟雀”以释此诗，只是解决了词句的表面，其实此诗所写，完全与射猎无关。否则末九句：“唶我！人民生各各有寿命，死生何须复道前后！”将无从谈起。

这首诗反映西汉自元帝、成帝以后，由于封建统治者生活日益荒淫腐朽，统治集团内部也在逐渐分化瓦解，大城市凶杀案层出不穷，使封建官僚感到自己的生命完全失去了保障，因而惶恐万分，岌岌不可终日，不得不发出无可奈何的哀叹。这类诗虽然思想性不强，但是它反映封建官僚阴暗心理的一个方面，有一定的历史认识意义。

同时我们也必须指出：此诗反映了没落阶级的思想感情，给读者的影响是悲观失望，谈不上有什么积极意义，而李因笃《汉诗音注》和陈祚明《采菽堂古诗选注》却对它说了许多不切实际的吹捧的话，是我们不能同意的。

平陵东 魏晋乐所奏

> 平陵东，松柏桐，不知何人劫义公！劫义公在高堂下，交钱百万两走马。两走马，亦诚难，顾见追吏心中恻，心中恻，血出漉，归告我家卖黄犊。

此诗始见载于《宋书·乐志》，郭茂倩《乐府诗集》卷二十八入《相和歌辞·相和曲》，而作题解云：

> 崔豹《古今注》曰："《平陵东》，翟义门人所作也。"《乐府解题》曰："义，丞相方进之少子，字文仲，为东郡大守，以王莽方篡汉，举兵诛之；不克，见害。门人作歌以怨之也。"

按此解乃出后人附会，与诗歌内容殊少关联；所以一些后出注本，多另作解释。其中最有说服力的一种是：

> 本篇系控诉官吏压榨良民，竟至用绑票的方式，使无辜受害者破家荡产，反映了极其尖锐的阶级矛盾。

我们认为：这种解释是基本上掌握了作品思想内容的实质，是远胜旧说的。余下的问题是与作品内容结合得还不够紧密，和具体的社会生活结合得还不够紧密，还有一些抽象化和概念化的缺憾。

我们分析这篇作品的出发点是：一切以时间、地点、条件为转移。

这篇作品本事产生的地点是平陵东，地点暗示了时代，肇事的地区是历史上有名的"五陵"之一。所谓"五陵"，是指高帝长陵、惠帝安陵、景帝阳陵、武帝茂陵、昭帝平陵。这一地区，不仅是几个西汉皇帝的陵园，而且是西汉王朝有意识地集中达官显宦、豪家大族居住的地区，用以培植关中地带特别是长安左近经济上、政治上在全国范围内的绝对优势。这一决策当时叫做"强干弱枝"，目的是为了加强刘家王朝的中央集权。著名史学家班固在《西都赋》里说：

> 南望杜霸，北眺五陵。名都对郭，邑居相承。英俊之域，绂冕所兴。冠盖如云，七相五公。与乎州郡之豪杰，五都之货殖，三选七迁，充奉陵邑；盖以强干弱枝，隆上都而观万国也。

所反映的就是这一历史事实。但是也正是由于这一政策的贯彻实施，长安左近也就形成了一个剥削者的乐园、劳动者的地狱的特殊地区。在这里聚居的豪家大族，无法无天，可以私设公堂，对平民进行敲骨剥髓的勒索，转眼之间，就让他们走向倾家荡产。这就是班固在《西都赋》里所描述的汉社会的另一个侧面。

按照班固《西都赋》所写，平陵左近，只是住着一些"充奉陵邑"的豪家大族，这里并没有正式的官府。正式官府拘捕人犯，必须出示证件，讲明事由，绝不会让对方有“不知何人”之感。“劫义公在高堂下”，这分明是私设公堂，绝不会是正式官府。也正是由于豪家大族，私设公堂，才使受害者有被绑架的感觉。由于嗜血者“出师无名”，所以受害者控诉说：“不知何人”；由于他们干的是绑架勒索的勾当，所以诅咒他们是“劫”人的强盗。他们这种鱼肉人民的行为，从本质上讲，和正式官府并无二致，但是在程序上有合法、非法之分，在程度上有一般、严重之别，是不能同日而语的。

从这首诗的作者称受害者为“义公”看来，不像是受害者的家族或亲友，他是以目击者的身份而对受害者寄以深厚的同情的。惟其如此，则这种同情就更带有严重的客观普遍意义。

“交钱百万两走马”，如此巨额的勒索，绝非当时一般中人之家所能筹措得出来的，所以诗里“亦诚难”三字，就是明斥对方，你们这样做是“强人所难”，是敲骨剥髓，是想吮尽人民的膏血。

遗下的问题，是对末一句“归告我家卖黄犊”的理解。我们的意见是：如上所述，诗人既不像受害者的家族和亲友，那么就一定是见义勇为的群众了。他们由于自发的阶级本能，目击五陵恶少，肆无忌惮地绑架和勒索善良人民，自愿卖掉自家的耕牛，赎得受害者的人身自由；这种来自广大群众间的义举，是和当时一小撮吸血鬼、寄生虫的暴行是形成鲜明的对照的。这样，在一篇作品中，既揭露了嗜血者鱼肉人民的滔天罪行，又表现了广大劳动群众患难与共的崇高品德。这两个方面似乎具有同等的重要性，而后者在我们看起来似乎是更有积极意义，更为重要一些。

[注释]

“义公”：汉代有“义”姓，如《史记·酷吏传》有义纵，但不是仅在人名中才使用。如果不是姓和名，则当是一种对善良人士的称谓词，如《焦仲卿妻》就曾经出现过“义郎”这一称谓词之比。不过一个是用于阿谀官府的少爷，一则用于同情被欺压的忠厚长者，在意义上是有差别的。

陌上桑 魏晋乐所奏

日出东南隅，照我秦氏楼。秦氏有好女，自名为罗敷。罗敷喜蚕桑，采桑城南隅。青丝为笼系，桂枝为笼钩。头上倭堕髻，耳中明月珠。缃绮为下裙，紫绮为上襦。行者见罗敷，下担捋髭

须；少年见罗敷，脱帽着帩头。耕者忘其犁，锄者忘其锄。来归相怨怒，但坐观罗敷。（一解）

使君从南来，五马立踟蹰。使君遣吏往，问是谁家姝。“秦氏有好女，自名为罗敷。”“罗敷年几何？”“二十尚不足，十五颇有余。”使君谢罗敷：“宁可共载不？”罗敷前置辞：“使君一何愚！使君自有妇，罗敷自有夫。”（二解）

东方千余骑，夫婿居上头。何用识夫婿？白马从骊驹。青丝系马尾，黄金络马头。腰中鹿卢剑，可值千万余。十五府小史，二十朝大夫。三十侍中郎，四十专城居。为人洁白皙，鬑鬑颇有须。盈盈公府步，冉冉府中趋。坐中数千人，皆言夫婿殊。（三解）

这是在汉乐府中脍炙人口的作品之一。这篇作品很富于戏剧性，有正面人物采桑女，也有反面人物“使君”。在写作技巧上，有人物雕塑，也有环境渲染。主人公的形象既美丽，又机智，心地光明如朝日，面斥官僚如粪土。在漫漫长夜的封建社会前期，她是地平线上的启明，在不同的时间，从不同的方位吸引着人们的倾注。她是理想的化身，胜利的化身。热爱劳动，鄙视官僚，是她的性格中最本质的东西，最宝贵的东西，在这首诗的第一、二解里得到了最充分体现。确定这篇作品在文学史上的地位的，主要是依靠这两解。对于这一点，大家的意见没有什么分歧。

分歧集中表现在对第三解的看法上。因为这一解的主要内容，用旧的说法叫“夸夫”，从它所反映的思想内容看，是“夸官”。“夸夫”对一般妇女说来，并不能算是一种美德，因为它在一定程度上，表现为变相的“自夸”，而“自夸”是不容易引起群众的同情的。“夸官”则更容易引起人们的反感。特别是只夸他的官势、官阶、官相、官气，绝不可能出现什么“坐中数千人，皆言夫婿殊”的热烈场面。当我们读到这一解的时候，一种很不舒服的感觉遍布全身，一具庸俗不堪的躯体僵立在自己眼前，和前两解所塑造的形象非常不协调。

这篇作品前两解使人喜爱，但最后一解又使人生疑甚至生憎，就因为主题思想前后不统一，最后一解破坏了前两解主人公的形象。

后世读者面对这样一个明显的矛盾，试图找到一种合理的解释：如卢思道《罗敷行》云：“会待东方骑，遥居最上头。”傅縡《采桑》：“空劳使君问，自有侍中郎。”张正见《采桑》云：“恐疑夫婿远，聊复答专城。”近人萧涤非也说：

因为作者必须如此夸诞，才能使罗敷扬眉吐气，压倒对方。罗敷越说越高兴，自然那“五马立踟蹰”的太守便越听越扫兴，更用不着义正词严的拒绝了。如果我们认为句句实在，那真成“痴人前不得说梦”。（见《乐府诗的诙谐性》，载开明《国文月刊》第三十六期）

这就是说：有不少人认为，诗人为了使女主人公摆脱使君要想掠夺她的困境，因此在艺术处理上，搞了一解“夸夫”的虚构。这种推论如果不加分析，似乎也可以说得过去。但仔细一推敲，则发现还有一些需要进一步考虑的余地。

我们的出发点是：如果这首乐府民歌前两解所写是以社会现实生活做基础，则其所反映的问题是封建社会地方官吏压迫劳动人民的问题。也就是说，它属于严肃的阶级压迫和阶级斗争的问题，是需要认真对待的问题。罗敷的一阵夸夫和夸官，就把使君吓跑；这样解决矛盾的办法，是未免过于简单了、容易了。即使我们承认艺术构思，容许作家有较大的自由，但是我们总不能不从艺术效果来检验作品的成功与失败。而此诗第三解给读者的印象是什么呢？“罗敷自有夫”，是个好样的。“好”就好在官势、官阶、官相、官气十足上，除此以外，还有什么呢？任何东西也没有了。以此为好，这到底是哪一个阶级的艺术标准呢？不是很清楚吗？

再则，罗敷“夸夫”一解，看语气，颇有以大官压小官，以“专城”盖“使君”的势头。但实际的情况则是怎样的呢？“专城”一词，除此以外，最早还见于《文选》潘岳的《马汧督诔》“剖符专城”，并不见于汉人著述，这也可以作为第三解出于魏晋以后一个旁证。又《文选》五臣张铣注曰：

专，擅也；谓擅一城也。谓守宰之属。

可见罗敷所夸耀的专城夫婿，他的官并不比“使君”大，而是一而二，二而一，是吓不倒使君的。况且如果夫婿在场，就不用等待罗敷夸耀；如果不在场，这番“夸夫”也当不了一阵风，一下就把并非纸糊的“使君”吹跑；这些情况都是不待繁言而自解的。

在封建时代，“官”也不是一概不许“夸”，问题是要弄清楚“夸”的着眼点在哪些方面：是着眼于他们的声势煊赫、安富尊荣；还是着眼于他们的为国为民、鞠躬尽瘁？二者的性质是大不相同的。所以分析文艺作品，即使容许作家可以虚构某些情节，但归根结底，它也必然是作家思想倾向的表露，对客观事物美学评价的反映。

由于第三解写成了现在流传的那个样子，所以就有人(清人吴旦生)提出这样一个疑问：

使若其夫不有东方骑，不为侍中郎，不作专城居，乃得从使君之载欤？

措辞虽似稍为苛刻，但仔细寻味，还是不无道理的。因为表现在第三解里主人公的性格，无论从政治标准来衡量，抑或是从艺术标准来衡量，都是存在着严重的缺点的。因为它不是人民的审美观点，而是剥削阶级的审美观点。

经过我们的仔细研究，这篇作品最早著录于沈约《宋书·乐志三》，虽标为“古辞”，但已分为三解，显然是已经过某个王朝的乐府机关整理过，已经不是民歌原来的面目。这在《乐府诗集》中，可以找出大量的例证。其中最突出的例子如《东门行》，晋乐所奏已经把汉诗原辞，在要害处篡改得面目全非，把一篇人民奋起反抗的作品，偷换成为隐忍苟活的作品，把原来维持人民利益的作品，偷换成为维护封建统治者利益的作品。这是多么阴险毒辣的伎俩！

这首诗在郭茂倩《乐府诗集》卷二十八《相和歌辞·相和曲》题为《陌上桑》，下标“古辞”，但后面注明：“右一曲魏晋乐所奏”。由此可见，虽《宋书·乐志》题“古辞”，但从其已经分为三解看，歌辞实际是移录魏晋乐府所奏。魏晋两朝乐府采诗配乐时，大抵要对原作做一些不同程度的篡改，以期适合维护其统治的需要。《陌上桑》“夸夫”一解，和曹丕《大墙上蒿行》里大肆宣扬高官厚禄、安富尊荣，所唱的完全是一个调子。这并非民歌之所固有，而是乐官采诗合乐时所后加。

至传世的崔豹《古今注》中所载的《陌上桑》诗本，明显是好事者截取《搜神记》韩凭夫妇的故事以及本诗的个别部分拼合而成，所以情节不可能和本诗完全一致。这种分歧不应当认为他所依据的是《陌上桑》古辞，如果那样的话，事实上等于把《古今注》的“身份”拔高了。因为这部书是出于后人依托，不是可以信据的历史资料。

［注释］

“五马”：汉代一般郡太守乘只四马，只有秩中二千石的上郡太守才加一骖乘五马。

平调曲

短歌行 曹操

对酒当歌，人生几何？譬如朝露，去日苦多。慨当以慷，忧思难忘！何以解忧？唯有杜康。青青子衿，悠悠我心。但为君故，沉吟至今。呦呦鹿鸣，食野之苹。我有嘉宾，鼓瑟吹笙。明明如月，何时可辍？忧从中来，不可断绝。越陌度阡，枉用相存。契阔谈宴，心念旧恩。月明星稀，乌鹊南飞。绕树三匝，何枝可依？山不厌高，海不厌深。周公吐哺，天下归心。（以上本辞）

对酒当歌，人生几何？譬如朝露，去日苦多。（一解）

慨当以慷，忧思难忘！何以解愁？唯有杜康。（二解）

青青子衿，悠悠我心。但为君故，沉吟至今。（三解）

明明如月，何时可辍？忧从中来，不可断绝。（四解）

呦呦鹿鸣，食野之苹。我有嘉宾，鼓瑟吹笙。（五解）

山不厌高，海不厌深。周公吐哺，天下归心。（六解）

（以上魏晋乐所奏）

朱嘉徵《乐府广序》：“《短歌行》，歌对酒，燕雅也。”这个题解是正确的。“燕雅”，是古代宴会宾客时所用的祝酒词，《诗经·小雅》里的《鹿鸣》和汉《铙歌》以后的《将进酒》，都是同类性质的作品。不过在建安时代，曹操这一有政治抱负的人，他所举行的酒会，往往洋溢着一种很浓厚的政治气氛，与会者也大都能领会主人的意旨而积极献策。譬如《三国志·魏志·王粲传》载：

太祖置酒汉滨，粲奉觞贺曰：“方今袁绍起河北，杖其众，志兼天下，然好贤而不能用，故奇士去之。刘表雍容荆楚，坐观时变，自以为西伯可规，士之避乱荆州者，皆海内之俊杰也，表不知所任，故国危而无辅，明公定冀州之日，下车即缮其甲卒，收其豪杰而用之，以横行天下。及平江汉，引其贤俊而置之列位，使海内回心，望风而愿治，文武并用，英雄毕力，此三王之举也。”

这首诗的主题思想在结尾四句：“山不厌高，海不厌深。周公吐哺，天下归心。”体现了作者在基本上结束了北中国外族入侵、军阀割据的局面以后，想进一步统一全中国，争取一切可以争取的地方势力，跟自己合作，共同完成“周公辅佐王室”的大业。至其写作时间，我们认为建安十七年十月继建安十三年赤壁之战后再次出兵征孙权时的可能性较大。证据是，李善注《文选》卷四二，阮瑀《为曹公作书与孙权》，其中所涉及的史实，多可与此诗相印证。这里把有关系的词句摘录在下面：

离绝以来，于今三年，无一日而忘前好；亦犹姻媾之义，恩情已深；违异之恨，中间尚浅也。孤怀此心，君岂同哉？

与此诗所言“契阔谈宴，心念旧恩”，指的很像是一件事情。此书下文又说：

仁君年壮气盛，绪信所嬖，既惧患至，兼怀忿恨，不能复远度孤心，近虑事势，遂赍见薄之决计，秉翻然之成议。加刘备相扇扬，事结衅连，推而行之，想畅本心，不愿于此也。

与此诗所说“青青子衿，悠悠我心，但为君故，沉吟至今”，眼中人，意中事，都有明显的针对性。此书下文又说：

孤之薄德，位高任重。幸蒙国朝将泰之运，荡平天心，怀集异类，喜得全功，长享其福；而姻亲坐离，厚援生隙，常恐海内，多以相责，以为老夫包藏祸心，阴有郑武取胡之诈；乃使仁君翻然自绝，以是忿忿，怀惭反侧；常思除弃小事，更申前好，二族俱荣，流祚后嗣；以明雅素中诚之效，抱怀数年，未得散意。

和此诗所说的“明明如月，何时可辍？忧从中来，不可断绝！”李善注：“明明如月，言月之不辍，由（同犹）忧之不可绝也。”抒发的都是作者的同一苦闷。此书下文又说：

是以至情，愿闻德音。往年在谯（《三国志·魏志·武帝纪》：“建安十四年春三月，军至谯，作轻舟，治水军。秋七月，自涡入淮，出肥水，军合肥……十二月，军还谯。”）新造舟船，取足自载，以至九江，贵欲观湖漅之形，定江滨之民耳。

和此诗所说的“越陌度阡，枉用相存”，一实一虚，互相照应。此书下文接着又说：

以君之明，观孤术数；量君所据，相计土地，岂势少力乏，不能远举，割江之表，晏安而已哉！甚未然也。若恃水战，临江塞要，欲令王终不得渡，亦未必也。……若能内取子布，外击刘备，以效赤心，用复前好，则江表之任，长以相付；高位重爵，坦然可观。上令圣朝无东顾之劳，下令百姓保安全之福，君享其荣，孤受其利，岂不快哉！……若怜子布，愿言俱存，亦能倾心去恨，顺君之情，更与从事，取其后善；但禽刘备，亦足为效。……且又百姓，国家之有，加怀区区，乐欲崇和，庶几明德，来见昭副；不劳而定，于孤益贵；是故按兵守次，遣书致意。

也就是本诗末尾“月明星稀，乌鹊南飞。绕树三匝，何枝可依？山不厌高，海不厌深。周公吐哺，天下归心。”所说的那种意思。所以我们认为：这首诗写在建安十七年十月，曹操再次率兵征孙权的前后，可无大误。

值得注意的是：曹操因为过去吃过赤壁之战中孙、刘结成联合阵线把他打败的苦头，这次他对孙权出兵，主要是采取“攻心”“伐谋”为主，让他内杀主战派张昭，外擒有卓越军事和政治才能的诸葛亮为辅的刘备。他的这一策略的实施，是和诸葛亮的“隆中对”是针锋相对的。在曹操的眼中，真正的对手是刘备而不是孙权。这大约也就是他过去对刘备所说的“天下英雄，唯使君与操耳”那种意思了。有人说：“魏武治国，颇杂刑名”（说见刘师培《中国中古文学史》）。这种特点，也常流露在他的诗歌创作中。

猛虎行 古辞

饥不从猛虎食，暮不从野雀栖。野雀安无巢？游子为谁骄！

《乐府诗集》卷三十《相和歌辞·平调曲》解题引智匠《古今乐录》曰：

王僧虔大明三年宴乐《技录》：“《平调》有七曲：……三曰《猛

虎行》……

同书卷三十一魏文帝《猛虎行》解题云：

> 古辞曰："饥不从猛虎食……"

但不做正文著录。此诗前两句六言，后两句五言，是一种句法长短不齐的杂言体。通首使用比兴，是一篇地地道道的民歌。此诗前唱后和，各用两句，用《相和歌》的形式，反映了互相对立的两种思想。头两句："饥不从猛虎食，暮不从野雀栖"，写一个为生活所迫，初出家门的游子，过惯了和平安静的生活，看不惯大批流民为饥寒所驱、那种杀人越货（李白《蜀道难》所写"朝避猛虎，夕避长蛇；磨牙吮血，杀人如麻"的描写，可以移用来做此诗"猛虎食"的注脚）以取食，风餐露宿以栖身，冒着极大风险，受着最苦磨炼的求生之道，因而情不自已地唱出了上述的头两句。但是现实生活逼得人们无路可走，贫不改操，高尚其志的滥调空谈，立刻受到广大流亡群众的无情嘲弄："不要把人比做猛虎吧！猛虎到底没饿死；不要骂人是野雀吧，野雀难道没窝住（北方广大地区通称使用草木泥巴构筑的简易屋舍做"窝铺"，盖来源于古语）？无家可归的游子，请您还是不要吹牛吧！让一切'饿死事小，失节事大'的'紧箍咒'见鬼去吧！"

这是一首"流浪者之歌"，寥寥四句，反映了流浪者两种截然不同的思想斗争。前两句代表一些受封建礼法思想束缚较深的人的生活态度。这种人循规蹈矩，宁可忍饥受冻，也不愿做越礼违法的事。这种人的处世哲学，大为封建卫道士所赞扬。朱嘉徵《乐府广序》说：

> 《猛虎行》歌猛虎，谨于立身也。《记》曰："君子不失足于人，不失色于人，不失口于人。"咏游子，士穷，视其所不为，义加警焉。

我们认为：这里朱嘉徵不是看反了主题，就是他有意识地断章取义。这首诗明显地反映了两种思想倾向，而且主题思想是在后两句而不在前两句。从诗的整个格局看，前两句不过是后两句陪垫部分，是为深化后两句的主题思想而先从反面着笔的。先从反面着笔，然后来一个"批亢捣虚"，使对方完全失去反口置喙的余地；这是我国抒情诗"言志"的具有悠久传统的表现手法。此在《诗经》及古歌谣中已常见使用。到了屈原作《离骚》（不止一篇），则更反复应用，而取得十分卓越的艺术效果。汉乐府也有许多继承了这一优秀传统，而《猛虎行》就是比较成功的一例。

此诗“野雀安无巢”一句话，实际是代表“猛虎安无食，野雀安无巢”两句话的意思，因为承上而省略了下一句，但读者是可以比类而推的。下两句是对上两句的全面否定，而充分反映了“乱世之音怨以怒”的人民情绪。这是封建统治者所最疾首痛心的。这大约就是《乐府诗集》不敢收此诗为正文的“秘密”所在吧？

“猛虎”“野雀”的比兴，不同寻常，而带有很浓厚的“山林”气息。迫使我们不得不产生汉代流民造反问题的联想。《汉书·食货志》载：

> 董仲舒说上曰：“故贫民常衣牛马之衣，而食犬彘之食。重以贪暴之吏，刑戮妄加，民愁无聊，亡逃山林，转为盗贼。”

到了后汉时代，情形就更加严重。据《后汉书·桓帝纪》：

> 永兴元年秋七月，郡国三十二蝗，河水溢，百姓饥穷，流冗道路，至有数十万户，冀州尤甚……

这件事实下距灵帝中平元年黄巾大起义仅 31 年。在这以前，较小规模的农民起义和民族抗争，在全国各地早已不断发生。“逼上梁山”就要从猛虎求食；流落草莽，就要跟野雀结邻。这不是生活上的必然逻辑吗？

[注释]

“安”：意谓“岂是”或“哪里”。是一个疑问词。用法同于短箫铙歌《战城南》：“腐肉安能去子逃”句中的“安”字。

“谁”：义为“何”；“为谁”意即“为何”。今北方人说“啥”，实由古“舍”字孳乳而来。章炳麟《新方言·释词》云“佘训何，通借作舍。《孟子·滕文公》篇：‘舍皆取诸其宫中而用之’，犹言何物皆取诸其宫中而用之也。”按：“舍”与“谁”同纽，故得通假。

燕歌行 七解 曹丕

> 秋风萧瑟天气凉，草木摇落露为霜。群燕辞归鹄南翔，念君客游多思肠。慊慊思归恋故乡，君何淹留寄他方？贱妾茕茕守空房，忧来思君不敢忘。不觉泪下沾衣裳，援琴鸣弦发清商。短歌微吟不能长，明月皎皎照我床。星汉西流夜未央，牵牛织女遥相望，尔独何辜限河梁！

这首诗《乐府诗集》入《相和歌辞·平调曲》，是一首每句押韵的七言古体诗，带有七言古辞早期的特征，在文学形式的发展史上应有其一定的地位。因此选本颇多选录。

王夫之《古诗评选》对这篇作品给了很高的评价：

倾情倾度，倾色倾声，古今无两！从明月皎皎入第七解，一径酣适，殆天授，非人力！

对它如此推崇，在后代产生了不可忽视的影响。但这篇作品到底如何评价？我们愿意找出一篇有代表性的相反的评论文章节录在下面，供大家研究时作参考。《文心雕龙·乐府篇》：

至于魏之三祖，气爽才丽，宰割辞调，音靡节平。观其“北上”众引，“秋风”列篇，或述酣宴，或伤羁戍，志不出于淫荡，辞不离于哀思；虽三调之正声，实韶夏之郑曲也。

这里“秋风”列篇，明显指的就是曹丕的《燕歌行》，论内容则说它“志不出于淫荡，辞不离于哀思”，论形式(兼音节)则说它：“宰割辞调，音靡节平”；和王夫之对它的评价比较起来，真是一褒一贬，天壤悬殊。

我们面对这两种针锋相对的意见，到底是赞同哪一种呢？明确的回答是：刘勰的批评，还是比较中肯的。理由是：

先从《燕歌行》这一乐府题目谈起，《燕歌行》的古辞早已亡佚，具体内容不得而知。但据沈建的《乐府广题》所做的题解说：

燕，地名，言良人从役于燕而为此曲。

朱乾《乐府正义》说：

燕自汉末魏初，辽东西为慕容(鲜卑族)所居，地远势偏，征戍不绝。故为此者，往往作离别之辞。

推论古辞，一定是“劳人思妇”之作，大体是可信的。劳人思妇的怨旷伤离，自从《诗经》以来，就不断形诸吟咏。因为它往往和战争与劳役、生产相联系，而不是孤立地感叹室家睽隔，所以它就具有一定的社会意义。我们评价任何一篇作品，总离不开“知人”和“论世”的两个基本原则：作品是什么人写的，它写在什么时代？对此，古代似已有人知道着眼于这一点。譬如明朝的刘履《选诗补注》说：

> 此岂帝为中郎将时北征在外，述闺中之意而作欤？

我们认为他的这条补注，不仅是正确的，而且给我们评价这篇作品提供了重要的线索。考《三国志·魏志·文帝纪》，曹丕以建安十六年做五官中郎将，当时他的父亲曹操为了统一中国，南征北战，是时代的需要。这时曹丕才二十六七岁，身为五官中郎将，是一个责任很重要的军职。无论从时代的要求说，抑或从作为曹操的接班人说，都是应该义不容辞地把室家之思远远丢在一边。而我们今天重读他这篇《燕歌行》，只觉它“儿女情多，风云气小”。刘勰批评他“志不出于淫荡，辞不离于哀思”，一点也不过分。因为他本质上是一个纨绔子弟，贪图安逸享受，对于行军用兵，披风露，冒矢石的艰险生活，根本不感兴趣。他在《黎阳作》三首中的一首说：“载驰载驱，沐雨栉风；舍我高殿，何为泥中?”就是这种思想赤裸裸的暴露。如果把这些话和《燕歌行》互相印证，则后者的主题思想到底表达了什么内容，我们就不难掌握了。

同处一个时代，同一属个家族，比他年小五岁的弟弟曹植写了一首《白马篇》，其中重要的警句有如：

> 父母且不顾，何言子与妻？名编壮士籍，不得中顾私？捐躯赴国难，视死忽如归。

这给予了读者多么巨大的精神鼓舞力量？我们回过头来再看《燕歌行》，就知道刘勰所评绝非求之过苛了。

我们翻阅史籍，曹丕这个“逸豫失德”的家伙，是靠玩弄阴谋手段取得曹操的信任而获得继承权的。他擅长于装虚作假，有时也把自己打扮成关怀战士生活的样子，但是我们从他性格的残暴豪奢，从他所作《上留田行》所暴露对“贫人”的冷酷无情，横加嘲讽，就可以判断他是否能够真诚地关怀战士了。

下面我们想再谈谈刘勰批评它“宰割辞调，音靡节平”的问题。我们认为：刘勰在严厉地批评了曹丕的《燕歌行》的同时，也批评了曹操的《苦寒行》。但是说《苦寒行》“伤羁戍”则可，说它“音靡节平”，则不可。因为当我们朗读《苦寒行》的时候，但觉其音节沉郁顿挫，悲壮苍凉，并不感到它有“靡平”的缺憾。但是如果用以衡量曹丕的《燕歌行》，则一个突出的感觉是：就像听到秋后的蛩吟一样，凭你有任何雄心壮志，也全失消于无形。

事实不正是这样的吗?

再谈刘勰批评《燕歌行》"宰割辞调"的问题。曹丕出生于一个有较好文化教养环境的家庭中,他父亲曹操举过"孝廉",又是有成就的诗人。这就给他"宰割辞调"提供了方便条件。同时由于他有较好的文学技巧方面的素养,有能力把"宰割"了的"辞调"加以镕铸,成为一个浑融无迹的整体。所以在形式的外观上过去很迷惑了一些人。但经过古代卓越的文学家刘勰的一语道破,我们再回顾这篇作品,就情不自禁地在脑海中泛起一种"七室楼台,拆破不成片段"的恶感。它在修辞谋篇方面,不过是随便摘取《楚辞·九辩》,汉武帝《秋风辞》和《古诗十九首》中的《迢迢牵牛星》的某些辞句,经过一番编排文饰,使它成为一个整体。这应当是《燕歌行》在创作过程中的具体情况。

从文学史的发展过程来看,汉魏以后有一个支派走向形式主义,这种风气可以说是由《燕歌行》一类的作品开始的。它虽产生于建安,但有风而无骨,不能看成是当时作品的主流,也不应给以过高的评价。

清调曲

苦寒行 曹操

北上太行山,艰哉何巍巍!羊肠坂诘屈,车轮为之摧。树木何萧瑟!北风声正悲。熊罴对我蹲,虎豹夹路啼。溪谷少人民,雪落何霏霏!延颈长叹息,远行多所怀。我心何怫郁!思欲一东归。水深桥梁绝,中路正徘徊。迷惑失径路,瞑无所宿栖。行行日已远,人马同时饥。担囊行取薪,斧冰持作糜。悲彼《东山诗》,悠悠使我哀。(以上本辞)

北上太行山,艰哉何巍巍!太行山,艰哉何巍巍!羊肠坂诘屈,车轮为之摧。(一解)

树木何萧瑟!北风声正悲。何萧瑟!北风声正悲。熊罴对我蹲,虎豹夹道啼。(二解)

溪谷少人民,雪落何霏霏!少人民,雪落何霏霏!延颈长叹息,远行多所怀。(三解)

我心何怫郁！思欲一东归。何怫郁！思欲一东归。水深桥梁绝，中道正徘徊。（四解）

迷惑失径路，暝无所宿栖。失径路，暝无所宿栖。行行日已远，人马同时饥。（五解）

担囊行取薪，斧冰持作糜。担囊行取薪，斧冰持作糜。悲彼《东山诗》，悠悠使我哀。（六解）（以上晋乐所奏）。

此诗《艺文类聚》《乐府诗集》皆题曹丕辞，非是。

清何焯《义门读书记》以为曹操征高干时作。其后张云璈《选学膠言》据《三国志·魏志》：

建安十年……冬十月，公还邺。初袁绍以甥高干领并州牧，公之拔邺，干降，遂以为刺史。干闻公讨乌丸，乃以州叛，执上党太守，举兵守壶关口。遣乐进、李典击之。干还守壶关城。十一年春正月，公征干。干闻之，乃留其别将守城，走入匈奴求救于单于。单于不受，公围壶关，三月，拔之。

谓诗中所言羊肠坂，宜指壶关。其说甚是。而黄节《汉魏乐府风笺》卷十一则认为张云璈的说法与诗言“北上太行山”不合，而力主：“此盖征高干时从河内以窥上党，取道怀、译间。所上者河内之太行，所经者河内之羊肠也。”其实这个说法是错误的。至于他所产生这种错误的原因，大概是他因为不晓得这次曹操征高干，是从邺都出发，而不是从许昌出发，所以才有“从河内以窥上党”的臆测，其实这是不符合当时情况的。据《三国志·魏志》记载：建安十年十月，曹操在讨平赵犊、霍奴、三郡乌丸的叛乱后，到冬十月就还师邺城。次年正月征高干，干守壶关口。壶关口的地理位置，在邺城西而偏北。曹操征讨高干，必然是直接引兵西上，不可能绕道河内，因为这样做可以说是愚蠢之至。大概是因为他误会了此诗首句“北上太行山”的含义。我认为，太行山脉纵贯河北、山西交界，为曹操征高干途中所必经。在行军途中的某一阶段要北上太行山，那是必然会有的事情，因为壶关口本来就在邺城西而偏北的缘故。此诗中间有“我心何怫郁，思欲一东归”，亦指东归邺城而言。顾祖禹《读史方舆纪要》谓羊肠坂有三：一在潞安府壶关县东南百六里，即《汉书·地理志》所言壶关之羊肠坂。我们揣情度理，《苦寒行》的羊肠坂，只能根据这一说法来解释。张云璈的说法是正确的，黄节的说法是错误的。

钟嵘《诗品》，论曹操的诗说：

曹公古直，甚有悲凉之句。

我们阅读《苦寒行》，感到钟嵘确实道着了曹操诗歌风格的一个主要特征。但诗歌的风格的形成，它是诗人的社会生活实践的产物，它必然和当时的社会生活某些方面相联系。考曹操这次出征高干，是在他讨伐河北割据势力，取得一连串胜利后不久进行的。旗旌所指，按说应当所向披靡。但细味此诗："树木何萧瑟，北风声正悲！熊罴对我蹲，虎豹夹路啼。溪谷少人民，雪落何霏霏！延颈长叹息，远行多所怀。我心何怫郁，思欲一东归。水深桥梁绝，中路正徘徊。迷惑失径路，薄暮无宿栖。行行日已远，人马同时饥。担囊行取薪，斧冰持作糜。……"的叙写，殊使人感到他这次行军用兵，情况极端艰苦，所以最末自然而然地发出了"悲彼《东山诗》，悠悠令我哀"的浩叹。至于造成这种情况的原因，当然地理、气候条件不容忽视；但是除去这些自然因素而外，还有社会的因素起重要的作用，这是我们想在这里进一步探索的问题。

邺城与壶关之间，虽然中隔太行山脉，但两地的实际距离，并不很远。而曹操进军困难如此，其中必有人的因素在起作用。考之史籍，曹操这次行军所经，正是过去张燕所率领的黑山军回旋之地。《三国志·魏志·张燕传》载：

张燕，常山真定人也。本姓褚。黄巾起，燕合聚少年为群盗，在山泽间转攻。还真定，众万余人，博陵张牛角亦起众，自号"将军从事"，与燕合，燕推牛角为帅，俱攻瘿陶。牛角为飞矢所中，被创且死，令众奉燕，告曰："必以燕为帅！"牛角死，众奉燕，故改姓张。燕剽悍，捷速过人，故军中号曰"飞燕"。其后人众渐广，常山、赵郡、中山、上党、河内诸山谷皆相通。其小帅孙轻、王当等各以部众从燕，众至百万，号曰"黑山"，灵帝不能征。……太祖将定冀州，燕遣使求佐王师，拜平北将军……

考《三国志·魏志》，张燕归降曹操时，余众仅十余万，比起黑山军总数，只有七八分之一，而且时间是在建安十年四月，距其征高干时不到八个月。由此可见，尽管张燕投降了，但黑山军绝大多数是不肯投降的。他们原来就是东汉末年黄巾起义军的一支侧翼，即使张燕变节投降了，他们群龙无首，虽然不可能再大兵团作战，但化整为零，奇袭以镇压农民起义起家的曹操部队，给他行军制造种种困难，乃是十分合乎情理的事。此诗一则说："水深桥梁绝"，是否被黑山军拆毁了呢？再则说："溪谷少人民……薄暮无宿栖……人马同时饥"，是否黑山军坚壁清野的后果呢？对于这种情况，正史并不见明文记载，然而我们不妨根据曹操此诗之所透露，和历史有关的记载相印证，可以大致推测出曹操此诗欲吐还咽的真情到底是什么？

此诗首见于《宋书·乐志》，除"古辞"外，另有一首分做六解的同一篇目，是晋、宋间乐府合乐时所演奏。除个别字句有些重复外，对原辞根本没动；这就和他们对待民歌的态度和做法有所不同。

相　逢　行

相逢狭路间，道隘不容车。不知何年少，夹毂问君家。"君家诚易知，易知复难忘。黄金为君门，白玉为君堂。堂上置樽酒，作使邯郸倡。中庭生桂树，华灯何煌煌！兄弟两三人，中子为侍郎。五日一来归，道上自生光。黄金络马头，观者盈道傍。入门时左顾，但见双鸳鸯。鸳鸯七十二，罗列自成行。音声何噰噰，鹤鸣东西厢。大妇织绮罗，中妇织流黄。小妇无所为，挟瑟上高堂。丈人且安坐！调丝未遽央。"

这首诗始见于《玉台新咏》，郭茂倩《乐府诗集》卷三十四收在《相和歌辞·清调曲》中。郭氏解此诗说：

一曰《相逢狭路间行》，亦曰《长安有狭斜行》。

但另收《长安有斜斜行》，只词句较此简略。大约是他认为这首诗本来是一篇，只是传平简繁微有不同，所以解说和编录产生一些矛盾。

这两首歌辞都是记录西京长安贵族豪门串巷嫖娼，骑奴侍童，夹毂并引时的唱词，所以对贵族豪门的奢侈糜烂生活，毫无贬责之意。这是一个方面；但另一方面，它既再现了当时豪门贵族的这种生活，这就有助于我们今天了解汉朝社会的一个重要方面，所以仍然不失为一面时代的镜子。证之以历史文献，王符《潜夫论·浮侈篇》说：

而今京师贵戚，衣服饮食，车舆庐第，奢过王制，固亦甚矣。且其徒御仆妾，皆服文组綵牒，锦绣绮纨，葛子升越，筩中女布，犀象珠玉，琥珀玳瑁，石山隐饰，金银错镂，穷极丽美，转相夸咤。其嫁娶者，车軿数里，缇帷竞道；骑奴侍童，夹毂并引。富者竞欲相过，贫者耻其不逮。

王符在这里不仅揭露了当时贵族豪门生活的奢侈腐朽，而且严正指出：在它们的影响之下，京都居民，已经夸咤成风，互相竞赛。以王符之所讥，和此诗印证，一则给人以本质揭露，一则给人以艺术再现。互相发明，感到十分吻合。如果我们回过头来，重读《妇病行》《东门行》，则汉代社会生活的两极，可以在头脑中有一个明晰的印象。

后汉光武帝刘秀在镇压而又利用西汉末年农民大起义的基础上创立了东汉帝国，不得不把国都从长安迁到洛阳，其中原因之一，就是长安经过约二百年刘家王朝的统治，社会上层生活极端腐朽。由于历史条件和阶级的局限，他不可能把一个金迷纸醉的旧城市，改造为一个崇尚节俭的新城市，所以他只能采用迁都的办法。关于这点，班固《两都赋》和张衡《二京赋》都有所阐发。我们如果时间充裕，也不妨稍为涉猎，作为参考。此诗最大的可能是产生在西汉中叶以后，但写定于东汉初年的可能性也不是没有。

［注释］

“如何两少年，夹毂问君家”：意思是说只见有两少年，夹毂问答，一个先问：“君家如何?”此两少年，即《潜夫论·浮侈篇》的“骑奴侍童”的“侍童”；“夹毂”即同书所说的“夹毂并引”的“夹毂”。骑奴侍童都是贵族豪门的家奴，豪贵出门，他们充当驺从，两人一对，边拉边唱：‘内容是夸官炫俗，极意宣扬主家的家富尊荣。这是剥削阶级瓦解人民斗争意志的麻醉剂之一。但是和一切剥削者的主观愿望相反，千百年后，这些东西都成了他们意料不到的残酷剥削人民的自供状，让人民得以彻底清算他们的罪恶历史。“如何两少年”或作“不知何年少”，则意指不知姓名的都人仕女。这样问者、答者两方内涵各有不同。此二者似可并存，不必局执一说。

“君家诚易知，易知复难忘”：意思是说君家生活的优越，不但无人不知，无人不晓；而且深入人心，梦寐难忘。用如此蛊惑人心的言词宣扬嗜血的剥削者的生活，足见他们是列宁所说的“无耻之徒”。

“黄金为君门，白玉为君堂”：金门、玉堂，在汉代代表朝廷，或皇宫王室。扬雄《解嘲》：“历金门，上玉堂”，意谓登朝见君，此非贵戚臣僚之所得擅用；而此诗如此云云，则见当时豪门贵族生活太侈，已经达到与王室抗衡的严重程度，所以王符有："而今京师贵戚，衣服饮食，车舆庐第，奢过王室"的揭露。但此诗有艳羡而无谴责，尽管事实相同，而归趣则迥异，这是我们必须注意的一点。

"兄弟两三人，中子为侍郎"：此处"两三"，应当是复词偏义，实际是"三"，而连带说"两"，下文言"中子"言"大妇""中妇""小妇"，都是证明。但是为了照应上文，则"中子"可释"仲子"，如此则"两人""三人"均可关合。

"大妇织绮罗"以下四句："大妇""中妇""小妇"一般注释都认为是君家三弟兄的妻子。自无不可；但细审文意，此诗上面备述君家兄弟两三人以后，即以"中子为侍郎"做主线而加以描述，从而："大""中""小"三妇也有都是"中子"一人老婆的可能。因为汉代一夫多妻是许可的，特别是达官显宦更是这样。如果我们从这一角度来分析问题，则当时贵族豪门生活糜烂腐朽，可以得到进一步暴露；而"小妇"何以单独承宠的问题，亦可以找到合理的解答。

"大妇织绮罗，中妇织流黄"两句，未必是写实。因为剥削阶级好逸恶劳，而织造绮罗，则需要掌握很高超的纺织技艺，这又谈何容易？贵族妇女爱劳动，劳动妇女着盛装，汉乐府塑造人物形象，往往具有此弱点。

"丈人且安坐，调丝未遽央"："丈人"当据《妇病行》解作"丈夫"为是。细味这两句诗的情意，似乎是小妇向丈人撒娇卖俏的话。"安坐"的意思是：你要安静些，耐心些，不要像毛脚鸡似的飞扬浮躁！这种语气似不宜施之尊长。有的注本据《论衡·气寿篇》，绎"丈人"为"翁妪"，义恐未确。"未遽央"与"未渠央"同义，汉代通语，意思和现在说"还没停当"相近。

瑟调曲

陇西行 古辞

天上何所有？历历种白榆。桂树夹道生，青龙对道隅。凤凰鸣啾啾，一母将九雏。顾视世间人，为乐甚独殊。好妇出迎客，颜色正敷愉。伸腰再拜跪，问客平安不？请客北堂上，坐客毡氍毹。清白各异樽，酒上正华疏。酌酒持与客，客言主人持。却略再拜跪，然后持一杯。谈笑未及竟，左顾敕中厨。促令办粗饭，慎莫使稽留。废礼送客出，盈盈府中趋。送客亦不远，足不过门枢。取妇得如此，齐姜亦不如。健妇持门户，亦胜一丈夫。

郭茂倩《乐府诗集》卷三十七《相和歌辞·瑟调曲·陇西行》：

一曰《步出夏门行》。《乐府解题》曰："古辞云'天上何所有？历历种白榆'，始言妇有容色，能应门承宾；次言善于主馈，终言迎送有礼。此篇出诸集，不入《乐志》……"

按郭氏谓《陇西行》一曰《步出夏门行》的说法，有人提出异议，朱乾《乐府正义》说：

《洛阳伽蓝记》云："洛阳北面有二门，西头曰大夏门，汉曰夏门，魏晋曰大夏门，尝造三层楼，去地二十丈。洛阳城门皆两层，去地百尺；唯大夏门甍栋干云。"按此则步出夏门者，即步出洛阳城门，为东京古辞，非陇西地也。

按《宋书·乐志》载《步出夏门行》古辞是这样的：

邪径过空庐，好人尝独居。卒得神仙道，上与天相扶。过谒王父母，乃在太山隅。离天四五里，道逢赤松俱。揽辔为我御，将吾上天游。天上何所有？历历种白榆。桂树夹道生，青龙对伏趺。

这首诗的末四句，和《陇西行》的头四句，只差两个字(可能是由于传写歧异的缘故)，其余完全相同而外；其开头两句："邪径过空庐，好人尝独居"所写主人公独身生活和《陇西行》所写女主人基本相同。而且在节取《步出夏门行》末四句作《陇西行》首四句以后，又特意加上这么四句："凤凰鸣啾啾，一母将九雏。顾视世间人，为乐甚独殊。"然后转入正面叙写。这显然是出于作者要做翻案文章，像扬雄作《反离骚》那样，才做了这样的安排。如果说《步出夏门行》的主题思想是宣扬出家学道，那么《陇西行》的主题思想则是赞颂入世"为人"(应宾款客)。身世一样(独居)，取舍全殊。这是这篇作品主要的创作意图所在，也是它在历史上具有进步的意义所在。

这首诗取名《陇西行》，可能就因为作者所描写是汉代陇西一带的人民生活。陇西地处汉代中原通西域要冲，除正式逆旅（旅馆）以外，居民住户往往亦居停部分旅客（这种习俗甚至近代犹有遗存）。这里封建礼教的束缚不像中原那么严密，妇女有较多的自由，所以有可能施展才干。这首诗的作者，可能是来自中原，路过陇西，所以他有机会碰到这样的妇女，对她的持家应客的才干，深感敬佩。由于这篇作品来源于社会生活，它反映了汉代陇西地区人民生活的某一侧面，所以具有历史认识的意义。而且它所歌颂的对象是一个能干的主妇，这种思想倾向是和“女子无才便是德”的封建意识相对立的。所以应当历史地肯定它。

这首诗过去很遭到一些封建文人的曲解，唯独张玉穀《古诗赏析》的说法比较正确。他说：

> 此美健妇能持门户之诗，旧解皆云中含讽意，盖因妇人宜处深闺，不应自应宾客也。然玩诗意，以凤凰和鸣，一母九雏兴起，则此好妇之无夫无子，自可想见。门户既藉以持，宾客胡能不待？篇中绝无含刺之痕。起八句言天上物物成双，凤凰和鸣，惟有将雏之乐，以反兴世间好妇，不幸无夫无子，自出待客之不得已来。似与下文气不属，却与下意境相关。篇中所叙，事事中礼，却处处引嫌。

因为这样分析，没有脱离作品，较为切合实际。

［注释］

“天上何所有？历历种白榆”：此诗写“天上”的情况，只是杂采一些星历和神仙家旧说罗列一些现象，似乎并没有美化它的意思，甚至在个别地方还微含贬意。古代诗人已有知其底蕴者。白居易《新乐府·涧底松》末二句云：“君不见沉沉海底生珊瑚，历历天上种白榆！”榆柳凡材，而与桂树杂厕，可见天上也不十分干净。

“凤凰鸣啾啾，一母将九雏”：此句疑暗用汉代流传“九子母”的故事。《汉书·成帝纪》：“孝成皇帝，元帝太子也。母曰王皇后，元帝在太子宫，生甲观画堂，为世嫡皇孙。”注：“画堂画九子母。”说者认为“九子母”就是《楚辞·天问》里：“女岐无合，夫焉取九子？”王逸注：“女岐，神女，无夫而生九子也。”宫廷也好，天堂也好，这类神话总不能说是十分美好的吧！至少“世间人”是不很理解的。所以说：“为乐甚独殊”。

“好妇出迎客，颜色正敷愉”：好，从《诗经》到汉乐府，“好”的意思都是“美”，所以跟“丑”是对文。“客”意为旅客，非一般的亲友作客者。此诗的“客”，实际是指作者自己，不过代主人立言，称自己为客而已。此诗对女主人的行动叙写，实际就是根据客人眼中所见。客人是处处以奇异的眼光，注视着女主人每一个细小的动作。这种情况只能发生在来自远方的旅客，而不可能发生在同住在一个地区的亲友间。此诗接近末尾两句说：“取妇得如此，齐姜亦不如”，以“齐姜”、“宋子”代表贤能的妻子，显然是中土深受《诗》教的人士的语言，所以我们才有以上的推论。“敷愉”，当依黄节笺：“敷愉，犹怤愉，《方言》：‘怤愉，悦也。’”并不含有美丽意，因为上面有“正”字，喜悦可以说“正”，而美丽说“正”，就有点不通了。

“酒上正华疏”：黄节笺：“华疏，犹敷疏，盛貌。”按：敷疏，同扶疏，此处盖用以形容酒的热气上腾。

“废礼送客出”：“废礼”黄节笺释为“终礼”，余冠英注用黄说释为“罢礼”；然既言“终礼”或“罢礼”而下文又言送客，在逻辑上似亦有些矛盾。我们的看法：这位旅客来自中原。中原礼俗，妇人但主中馈(下厨房)，不预宾客送迎。而在陇西，则她们根本不相信这一套，所以在旅客眼中认为“废”(弃)礼者，她们却认为是不可少的仪节。礼教虽废而仪节不缺，这正是女主人才德中可贵的一面；所以使起初不太了解她的人，最后也不能不由衷地发出“齐姜亦不如”的感叹，大概也是“职此之由”吧？

步出夏门行　四解　曹操

云行雨步，超越九江之皋，临观异同。心意怀游豫，不知当复何从？经过至我碣石，心惆怅我东海。(艳)

东临碣石，以观沧海。水何澹澹？山岛竦峙。树木丛生，百草丰茂。秋风萧瑟，洪波涌起。日月之行，若出其中；星汉粲烂，若出其里。幸甚至哉！歌以咏志。(一解)

孟冬十月，北风徘徊。天气肃清，繁霜霏霏。鹍鸡晨鸣，鸿雁南飞。鸷鸟潜藏，熊罴窟栖。钱镈停置，农收积场。逆旅整设，以通贾商。幸甚至哉！歌以咏志。(二解)

乡土不同，河朔隆寒。流澌浮漂，舟船行难。锥不入地，丰藾深奥。水竭不流，冰坚可蹈。士隐者贫，勇侠轻非。心常叹怨，戚戚多悲。幸甚至哉！歌以咏志。(三解)

神龟虽寿，犹有竟时。腾蛇乘雾，终为土灰。骥老伏枥，志

在千里。烈士暮年，壮心不已。盈缩之期，不但在天；养怡之福，可得永年。幸甚至哉！歌以咏志。（四解）

此诗《乐府诗集》卷三十七入《相和歌辞·瑟调曲》。古辞“邪径过空庐”一首本来是写求仙的，作者则把它从天上拉下来，而落到地面上，这在创作上应当是一个很大的进步。这首诗是作者抒写他在率兵平定袁尚、袁熙勾结三郡乌丸入塞侵扰这一战役中，一路上的见闻及杂感。

这一战役，不仅在用兵决策上应当给予肯定，尤其重要的是：它对结束军阀割据、抵制外族入侵、统一北中国并进而统一全中国，都起了积极作用，准备了有利条件。诗篇对此做了忠实的报道，生动的摹写，而且意境开阔，气势豪迈，风格朴素，音节铿锵。后世艳称“建安风力”，此诗可以认为是代表作之一。

下面引据一些历史资料，为研究此诗的历史背景提供参考：

《三国志，魏志·武帝纪》

三郡乌丸承天下乱，破幽州，略有汉民十余万户，袁绍皆立其酋豪为单于，以家人子为己女，妻焉。辽西单于蹋顿尤强，为绍所厚，故尚兄弟归之，数入塞为害。公将征之，凿渠，自呼沱入泒水，名平虏渠。又从泃河口凿入潞河，名泉州渠以通海。建安十二年春二月……将北征三郡乌丸，诸将皆曰：“袁尚亡虏耳，夷狄贪而无亲，岂能为尚用？今深入征之，刘备必说表以袭许；万一为变，事不可悔！”惟郭嘉策表必不能任备，劝公行。（按黄节《汉魏乐府风笺》十二作兴平十二年误，当作建安十二年）夏五月，至无终。秋七月，大水，傍海道不通，田畴请为乡导，公从之。引军出卢龙塞，塞外道绝不通，乃堑山堙谷五百余里，经白檀，历平冈，涉鲜卑庭，东指柳城，未至二百里，虏乃知之；尚、熙与蹋顿，辽西单于楼班，右北平单于能臣抵之将数万骑逆军；八月登白狼山，卒与虏遇，众甚盛，公车众在后，被甲者少，左右皆惧；公登高望虏阵不整，乃纵兵击之，使张辽为先锋，虏众大崩，斩蹋顿及名王以下；胡汉降者廿余万口。初辽东太守公孙康恃远不服，及公破乌丸，或说公遂征之，尚兄弟可禽也。公曰：“吾方使康斩送熙、尚首，不烦兵矣。”九月，公引兵自柳城还。康即斩尚、熙及速仆丸等，传其首。

十三年七月，公南征刘表。

按袁绍家族，四世三公，代表豪门地主；此时他虽已死，但其子尚、熙尚在，内与代表庶族地主利益的曹操为敌，外则勾结乌丸、鲜卑、匈奴等异族上层不时入侵，成为分裂北中国最强大的反动势力；不消灭这部分反动势力，则统一全中国则无从谈起。曹操此次率兵出征，堑山堙谷，战严寒，冒风雪，以自己的实践，履行了“烈士暮年，壮心不已”的誓言，为后世作家树立了榜样，此诗的历史意义在此。战略决策的胜利，意义还在其次。

朱嘉徵《乐府广序》，论此诗，最得立言之体：

> 《陇西行》歌“碣石”，魏公北征乌桓时作。“观沧海”，自序其功德之广大也；“山不厌高，水不厌深”，此志也。“孟冬十月”，务农通高，立国规模略见。“乡土不同”，得士又为致王之本，古今治乱之数，关陇尤宜加意，毋为敌资。“龟虽寿”，爰时进趋，壮思难任。《书》曰，“歌永言”，长言之不足，不知手之舞之，足之蹈之；故晋代因以为舞乐。

[注释]

“士隐者贫”四句：曹操此次征讨乌丸，大得无终隐士田畴为向导之助，畴以功封为蓨令。故此诗对隐士、勇侠深表关切与同情。集中有《爵封田畴令》《求贤令》《举贤勿拘品行令》，都体现了曹操“任人唯贤”比较开明的政治路线，可以参看。

“骥老伏枥”四句：首句敦煌唐写本《世说新书》残卷《豪爽》篇如此作，影宋本《宋书·乐志》、影宋本《乐府诗集·相和歌·瑟调曲》、汲古阁本《乐府诗集》并同，而影宋本《世说新语·豪爽》（明嘉靖复宋本同）则作“老骥伏枥”，现在一些引文多从之。独黄节《汉魏乐府风笺》同于唐写本《世说》、影宋本《宋书》《乐府诗集》，最有卓见。“骥老伏枥”的意思是：“骏马即使老到伏于枥下，可是犹念念不忘跑千里长途。”曹氏这种造句法，可以说够得上“横空盘硬语，妥帖力排奡”。改作“老骥伏枥”，虽语势比较平稳，但比起原作，要软弱单薄得多。黄节先生是著名诗人，在去取之间，是胸中别具刀尺的。他的意见，很值得我们注意。

“盈缩之期”四句：唐孙思邈《千金方》卷八十一引曹操《与皇甫隆令》云：“闻卿年出百岁而体力不衰，耳目聪明，颜色和悦，此盛事也。所服食施行导引，可得闻乎？若有可传，想可密示封内！”按这四句的意思，是紧承上文而来。既然“烈士暮年，壮心不已”，那么老年人应当如何保养身体，使得自己的健康情况更好一些，寿命更长一些的任务，就自然提到日程上来了。

“幸甚至哉”二句：此诗每解后面，都有这么两句结束语。此处“至”字，当即古代凯旋“饮至”的“至”，《左传》隐公五年：“三年治兵，入而振旅，归而饮至。”由此看来，这首诗当是曹操在征讨三郡乌丸，凯旋饮至时的祝酒词。所以通篇充满了胜利后的兴高采烈的昂扬气氛。

东门行 古辞

出东门，不顾归。来入门，怅欲悲！盎中无斗米储，还视架上无悬衣。拔剑东门去，舍中儿母牵衣啼：“他家但愿富贵，贱妾与君共餔糜。上用仓浪天故，下当用此黄口儿。今非！”“咄！行！吾去为迟！白发时下难久居。”(以上本辞)

出东门，不顾归；来入门，怅欲悲。盎中无斗米储，还视桁上无悬衣。(一解)

拔剑出门去，儿女牵衣啼：“他家但愿富贵，贱妾与君共餔糜。(二解)

共餔糜，上用仓浪天故，下为黄口小儿。今时清廉，难犯教言，君复自爱莫为非！(三解)

今时清廉，难犯教言，君复自爱莫为非！”“行！吾去为迟！”“平慎行，望君归！”(四解)

(以上魏晋乐所奏)

此诗《乐府诗集》卷三十八入《相和歌辞·瑟调曲》。这首乐府民歌反映汉代(西汉)一位白发老人，因迫于饥寒在垂暮之年不得不断然拒绝妻子的劝阻而走出世代居住的家庭。这从艺术形象看来，似乎是孤立的、个别的；但它所概括的生活现实却绝不是孤立的、个别的。而应当认为它具有比较广泛的社会意义。西汉末年农民大起义的时期不用说了，就连号称极盛时期的武帝时代，承平时期的宣帝时代，都已经有数以千百计的农民被迫而走上反抗的道路。《史记·酷吏·王温舒传》称：

盗贼滋起：南阳有梅免、白政，楚有殷中、杜少，齐有徐勃，燕赵之间有坚卢、范生之属，大群至数千人，擅自号，攻城邑，取库兵，释死罪，缚辱郡太守、都尉，杀二千石，为檄告县趣具食。小群盗以百数，掠卤乡里者，不可胜数也。

这是武帝时代的事情。《汉书·循吏·龚遂传》称：

宣帝即位久之，渤海左右郡岁饥，盗贼并起，二千石不能禽制。丞相、御史举遂可用。上以为渤海太守，召见，谓遂曰："渤海废乱，朕甚忧之，君欲何以息其盗贼，以称朕意?"遂对曰："海濒遐远……其民困于饥寒而吏不能恤，故使陛下赤子盗弄陛下之兵于潢池中耳……"至渤海界……民有带持刀剑者，使卖剑买牛，卖刀买犊。

这是汉宣帝时代的事情。我们根据《汉书·龚遂传》的记载，那些带持刀剑进行反抗者，就是当时活不下去的老百姓，并不像胡适《白话文学史》所说"拔剑东门去"的一定是封建小官僚。而更为重要的是：我们认为《东门行》男主人公的行为是自发的反抗行为，正义的行为，不能说是"铤而走险"(王运熙《乐府诗论丛》七五页)，更不能说是"要做非法的事"(余冠英《乐府诗选注》)。

我们可以替主人公设想：他已经面临无衣无食的窘境，如果不走出家门，那么他的命运，就只能是坐以待毙了。实际上是比"铤而走险"更无生望。所以我们宁肯避免使用这类旧语成词为好。至于"非法"的提法的错误，我们认为这不仅仅是观点问题，而且是立场问题。因为在历史唯物主义者看来，封建社会里，只有地主阶级的残酷剥削和压迫人民的行为才是非法的；至于人民的反抗，人民的斗争，则不拘采取什么形式，达到什么规模，都毫无例外地被认为是合法的，唯一合法的。

作为乐府民歌，《东门行》在思想上的卓越成就，就在于它不仅写出了人民的缺衣少食，而且更重要的是写出了人民的拿起武器，走向反抗；而这正是社会风暴即将到来的信号，所以应当引起我们足够的重视。

这首民歌在艺术上也有独特成就。全诗不到八十个字，诗人利用了这样一个短小的篇幅，却给我们描绘了一帧鲜明生动的生活画面。诗一开始，只用了四句话十二个字，就形象而又曲折地摹写了一个男主人公在缺衣少食的生活威胁下，不得不硬着心肠走出家门，但是没走多远，却又不得不拖着沉重的脚步折了回来。这就不仅仅是对男主人公果决行动的表面影写，而且也是对他思想斗争的深刻透视。它准确地反映了封建时代善良人民由安分守己走向反抗道路的错综复杂的转变过程。

下面的两句是："盎中无斗米储，还视架上无悬衣。""还视"二字带下又关上，是这两句诗的共同谓语。"盎中无斗米，架上无悬衣"是主人公家庭生活情景的正面写照。蓦然看去，这家生活贫困是贫困，但显然还没有陷入绝境；而给人的印象却是"来日大难"，真正苦难的日子已经迫在眉睫。是坐以待毙呢？还是奋起反抗呢？这就要求主人公尽快做出抉择了。这种并不使用过分夸张的语词，而是潜气内转，大力包举的写法，是在技术上达到纯熟的火候，颇有值得我们今天借鉴之处。

下面是把主人公"独白"的方式，转换成为这一家庭成员——舍中儿母"对话"的方式。这从表现形式来说，应当说是《相和歌》的基本形式。舍中儿母是"贤妻良母"型的女性，她的处世哲学是"安分守己"、"宁走十步远，不走一步险"。如果国家政治上轨道，大家能过和平幸福的生活，这种人也还是有一些用处的；但是她们有一个严重的缺点，就是过于胆小怕事，在恃强凌弱的恶势力面前，表现为软弱无能。所以最容易被阶级敌人拉过去，而成为他们的俘虏，甚至充当他们的说客。一切反抗者、革命家都可能碰到这种人扯后腿。但是你只要不断重温"晏安鸩毒"这一意味深长的老言古语中所提示的经验教训，则阶级敌人诸如此类的阴谋诡计，都将是枉费心机的。

《东门行》在思想上的卓越成就，就在于它能上继屈原《离骚》借用女媭和灵氛与屈原对话来深化作品思想性的优良传统；使正确的思想在和不正确的思想进行不调和的斗争中健康成长，从而取得主人公在作品中，以起初游移不定而终于昂然阔步走出家门的英雄形象屹立在读者之前的艺术成果。

我们说它在思想上、艺术上的成功，就成功在这里。

值得特别注意的是：《东门行》古辞是以"咄！行！吾去为迟，白发时下难久居！"作结，这是男人主公的答话、唱词，他在这一段简短有力的唱词，表示了对扯后腿的妻子的劝降，给以坚决的排拒，对自己的反抗斗争下了义无反顾的最大决心，是作品主题思想最集中的揭示。但是到了晋代，乐府采诗配乐的时候，在原词"下当用此黄口儿"，凭空增加了这么几句："今时清廉，难犯教言，君复自爱莫为非！"还感到不满足，下面又把这话重复一遍，以表反复叮咛，期于对方必听。这还不够，在末尾又把古辞的"咄！行！吾去为迟，白发时下难久居！"统统删掉，而代之以"平慎行，望君归"。这么一来，一篇富有战斗性、反抗性的作品，就被篡改得面目全非了。阉割作品的精髓，保留作品的皮肉，这是一切阴险的剥削阶级最惯常使用的伎俩。我们务必擦亮自己的眼睛，千万不要被他们那些偷天换日的花招所蒙蔽。

上山采蘼芜

上山采蘼芜，下山逢故夫。长跪问故夫："新人复何如？""新人虽言好，未若故人姝。颜色类相似，手爪不相如。""新人从门入，故人从阁去。""新人工织缣，故人工织素。织缣日一匹，织素五丈余。将缣来比素，新人不如故。"

此诗始见于《玉台新咏》卷一，题为古诗。《艺文类聚》卷三十《人部·闺情》，与《青青河畔草》《兰若生春阳》《后汉焦仲卿妻刘氏》（按即《孔雀东南飞》）等篇编排在一起，总题为"诗"，而不入"乐府"。《太平御览》卷九八三《香部·蘼芜》，题名曰"古诗"，与《玉台新咏》同。但同书卷五二三《宗亲部·出妇》，则称"古乐府诗"。可见《太平御览》的不同编者对这一问题的看法是有分歧的。我们同意《上山采蘼芜》是古乐府的看法。因为从内容看，它富有生活气息，故事性强，具备乐府民歌的基本特征。

这是一篇刻画某一男人对妻子抱着喜新厌旧的态度，有很严肃的谴责意味。但在写作手法上，不是通过第三者发议论，而是通过两个当事者的往返对话，这在艺术效果上后者比之前者，就要优胜得多。徐陵《玉台新咏》把这篇作品擢居首位，看来是很有眼光的。

在阶级社会中，男人对妻子的喜新厌旧，并不只是由于一个人的思想作风不正的问题，而更根本的是要关系到当事人的社会经济地位发生了变化。《后汉书·宋弘传》所载一段历史故事充分证明这一点：

时（光武）帝姊湖阳公主新寡，帝与论朝臣，微观其意。主曰："宋公威容德器，群臣莫及。"帝曰："方且图之。"后弘被引见，帝令主坐屏风后，因谓弘曰："谚言：'贵易交，富易妻'，人情乎？"弘曰："臣闻：'贫贱之交不可忘，糟糠之妻不下堂。'"帝顾主曰："事不谐矣。"

我们通过上面所引这一段历史故事，可以得知，在上层封建统治者看来："贵易交，富易妻"，乃是理所当然的。所以汉光武才说那样的话。除此以外，虽然年限较晚但同属于封建时代所发生的事件，《新唐书·许敬

宗传》:

> 帝将立武昭仪(则天),大臣切谏,敬宗阴揣帝私,即妄言曰:"田舍子赚收十斛麦,尚欲更故妇,天子富有四海,立一后,谓之不可,何哉?"帝意遂定。

由此可见,在封建时代,男人因社会地位、经济状况发生变化而停妻再娶,不仅经常出现于社会上层,抑且可以出现于社会下层——如许敬宗所说田舍子的家庭。这是封建夫权制度下必然要产生的后果,同时也是剥削阶级意识形态的具体暴露。值得我们注意的是:认为妇女本分就应当做男子爱情不专的牺牲品的,这种调头都不约而同地出自剥削阶级上层之口,这绝不能看成论点的偶合,而应当归结为古今大小剥削者在共同问题上立场观点的基本一致。

下面我们想根据这一观点对这篇作品做一些初步的分析。

"故夫"对妻子的要求有两点:一是颜色;二是手爪。第一点要求,表明他把妻子看成是满足他享受的工具;第二点要求,表明他把妻子看成是可以榨取劳动力的对象。关于前者,用封建道德的标准来衡量,叫做"妇容";关于后者,用封建道德的标准来衡量,叫做"妇工"。其实质,都是把妇女当做被剥削的对象的。从作品所反映的具体情况来说:这个"故夫"对"新人"和"故人"是一视同仁的。她俩都是自己玩弄和剥削的对象。只不过是在过程中,有暂时的"从门入""从阁去"的差别而已。但是肯定"新人"不久也会变成"故人"的。不信试看,这个男人停妻再娶之后,曾几何时,就又叫嚷"新人虽言好,未若故人姝";"将缣来比素,新人不如故"了吗?然则"新欢"的保障又在哪里呢?

这是一个方面,一个最重要的方面。除此以外,还有一个方面。作为一篇有高度现实主义精神的乐府民歌,《上山采蘼芜》所反映的社会生活,内容是非常丰富的,而又是十分真实的。那就是这篇诗的结尾"新人工织缣,故人工织素。织缣日一匹,织素五丈余。将缣来比素,新人不如故"六句。这六句不仅仅热情地颂扬了"糟糠之妻"的卓越劳动才干,对比了新人与故人之间的明显差距,而且暴露了这位故夫对人斤斤计较的市侩作风。一举而三得,把主题揭示得再明确没有了。

这篇作品没发一点议论,通首是通过男女两造的"独白"和"对话"来展开矛盾,揭示倾向,表明态度。主人公是女方,说话不多,但是在她彬彬有礼的发言中,一下就使对方陷于被动,只能自己打自己的嘴巴,羞愧地承认自己的错误，并且赤裸裸地暴露自己是个十足的市侩。

这首诗故事性很强，用对话刻画人物性格，揭示社会矛盾，而不是由第三者大发议论，但却收到了很好的艺术效果，有很多值得我们借鉴之处。

［注释］

“长跪”：此从《玉台新咏》卷一。《太平御览》卷五二三《宗亲部》引作“回首”，似可并存。

“好”：古代“好”与“丑”为对文，意思是美。

“姝”：与好同训，意思也是美。“好”“姝”皆就容貌而言，故下文言“颜色类相似”。“类”，略。

“缣”：以黄色的生丝织成，比较粗而且疏。在陕南往往用做蚊帐，一般并不称绢。

“素”：即绢，以白色生丝织成，但比缣子要细密得多。此诗以“缣”、“素”做对比，差别不仅在尺寸长短上，而且也在质量粗细上。所以这个对比不能理解为单方面的。

“新人不如故”：《太平御览》卷九〇七兽部载《古艳歌》：“茕茕白兔，东走西顾；衣不如新，人不如故。”似为此诗末句所本。在诗歌的对话中，水到渠成地在末句结出全诗主旨，除此而外，《艳歌行》的末句：“远行不如归”，亦出同一匠心。

饮马长城窟行　古辞

青青河畔草，绵绵思远道。远道不可思，宿昔梦见之。梦见在我傍，忽觉在他乡。他乡各异县，辗转不相见。枯桑知天风，海水知天寒。入门各自媚，谁肯相为言！客从远方来，遗我双鲤鱼。呼儿烹鲤鱼，中有尺素书。长跪读素书，书中竟何如？上言加餐饭，下言长相忆。

此诗《乐府诗集》卷三十八入《相和歌辞·瑟调曲》。首见《文选》，题为“乐府”“古辞”。李善注：“言古诗，不知作者姓名，他皆类此。”他的意思是说：这首诗《文选》的编者萧统认为是无名氏所作，所以题为“古辞”。但徐陵《玉台新咏》卷一收此诗题为蔡邕作，盖别有所本。今按此诗内容，只是一般地写了在家的思妇怀念远方的劳人之情，初不及“饮马长城窟”的事。尽管《文选》题为古辞，但必非最早之作；因为“乐府诗”一般惯例，总是截取诗的首句为标题者多，而此诗则是“青青河畔草”，文字与“饮马长城窟”邈不相涉，可见它绝不是最早的民歌。《玉台新咏》题为蔡邕，从确定作家主名来说，固然未必恰切无误；但认为它是作家的作品，而不是最早的民歌，这一点还是很有见地的。因为首句与乐府古题已分道扬镳，这样比较符合文人拟乐府的一般体式。

这首诗从开头到“海水知天寒”都是两句一换韵，两句一变意，读起来就像“流风回雪”那样圆转自如。而且用叙事来抒情，用抒情来叙事，二者浑融无迹，逸趣横生。尤有进者：在通篇以缠绵悱恻为基调的吟叹中，忽然插入“枯桑知天风，海水知天寒”的两句兴寄豪迈之词，这一突兀的奇峰，振起全篇，使整个作品情调，旖旎而不纤弱，英挺而不偾张，真可说是五言句的异彩奇葩。

这首诗虽然主要是抒情不是叙事，但是在情节的安排上也是颇具匠心的。当我们读到：“入门各自媚，谁肯相为言”的时候，我们不禁有点“替古人担忧”，怀疑诗人的思路要走进死胡同了；想不到下面又有“客从远方来”的一段叙写，心地也随着作品开朗了起来，有如陆游诗所写的“山重水复疑无路，柳暗花明又一村”那种快慰心情的再现，这时诗人的整个希望，都倾注在这“双鲤迢迢一尺书”上了，但是书中到底给人送来什么好的消息呢？“上言加餐饭，下言长相忆”，意思是：“后会有期，而目前无望”，但不用直说而用曲笔，这就比唐人“君问归期未有期”耐人玩味得多。所谓“不着一字，尽得风流”，确是议诗胜境。

饮马长城窟行 旧题陈琳作

饮马长城窟，水寒伤马骨。往谓长城吏：“慎莫稽留太原卒！”“官作自有程，举筑谐汝声”：“男儿宁当格斗死，何能怫郁筑长城?”长城何连连，连连三千里。边城多健少，内舍多寡妇。作书与内舍：“便嫁莫留住。善侍新姑嫜，时时念我故夫子!”报书往边地：“君今出语一何鄙：‘身在祸难中，何为稽留他家子?’”“生男慎莫举，生女哺用脯。君独不见长城下，死人骸骨相撑拄?”“结发行事君，慊慊心意关，边城苦，贱妾何能久自全?”

这首诗始见收于徐陵的《玉台新咏》，题为陈琳作，其后郭茂倩编《乐府诗集》因之，卷三十八入《相和歌辞·瑟调曲》，嗣后纂言者相沿无异辞。

然我始终怀疑这是《饮马长城窟行》的真正古辞，而《文选》所录《青青河畔草》题为“古辞”的那一首，乃是后人拟作，不过是被徐陵驾名“蔡邕”而已。

我所持的理由：

第一，此诗全篇叙事，是汉乐府民歌的标准体裁；而且句法长短不齐，结体极为自由；与好用整齐的五、四言体以抒情达意的建安诗人作品有着明显的不同，而和《孤儿行》《东门行》等名篇极其相似。

第二，此诗中有“慎莫稽留太原卒……男儿宁当格斗死，何能怫郁筑长城”。揣度语气，确定无疑是被封建统治者赶到边疆修筑长城的太原卒的愤怒抗议。正是因为这样，所以下面才有“边城多健少，内舍多寡妇”的感叹。这不是《饮马长城窟行》是出于太原卒集体创作最强有力的内证吗？

第三，陈琳是广陵（今江苏江都县东北）人，早年虽曾参加过袁绍的幕府，充当过记室（秘书），但他基本上是个文人，绝对不能胜任修筑长城的苦役，而像《饮马长城窟行》这样的作品，则绝非没有生活实践经验者所能杜撰。这篇乐府诗，论行动，论思想感情，都充分体现了劳动人民的英雄性格、崇高品质，更非一般封建文人所能向壁虚造。如果认为陈琳和这篇名作绝不会没有一点关系，那么他作为一个文人，因为欣赏它而把它采下来，这种可能性是存在的，即使事实仅只是这样，我们也不应该抹杀他的这点功绩。

［注释］

“往谓长城吏：慎莫稽留太原卒”：这两句诗的主语就是“太原卒”，因涉下文对话中必有“太原卒”而省。这样既经济，又完整，在修辞上可以说“疏而不漏”。长城吏，是监工，是封建统治者的爪牙，是人民的死敌。“太原卒”，是戍卒，是劳动人民，又应当是这首乐府诗的真正集体作者。他们的成分是戍卒，是武士。据《汉书·地理志》下记载：“太原、上党，又多晋公族子孙……矜夸功名，报仇过直（过火或过度）；汉兴，号为难治。常择严猛之将，或任杀伐为威。父兄被诛，子弟怨愤。至告讦刺史二千石，或报杀其亲属。”可见太原人民习俗剽悍，反抗性强，在任何暴力下，都是不肯低头的。则这句“慎莫稽留太原卒”的语意语气，都不难索解了。意思不是分明在警告那些长城的监工们：“眼睛放亮些！不要留难我们，太原来的哥儿们不是好惹的！”

“官作自有程，举筑谐汝声”：豺狼成性的长城吏全不理解群众的情绪，仍然打着十足的官腔命令群众说：“力役短长，上边自有规定，你们的责任是要打夯用力，号子叫齐！”

“男儿宁当格斗死，何能怫郁筑长城”：冷酷的官腔，激发了戍卒们的热潮怒吼：“爷们儿宁可打仗死掉，也不愿忍气吞声成年筑这没完没了的长城！”雷霆般的怒吼，立刻压住了虫豸的“官腔”。

“长城何连连？连连三千里。边城多健少，内舍多寡妇”：头两句写长城蜿蜒塞北，长至三千里；这一方面反映它的工程浩大，耗费的人力已经难于计数；另一方面它又暗示三千比之万里，量工不及三分之一，力役虽繁，但还处在方兴未艾的过程中。人民的苦难，真如大海无边，不知何日才到尽头？“边城多健少，内舍多寡妇”，上两句写边疆兴役，下两句写人民遭殃。这两个矫健有力的偶句，形似平列，意实相承。是旨在揭露封建统治者好大喜功，不恤民力，要破坏多少幸福家庭，要产生多少旷夫怨女？但是我们应当知道，这里表达的不是一两个人的愤怨，而是汇集了千百万人民的吼声。这只能是人民自己的创作，而绝不会是骚人墨客的感遇之辞。关于此点，只要我们试翻一下“七子”迄今遗存的全部诗篇，就可以证明我们言之非诬。

从“作书与内舍”直到篇末，是通过戍卒家书的反复叮咛，体现了人民舍己为人的崇高品质的另一个侧面。此诗前面写人民对压迫者的斗争是英勇无畏的，而后面写人民对自家内部则完全是另一种态度。他们首先考虑的不是个人的安危，而是对方的幸福。当男的已经预感到自己生还无望的时候，就毫不迟疑地给妻子写信，劝她马上改嫁；这还不算，甚至连她改嫁后要怎样适应新环境以至生儿生女要何如不同对待的问题，也都替她筹划得无微不至。如此发自深心地关怀对方，是决定于对自己前途估量已经完全绝望的时刻，请看这是多么崇高、真挚的思想感情！这种思想感情，一切损人利己的剥削阶级不仅不会产生，抑且也绝非他们之所能理解。所以我们肯定这是一篇人民的集体创作，不但是言之成理的，而且是持之有故的。

读完这首诗，回头再看汉朝另一首古诗中的“昔为倡家女，今为荡子妇。荡子行不归，空床难独守”四句诗，大家又会产生什么感想？

上留田行　曹丕

居世一何不同？上留田。富人食稻与粱，上留田。贫子食糟与糠，上留田。贫贱亦何伤？上留田。禄命悬在苍天，上留田。今尔叹息将欲谁怨？上留田。

朱嘉徵《乐府广序》:“魏文视诸弟衰薄,作此弭谤。”我们根据《上留田行》古辞内容写的是一个哥哥,在父母死后,不肯抚养他的幼弟,结果激起旁观者义愤的故事,而且据史书记载,曹丕又确有“视诸弟衰薄”的事迹,再结合到这篇具体作品,末句有“今尔叹息将欲谁怨?”显然是有眼中人,意中事,综合这三方面的情况,认为朱嘉徵的论断,还是击中了要害的。问题是不太全面,不太深入。因为作品所涉及的方面,比之朱嘉徵所见,要广泛得多;其意义,比之朱嘉徵所论,要严重得多。下面我们想谈谈对这篇作品的看法。

从封建伦理观点看来,曹丕“视诸弟衰薄”,当然是很不好的。但这毕竟是封建宗法制度支配下必然要产生的骨肉相残的悲剧,性质是属于统治阶级的内部矛盾,在阶级社会中,它并不占主要地位。如果曹丕着眼点只限于弟兄之间,那么问题就要单纯得多。问题是他在作品中,广泛地提出了社会上的富贵贫贱,莫非天定的谬论,这样问题就严重得多了。他不仅仅肯定富贵、贫贱的差别是天经地义的,而且由此而形成生活条件的悬殊,也是合情合理的。尤其令人不能容忍的是:他公然以富贵骄贫贱,他明明知道“贫子食糟与糠”,不但毫无怜悯之心;反而对他们的愤怒,报以恶毒的嘲弄。问题的严重性就在于此。

这绝不是我们过甚其词!而是有行动证实了这一点。当曹丕篡位做了皇帝以后,就在黄初元年采纳了陈群的献策,开始实行“九品中正制”。所谓“九品中正制”,就是在地主阶级内部按财产的多少分为上中下九个等级。其实质是对东汉以来就早已形成士族门阀特权予以追认,使它合法化,制度化。这是一种保护士族门阀利益的制度,是对他父亲曹操用人唯贤路线的公然背叛。这是和他一贯鄙视出身贫贱人士思想相一致的。应当特别提出来加以批判。

同样是批判曹丕的《上留田行》,我们的着眼点却和《古诗赏析》的作者张玉穀大不相同。

妇病行 古辞

妇病连年累岁,传呼丈人前一言。当言未及得言,不知泪下一何翩翩!“属累君两三孤子,莫我儿饥且寒!有过慎莫笪笞!行当折摇,思复念之!”

乱曰：抱时无衣，襦复无里，闭门塞牖，舍孤儿到市。道逢亲交，泣坐不能起。从乞求与孤买饵；对交啼泣，泪不可止。“我欲不伤悲不能已。”探怀中钱持交授，入门见孤儿，啼索其母抱。徘徊空舍中。行复尔耳，弃置勿复道！

此诗《乐府诗集》卷三十八入《相和歌辞·瑟调曲》。

这首民歌写一个贫苦家庭的妇女在长期害病行将死去的弥留时刻，还在深情地惦记着自己的孩子，把因为必须出卖劳动力而不能在家的丈夫托人叫到跟前，千叮万嘱，中心的话题，是请求丈夫把自己平素抚育儿女的责任承担起来，即使孩子犯过，也不要施行体罚。有谁想到，承担起这一责任，并不是轻而易举的事情，并不是买一两块饼饵就能够解决问题的。在母亲的心脏停止跳动，孩子们失去了最可靠的护理人时，不饮不食，一个劲地哭喊要妈妈不要爸爸的要命时刻，这位身为人父的男子汉对此，除去在屋子里来回走遛以外，他什么办法也拿不出来。

首先，这首诗写病妇的家庭生活情景，困苦艰难，完全被一种凄惨悲凉的气氛所笼罩；虽然和《相逢行》《长安有狭斜行》同处于一个历史时代，但却反映了两种完全不同的社会生活。这首诗和《东门行》一样，尽管在遗存的汉乐府中所占的比例不大，可是却有极其广泛的代表性。它概括了大汉帝国千百万户劳动人民家庭的真正生活水平，和《相逢行》《长安有狭斜行》等所写仅代表一小撮贵族豪门封建社会上层家庭生活的范围广狭是大不相同的。它应当是我们认识汉代人民实际生活水平的基本立足点，并在这个基础上来评价《相逢行》和《长安有狭斜行》的政治作用和社会意义。

其次，尽管如上所述，这家的生活情景已经十分艰难困苦；从而使全诗的情调，也稍带一些凄惨悲凉意味；但是在骨子里写主人公病妇，即使在弥留之际，也对下一代的未来，寄予希望，无限关怀。这在一定程度上，体现了人民对生活充满信心的积极精神，对困难尽量克服的顽强态度。“行当折摇，思复念之”，可见“春蚕到死丝难尽，蜡炬成灰泪未干”的慈母之心，是永远不会因为自己的死亡而终止念子之情的。民歌以这种特色，和没落阶级的悲观绝望情绪，恰好形成鲜明的对照。

再次，《尚书·尧典》：“扑作教刑”；《礼记·学记》：“夏楚（教鞭）二物，收其威也。”两则古经典的文字，成了尔后二千年封建教育执行体罚的理论根据。但是并没有见到哪一个人著书立说反对把少年牛马对待的教育方法。正面提出“有过慎莫笪（古“打”字）笞”的只见于这位病妇的临终遗嘱，这应当说是人民的一大发明，而为一切士大夫出身的教育家所忽略。

最后，《妇病行》暴露了一个严重的家庭问题，即子女虽为父母所共生，但是长期以来，抚育子女的责任，却单独地落在母亲的肩上。这不知始于何时，大约在人类的童年时期，“知有母而不知有父”的洪荒时代，就已经逐渐成为传统了吧？可是后来随着母系社会的解体，父系社会的确立，家庭和社会的统治权，也就相应地从妇女手中移到男人手里。只有抚育孩子的重担没有随着权力的转移而转移。妇女劳而无怨地承担了这一维护人类不致绝续的庄严任务。但积久生息，人们却把这一项极其庄严的任务看得很平常！可是又有谁知，就是这样一个平常的人平常的事，由于原任人员的死去，担子转到男人身上，则平时对孩子的照顾不周，抚育无术的种种弱点，完全暴露无遗了。给饼饵孩子不吃，想抱他孩子不干，只有到了这个时候，才对妻子平素抚育子女的辛勤劳动有较深刻的体验和领会，膏粱之家的妇女，即使她们也有母子之情，但她们所关注的生活具体内容，将与此完全不同，那又是另一种性质的问题了。

孤 儿 行 古辞

孤儿生，孤儿遇生，命独当苦！父母在时，乘坚车，驾驷马。父母已去，兄嫂令我行贾。南到九江，东到齐与鲁。腊月来归，不敢自言苦。头多虮虱，面目多尘土。大兄言办饭，大嫂言视马。上高堂，行取殿下堂，孤儿泪下如雨。使我朝行汲，暮得水来归；手为错，足下无扉。怆怆履霜，中多蒺藜；拔断蒺藜肠肉中，怆欲悲！泪下渫渫，清涕累累；冬无複襦，夏无单衣。居生不乐，不如早去，下从地下黄泉。

春气动，草萌芽，三月蚕桑，六月收瓜。将是瓜车，来到还家。瓜车反覆，助我者少，啖瓜者多。愿还我蒂！兄与嫂严，独且急归，当兴校计！”

乱曰：里中一何譊譊！“愿欲寄尺书。将与地下父母，兄嫂难与久居。”

此诗《乐府诗集》卷三十八入《相和歌辞·瑟调曲》。

这是汉乐府很有特色的一篇作品。它反映一家父母死后，兄嫂用对待奴隶的办法虐待自己的弟弟，每句话都是写实，富有浓厚的生活气息。同类题材的，还有一首《上留田行》，但文字过简，疑是零缣断楮，故远远不及此诗的悲切动人。

兄弟同胞，是骨肉之亲，所以它很早就成为团结友爱的象征。例如《论语·子路》篇说“兄弟怡怡”；《左传》昭公二十六年：“兄爱而友，弟敬而顺”，就都是最好的证明，但是与此平行，我们也可以在历史文献中，找到很多兄弟相仇的例子，如《左传》昭公元年：

昔高辛氏有二子曰阏伯、实沈，不相能（容），日寻干戈，以相征讨。帝迁阏伯于商丘，主辰，商人是因，故辰为商星；迁实沈于大夏，主参，唐人是因，以服事夏商。

后人因谓兄弟不睦曰“参商”。这一段史前史的生活追记，应当说是起源很早的。大约在原始氏族社会末期，家族私有制刚刚建立不久，就有了兄弟参商的事情发生。因其诞育于原始氏族社会末期，所以它还带有氏族的血缘脐带，这就是后来封建宗法制度的渊源。封建宗法制度依靠族权维系嫡系的利益，而剥削非嫡系的利益，在家族内部造成了阶级分化，所以尽管是同一家族的成员，在生活上也会出现严重的苦乐不均的现象，特别是越到剥削阶级上层，这种现象也就越为显著。甚至可能出现哥哥对待弟弟就像奴隶主对待奴隶、地主对待农奴一样冷酷无情。

《孤儿行》形象地生动地但也使人怵目惊心地记录了一个孤儿对兄嫂虐待他的残暴行为所进行的血泪控诉。情况和汉宣帝时王褒购买奴隶便了时所写的“卖身契”（后世多称《僮约》或《责髯奴文》，原文载《艺文类聚》三五、《初学记》一九、《太平御览》九九六、九九八、《古文苑》等）所列的许多条款差不多。现把有关的部分摘录如下：

资中男子王子渊（王褒字）从成都安志里女子杨惠买亡夫时户下髯奴便了，决价万五千。奴当从百役，不得有二言。粪除堂庑，喂食马牛。鼓四起坐，夜半益刍。二月春分……种瓜作瓠；剖落披葱……鸡鸣起舂，调治马户……舍后有树，当裁作船，上至江州下到渝，主为府掾求用钱……推访垩，贩棕索，绵亭买席，往来都落。当为妇女求脂泽，贩于小市。归都担枲；转出旁蹉，牵犬贩鹅。武都买茶，杨氏担荷……四月当披，九月当获，十月收豆，棆麦窖芋。南安拾栗，采桔持车，种植桃李，梨柿柘桑，三丈一树，八尺为行，果类相似，纵横相当，果熟收敛，不得吮尝！

我们拿来和本诗一对照，这许多情节，何其与当时的奴隶卖身契所列劳役条款类似！

王褒《僮约》是完全站在地主阶级立场上措辞，它不可能反映奴隶的生活待遇和感受，但《孤儿行》却俨然是一篇奴隶血泪控诉。试看在封建主义“温情脉脉的纱幕”掩盖下的阶级压迫多么残酷！这绝不是封建家族内部矛盾的范畴；而应当认为是社会上阶级压迫的范畴，因为这个孤儿已经是被兄嫂剥夺得一无所有。

对于一个“冬无复襦”、“足下无扉”的孤儿来说：大冷天从远道深井汲水，当然是最苦的差使了。到了春暖花开、夏令瓜熟的季节，孤儿的命运，也伴随着欣欣向荣的大自然而好转起来呢？没有！意想不到的人祸超过了冬令的严寒。翻了一车瓜，抵下孤儿命。类似这种大开大合，兔起鹘落的写法，即使在伟大作家的作品中，也是不可多得的。但是也有的注本，完全从技术观点上着眼，而忽略了作品潜在的深刻意义。如陈祚明《采菽堂古诗选注》说：

> 味通篇前后，将瓜车似是实事，诗正咏之。前此行贾、行汲、乃追写耳。不然，何独于将车一小事如此细细咏叹耶？

我们则认为：“小题大做”乃是一切剥削者对付被剥削者的惯用手法之一，问题的严重性恰恰在此。陈氏似乎并未理解下文“兄与嫂严，当兴校计”的深刻含义。但现代注本尚有未加深考而采用其说的，故特为之辨析于此。

杜甫《茅屋为秋风所破歌》：

> 南村群童欺我老无力，忍能对面为盗贼！公然抱茅入竹去，唇焦口燥呼不得，归来倚杖自叹息。

所写和此诗的“瓜车反覆，助我者少，啖瓜者多”具体事例虽然不同，然而基本情节则极其相似。我们不难想象，在诗人艺术构思时，对生活题材的选用，受过《孤儿行》的启发。

野田黄雀行　曹植

> 高树多悲风，海水扬其波。利剑不在掌，结友何须多？不见篱间雀，见鹞自投罗。罗家得雀喜，少年见雀悲。拔剑捎罗网，

黄雀得飞飞。飞飞摩苍天，来下谢少年。

此诗《乐府诗集》卷三十九入《相和歌辞·瑟调曲》，其部分词句和《汉鼓吹曲辞·短箫铙歌·艾如张》："山出黄雀亦有罗，雀以高飞奈雀何"设喻寄兴相近，可能两者之间有些继承关系。这种诗歌的题材，可能渊源于民间传说。

据文献记载，曹植是十分喜爱民间传说的。例如《文选》曹植《与杨德祖书》说：

夫街谈巷说，必有可采；击辕之歌，有应风雅；匹夫之思，未易轻弃也。

又《三国志·魏志·邯郸淳传》注引《魏略》：

太祖遣淳诣植，植初得淳甚喜……诵俳优小说数千言讫……

这里所载"俳优小说数千言"，当非曹植记诵的全部。这是见称于记载的。结合到曹植的创作，如《死牛诗》见《太平广记》卷一百七十三《俊辨》：

魏文帝尝与陈思王植同辇出游，逢见两牛在墙间斗，一牛不如，坠井而死，诏令赋《死牛诗》，不得道是牛，亦不得道是井，不得言其斗，亦不得言其死。走马百步，令成四十言。步尽不成，加斩刑。子建策马而行，既揽笔，赋曰："两肉齐道行，头上戴横骨。行至山土头，欻起相唐突。二敌不俱刚，一肉卧土窟。非是力不如，盛意不得泄。"赋成，步未竟。重作三十言《自愍诗》云："煮豆持作羹，漉豉取作汁；萁在釜下然，豆在釜中泣。本是同根生，相煎何太急？"

该书附注云，出《世说》。但检《世说新语·文学》无关于《死牛诗》的记载，即关于《自愍诗》叙事亦与此不同。可能今本《世说》有缺佚，不能辄疑《广记》为向壁虚造。《死牛》《愍志》（俗称《七步诗》）体归"谐隐"；魏文、陈思，偶一为之。彦和《文心》，备著此格，不斥为"齐东野人之语"，要非无见（范注《文心雕龙》未举此为例，盖偶然失检）。除此二诗以外，《精微篇》列举大量民间传说，以自矢其忠诚无二，具见陈思于此有所笃好。集中又有《离缴雁赋》《鹞雀赋》，皆属此类。特别是《鹞雀赋》与此篇《野田黄雀行》关系十分密切，可以看成是建同情、悲悯弱小的具体创作实践（《后汉书·杨震传》注引《续齐谐记》有黄雀衔环以报杨宝故事，盖此类传说盛行于东汉末年)。这类作品，对后世作家也给以不可忽视的影响。如杜甫的《缚鸡行》就颇有受曹植这类作品影响的痕迹。

此诗以“高树多悲风，海水扬其波。利剑不在掌，结友何须多”四句发端起兴，显然是与当时曹魏统治集团内部斗争关系十分密切的政治诗。其本事黄节先生《曹子建诗注》据《三国志·魏志》注引《魏略》明指出：

> 太子(曹丕)立。欲治丁仪罪。转仪为右刺奸掾，欲仪自裁，而仪不能，遂对中领军夏侯尚叩头求哀，尚为涕泣，而不能救。后遂因职事收付狱杀之。诗中篱间雀，疑即指仪；少年，疑即指尚。当仪之求哀于尚，而尚涕泣，犹少年之悲雀也。植为此篇，当在收仪付狱之前，深望尚之能救仪，如少年之救雀也。姑备吾说，再考之。

我们认为，黄先生的这条考证，是十分精确的。在丁仪兄弟被杀之前，杨修已预先在曹魏统治集团内部斗争中充当了牺牲品。尔后，嵇康、吕安，在魏晋之交，曹魏与司马氏两大统治集团角逐之间，张华、陆机在西晋统治集团内部纷争之间，也都成了无辜的刍狗。这类事件在当时的文人中间，是数见不鲜的。那时文人的这种遭遇，可以说是相当悲惨的。曹植同情他们，是和他同情人民的悲惨生活处境息息相通的。

艳歌行

> 翩翩堂前燕，冬藏夏来见。兄弟两三人，流宕在他县。故衣谁当补？新衣谁当绽？赖得贤主人，揽取为吾绽。夫婿从门来，斜柯西北眄。“语卿且勿眄，水清石自见。”“石见何累累！远行不如归。”

这首诗始见于徐陵《玉台新咏》第一卷，郭茂倩《乐府诗集》卷三十九收入《相和歌辞·瑟调曲》。详其内容，是一篇流浪者之歌，写一个游子寄人篱下，为好心肠的女主人所照顾，却引起了她丈夫的猜忌，充分反映了“八方各异气，千里殊风雨”的古代封建社会，给背井离乡而远走四方的漂泊者所带来的痛苦。章法紧凑而风格清新，有浓厚的生活气息，反映了当时人民生活一个侧面。

这首诗题目叫《艳歌行》据左思《吴都赋》：“荆艳楚舞，吴歈越吟”之言，似乎“艳”和“歈”“吟”是同类性质，原义为楚地的歌曲名，所以刘渊林注：“艳，楚歌也。”左思《吴都赋》虽晚出，但其用词必非仅限于晋代。所以解释《艳歌行》似当以此为依据，别的说法，咸恐未当。

此首前面皆主人公游子独自之辞。自“语卿且勿眄”以后四句，方进入主客对话。《相和歌》得名于对唱。所以张玉穀《古诗赏析》：

> 语卿二句，客晓居停妇夫之词，以喻出之，言简意括，未二夫答客之词，蒙上喻接口而下，言心迹虽明，不如归去之嫌疑自释也。

他的解释，我们认为是正确的，应当采用。

“翩翩堂前燕，冬藏夏来见”，用比兴领起。燕鸟巢于堂屋，比游子的寄人篱下。既然是寄人篱下，自不免感受“客子畏人”之苦，因而转入下面正文。“故衣谁当补，新衣谁当绽？”此两“谁”都应当解为“何”字，意为“哪件”，或“哪个地方”？旧衣服哪地方破了，应当补上？新衣服哪个地方绽了线，应当缝两针？衣服开线叫“绽”，把绽线的地方缝起来也叫绽。“组”的意思是兼“补”“绽”，如同现在说“缝缝连连”。“斜柯西北眄”，“斜柯”，吴兆宜注：“柯，一作倚。”这句诗的整个意思是：向着西北侧目而视。“水清石自见”，再用比兴，意思是：“将来总会有个水落石出。请您不用大惊小怪。”“石见何累累？远行不如归！”这话出自男主人之口，是很冷酷的；对于听受者是很难堪的。两方面的对话并不多，但是体现了两方极其尖锐的思想冲突。

楚调曲

泰山梁甫行　曹植

> 八方各异气，千里殊风雨。剧哉边海民，寄身于草野。妻子象禽兽，行止依林阻。柴门何萧条！狐兔翔我宇。……

此诗《乐府诗集》卷四十一入《相和歌辞·楚调曲》。是反映滨海边远地区人民苦难生活的作品。曹植在魏太和年间上《求自试表》说：

> 臣昔从先武皇帝南极赤岸，东临沧海，西望玉门，北极玄塞，伏见所以行军用兵之势，可谓神妙矣！

可见他在曹操在世时，是跟随他父亲到过海边，对边远地区的人民生活，是有切身的体验的。但这首乐府的题目既然叫《泰山梁甫行》，所以诗里所反映的现实生活内容，倒不一定限于滨海地区，而应当包括泰山梁甫等在东汉人看来仍然属于边远地区在内。至于这些地区的人民生活之所以特别贫困，过去封建文人做了本末完全颠倒的解释。例如朱绪曾的《曹集考异》，就是最显著的一例："此悯汉末黄巾寇乱，民人流离而作。"

我们的看法正好和他相反。人民遭受地主阶级的残酷剥削与压迫，激起他们坚强的反抗与斗争，是东汉黄巾起义的客观原因，而黄巾起义被镇压下去，万恶的封建统治集团把人民重新投入水深火热的灾难中，这才是滨海以及边远地区人民过着"妻子象禽兽"那种非人生活的真正原因。据《后汉书·桓帝纪》记载：

> 永寿元年秋七月，初置太山琅邪都尉官。

李贤注：

> 《汉官仪》曰："秦郡有尉一人，典兵，禁捕盗贼。景帝更名都尉。建武十年省，唯边郡往往置都尉及属国都尉。今二郡盗贼不息，故置。

又同书《桓帝纪》：

> 永寿二年，太山贼公孙举等寇青、兖、徐三州，遣中郎将段颎讨破斩之。
>
> 延熹三年冬十一月，太山贼叔孙无忌攻杀都尉侯章。十二月，遣中郎将宗资讨破之。

这些都是黄巾起义以前的史实，等到灵帝中平元年春二月，巨鹿人张角自称黄天，其部众有三十六万，皆着黄巾，同日起义，其主力虽不久即被镇压下去，然其分支别派则从来没有停止过反抗斗争。直到献帝初平二年，《后汉书·献帝纪》还有"青州黄巾寇太山，太山太守应劭击破之"的记载。曹植这篇《泰山梁甫行》所写该地区的人民如水益深、如火益势的苦难生活，正是反映了人民起义失败后的生活惨景。曹植目击滨海以及其他边远地区人民的苦难生活，寄予深厚的同情，对于一个作家来说，这种态度是颇为难能可贵的。“剧哉边海民”之句是情见乎辞的。和《汉书·循吏传》龚遂所说“海濒遐远……其民困于饥寒而吏不恤”的观点相同，代表封建统治集团中比较关心民瘼的开明派的意见。朱乾《乐府正义》之说，是站在地主阶级立场上，完全颠倒了事实。

此诗似非全篇，故末尾用删节号。

清商曲辞

吴声歌曲

子夜歌 十一首

落日出前门，瞻瞩见子度。冶容多姿鬓，芳香已盈路。
芳是香所为，冶容不敢当。天不夺人愿，故使侬见郎。
自从别欢来，奁器了不开。头乱不敢理，粉拂生黄衣。
崎岖相怨慕，始获风云通。玉林语石阙，悲思两心同。
今夕已欢别，合会在何时？明灯照空局，悠然未有期。
郎为傍人取，负侬非一事。擴门不安横，无复相关意。
欢愁侬亦惨，郎笑我便喜。不见连理树，异根同条起。
谁能思不歌，谁能饥不食？日冥当户倚，惆怅底不忆？
气清明月朗，夜与君共嬉。郎歌妙意曲，侬亦吐芳词。
夜长不得眠，明月何灼灼！想闻散唤声，虚应空中诺。
初时非不密，其后日不如。回头批栉脱，转觉薄志疏。

《子夜歌》，《乐府诗集》卷四十四收入《清商曲辞·吴声歌曲》。原四十二首，此选十一首。题解引：

《晋书·乐志》曰："吴歌杂曲，并出江南；东晋以来，稍有增广。其始皆徒歌，既而被之管弦。盖自永嘉渡江之后，下及梁、陈，咸都建业，吴声歌曲，起于此也。"

《唐书·乐志》曰："《子夜歌》者，晋曲也。晋有女子名子夜，造此声，声过哀苦。"

今按《子夜歌》多写男女幽会之词。取名《子夜》者，子居十二地支之首，在时间上正值夜半。从此诗的第一首"落日出门前"之句以及其他有关夜色的描写，都可以得到启示。以后一变为人名，再变为鬼曲，越变越离奇，愈益脱离作品所反映生活内容的实际。《古今乐录》曰：

> 凡歌，曲终皆有送声，《子夜》以“持子”送曲，《凤将雏》以“泽雉”送曲。

“持子”“泽雉”当是泛声的一种。作品皆晋、宋、齐辞。

[注释]

第一首

“瞻瞩见子度”：瞻瞩，相看、打量的意思；“子”，你家，此男称女之词。度，同踱，过路。

“冶容多姿鬓”：冶容，《易·系辞》：“冶容诲淫。”意为“过于修饰自己的容貌”，略有贬意。此处似但谓对方妩媚多姿，褒而无贬。

第二首

“芳是香所为”：芳，指香气；香，指香料，如迷迭香、鸡舌香之类。以下两句，皆女方自谦之词。此句言香气由香料散播，非我自生，故未足挂齿。三、四句是女方向所欢致意，谓天赐良缘，使我得歆风采，感到无比荣幸。

第三首

“自从别欢来”：《子夜歌》女称所爱恋的男方曰“欢”。

“奁器了不开”：奁器，女人盛梳妆用具的盒子，也叫梳妆盒。了，全然、压根儿。

“头乱不敢理”：头乱，是说头发乱。理，梳。和《诗·卫风·伯兮》：“自伯之东，首如飞蓬。岂无膏沐，谁适为容”是一种意见。这是女人对男方表示爱情专一的习用语。

“粉拂生黄衣”：粉拂，通称粉扑子。黄衣，黄苔。

第四首

“崎岖相怨慕”：崎岖，形容爱情的道路坎坷不平。相怨慕，言爱之与恨，往往发生反复、变化。

“始获风云通”：古代抒情诗，往往用风云寄托音信。如徐干《室思》：“浮云何洋洋，愿因通我词”；繁钦《定情诗》：“远望凉风至，俯仰正衣服”是。

“玉林语石阙”两句：《子夜歌》多用双关语，石阙是切碑字，碑与下句悲字同音，玉林、石阙，同实异名，此处用以尊称对方的“悲思”。“悲思两心同”，意谓爱而不见，悲思绵绵，是两心之所同。

第五首

此首三、四句亦用双关隐语。局，棋局，通称棋盘。悠然，以同音切犹然。期，以同音切棋字，意为棋子。

第六首

“郎为傍人取”：意为男方被另外一个人夺取过去。傍，今通用旁。

“擿门不安横”二句：擿，当是樀字的形误。樀，即篱字的异体。横，指门闩而言。这两句诗上句是打比喻，下句是正意。意思是：作篱门而不安门闩，这岂不等于表明没有一点关门的意思吗？这里是用关门的“关”，暗切关怀的“关”。

第七首

这首诗用语很朴素，但抒情却极真挚细腻，特别是开头两句，充分体现了似质而实文，似浅而实深，似淡而实浓，似素而实浓的特点。

第八首

此诗三、四两句与第一首一、二两句合看，可以领会《子夜歌》得名的由来。

第九首

此首同上。可以看成《子夜歌》作者的自我写照。

第十首

“想闻散唤声，虚应空中诺”：这两句写作者想人想得着了迷，给人以真切悲凉之感。但“散”字疑是“欢”字形误。注家以“断断续续”释之，疑于近隔。（王国维《人间词话》用语）

第十一首

这首诗是女子责备男方爱情不专，始密终疏。枇杷，疑当是篦枷的形误。脱，是说竹篦和木梳久用则齿脱。薄志疏，似为薄齿梳的双关隐语。第四句是承第三句而来，它是用以展示第三句设譬的真意。这种表现手法在《子夜歌》里是屡屡使用的。

子夜四时歌 十三首

春歌

春风动春心，流目瞩山林。山林多奇采，阳鸟吐清音。
杜鹃竹里鸣，梅花落满道。燕女游春月，罗裳曳芳草。
昔别雁集渚，今还燕巢梁。敢辞岁月久，但使逢春阳。
春园花就黄，阳池水方渌。酌酒初满杯，调弦始成曲。
自从别欢后，叹音不绝响。黄蘗向春生，苦心随日长。

夏歌

反覆华簟上，屏帐了不施。郎君未可前，待我整容仪。
田蚕事已毕，思妇犹苦身。当暑理絺服，持寄与行人。
暑盛静无风，夏云薄暮起。携手密叶下，浮瓜沉朱李。

秋歌

风清觉时凉，明月天色高。佳人理寒服，万结砧杵劳。
掘作九州池，尽是大宅里。处处种芙蓉，婉转得莲子。

冬歌

渊冰厚三尺，素雪覆千里。我心如松柏，君情复何似？
涂涩无人行，冒寒往相觅。若不信侬时，但看雪上迹。
白雪停阴冈，丹华耀阳林。何必丝与竹，山水有清音。

《乐府诗集·清商曲辞·子夜歌》题解引《乐府解题》曰：

后人更为四时行乐之词，谓之《子夜四时歌》。……

此诗共七十五首，并晋宋齐词。《春歌》二十首，此选五首。《夏歌》二十首，此选三首。《秋歌》十八首，此选二首。《冬歌》十七首，此选三首。

［注释］

《春歌》第一首

“流目瞩山林”：流目，放眼观看，也叫游目、纵目。

“阳鸟吐清音”：与首句“春风动春心”互相呼应。阳鸟，意即春鸟，诗中互见。

《春歌》第二首

“杜鹃竹里鸣”：杜鹃，鸟名，鸣声有似“不如归去”，故亦称思归鸟或催归鸟(亦称子规或杜宇)。竹里，意谓竹林里。

“燕女游春月”：燕，是安居的意思，故燕女意指处女。

“罗裳曳芳草”：飘动如云的罗裳披拂在芊绵的芳草上。后人称诗情画意，于此见之。

《春歌》第三首

“昔别雁集渚”：相传大雁到春天准备回到北方孵育以前，先在湖沼中的洲渚集结。此处用以比喻游子外出，与家人告别时情景。

“今还燕巢梁”：紫燕到春天就在梁间筑巢育子。此处用以比喻游子还家，与亲人团聚。

“敢辞岁月久”二句：意思是别离旷日持久，即使殷殷期待，亦知义不容辞；但望人如候鸟，逢春反巢；无使家人，愆期生恨，于愿已足。此诗发乎情，准之理，乐而不淫，表露的思想感情比较健康，

《春歌》第四首

“春园花就黄”：就，同将，谓行将开放。

“阳池水方深”：阳与上句春互文见义。渌，同绿。

“酌酒初满杯”二句：上句“初”，下句“始”，皆刻画春字。因春为岁初，亦为年始。“成”字或本作“终”，似不迨“成”字稳练。

《春歌》第五首

“黄蘗向春生”二句：亦语意双关。上句黄蘗与下句苦心相应，上句春字与下句日字相应。

《夏歌》第一首

“反覆华簟上”：写天真无邪的少女在床上偃卧之态。华簟，编织得华美的竹席。

“郎君未可前”二句：既对所欢表示礼敬，亦暗示自己守身端严，不可干以非义。

《夏歌》第二首

“思妇犹苦身”：思妇当为丝妇的双关语。此句已有后来宋人“昨日入城郭，归来泪满巾。遍身罗绮者，不是养蚕人”的愤怨。

“当暑理絺服”：絺是织得比较细密的葛布，始见《诗·周南·葛覃》。大概这位蚕妇，养蚕缫丝，尽被剥削者掠夺，只能自家服葛衣，把细密一些的寄给游子，而自己服用粗疏的了。

“持寄与行人”：行人，游子，思妇的丈夫。后两句是写一根藤上的苦

瓜，彼此互相关怀。

《夏歌》第三首

“暑盛静无风”二句：写夏天的气象体察入微，很能抓住它的特点。

“携手密叶下”二句：密叶下，即林荫下。曹丕《与吴质书》：“浮甘瓜于清泉，沉朱李于寒水。”以后成为消暑遣夏的习用成语。

《秋歌》第一首

“明月天色高”：明月疑当作“月明”，与上句“风清”始成的对。

“万结砧杵劳”：古代常用“百结衣”（见《南史·到溉传》）形容贫者之服。此言“万结”，则比“百结衣”还要破烂百倍。拆洗这样的衣裳是要特别劳费砧杵的。这首诗可以真的说得上“劳者歌其事”，是《子夜歌》的精粹部分。

《秋歌》第二首

这首诗设想奇特，境界恢弘，富有浪漫主义气息。因为想多种荷花，所以要把九州之广都掘为莲池。

“处处种芙蓉”二句：《尔雅·释草》：“荷，芙蕖。”注：“别名芙蓉。”婉转，似当为“宛转”，有“随意所之”的意思。“莲子”，亦“怜子”的双关隐语。

《冬歌》第一首

《子夜吴歌》并非尽是靡靡之音，观此可以概见。

《冬歌》第二首

“塗涩无人行”：塗，途古字通。涩字下得稳，且富于表现力。抓住雪地难行的具体特点。

“若不信侬时”二句：雪上迹，有两种寓意：第一，第一步一个脚印，踏踏实实；第二，当“万径人踪灭”的时候，“空谷足音”，就弥觉其难能可贵了。这种诗语浅而意深，志洁而情浓，最是抒情胜境。

《冬歌》第三首

按此首亦见于左思《招隐诗》，只“丹华”作“丹葩”，“何必”作“非必”为异。但究竟是左思采《子夜歌》，还是《子夜歌》作者采左思《招隐诗》，则不易遽下断语。

大子夜歌 二首

歌谣数百种，《子夜》最可怜。慷慨吐清音，明转出天然。

丝竹发歌响，假器扬清音。不知歌谣妙，声势出口心。

《大子夜歌》与一般《子夜歌》有显著不同之点，它并不抒情，而是对《子夜歌》表示赞颂，它似乎是《子夜歌》总的解题。它之所以称《大子夜歌》，可能就“大”在这里。

［注释］

第一首

“子夜最可怜”：最可怜，有最可喜爱和最受欢迎之意。

“慷慨吐清音”：激情满怀地倾吐着清脆的歌声。

“明转出天然”：明，有清晰响亮诸含义；转，指声音的高低洪细的转折变化。出天然，出之自然，言没有矫揉造作之气。

第二首

“丝竹发歌响”：歌响连用，在语法修辞上罕见；且与第三句歌字重复，疑“歌”字当是“声”字之误。

“假器扬清音”：假，凭借；器，乐器。丝器有琴、瑟、筝、琵琶之类；竹器有笙、笛、箫、管之类。

“不知歌谣妙”二句：“不知”意稍隔，似当为“不如”之误。势，当指情意而言。末句口字与上声字相应，心字与上势字相应，谓声出口而心出势。

按这一首的内在含义，是在表明《子夜歌》：“其始皆徒歌，既而被之管弦”（《晋书·乐志》）那种发展变化的过程，虽然是大势所趋，但这里有主次之分，不能本末倒置。因为晋朝社会上流行这样一种看法，认为乐器演奏，不如人口歌唱。《晋书·孟嘉传》记载这样一段故事：“（桓）温问曰：‘听妓，丝不如竹，竹不如肉（歌唱），何谓也？’嘉答曰：‘渐近自然。’”孟嘉的这种理论，正好和《大子夜歌》第二首的观点相一致。同时也可以间接证明《子夜歌》和娼妓生活保持着一定的联系。

华山畿 十九首

华山畿，君既为侬死，独生为谁施？欢若见怜时，棺木为侬开！

闻欢大养蚕，定得几许丝？所得何足言？奈何黑瘦为！

开门枕水渚，三刀治一鱼，历乱伤杀汝！

未敢便相许，夜闻侬家论，不持侬与汝。

懊恼不堪止，上床解要绳，自经屏风里。

啼著曙，泪落枕将浮，身沉被流去。

将懊恼，石阙昼夜题，碑泪常不燥。

别后常相思，顿书千丈阙，题碑无罢时。

奈何许！所欢不在间，娇笑向谁绪？

隔津叹，牵牛语织女，离泪溢河汉。

啼相忆，泪如漏刻水，昼夜流不息。

腹中如汤灌，肝肠寸寸断，教侬底聊赖？

相送劳劳渚，长江不应满，是侬泪成许。

奈何许！天下人何限？慊慊只为汝。

郎情难可道，欢行豆荚心，见荻多欲绕。

松上萝，愿君如行云，时时见经过！

夜相思，风吹窗帘动，言是所欢来。

长鸣鸡，谁知侬念汝，独向空中啼。

腹中如乱丝，愦愦适得去，愁毒已复来。

《华山畿》，《乐府诗集》卷四十六收入《清商曲辞·吴声歌曲》。题解引《古今乐录》曰：

《华山畿》者，宋少帝时《懊恼》一曲，亦变曲也。少帝时，南徐一士子从华山畿往云阳，见客舍有女子年十八九，悦之，无因，遂感心疾。母问其故，具以启母。母为至华山寻访，见女具说，闻感之因，脱蔽膝令母密置其席下，卧之当已。少日果差。忽举席见蔽膝而抱持，遂吞食而死。气欲绝，谓母曰："葬时车载从华山度。"母从其意。比至女门，牛不肯前，打拍不动。女曰："且待须臾。"妆点沐浴，既而出，歌曰："华山畿，君既为侬死，独活为谁施？欢若见怜时，棺木为侬开！"棺应声开，女透入棺。家人扣打，无如之何，乃合葬，呼曰神女冢。

按《华山畿》《乐府诗集》所载共二十五首。细检其内容，与《古今乐录》所载的故事有关者，只限于第一首，其余二十四首则绝大多数是独立成篇，彼此很少关联。且据《古今乐录》"《华山畿》者，宋少帝《懊恼》一曲，亦变曲也"之言，疑《懊恼》是曲的总称，而《华山畿》则是其中具有变格意味的一曲。且此二十五曲当中，第六曲的首句是"懊恼不堪止"，第八曲的首句是"将懊恼"，再加上第五曲全首，基本上和《懊侬歌》的末一首相同，只是第一句作"未敢便相许"，而《懊侬歌》的末一首第一句作"懊恼奈何许"为异。可见《古今乐录》的说法，是有事实根据的。《懊恼曲》的内容，是写失恋的烦恼，具有很浓郁的感伤气氛，在《吴声歌曲》中是独树一帜的。今选十九首。

［注释］

"宋少帝"：名义符，423年至424年在位，亦称废帝。

"南徐"：东晋侨置徐州于京口，后曰南徐，南朝宋因之。治所在今江苏省镇江市。

"华山"：在今江苏省句容县北。《嘉庆一统志》："江苏省·镇江府·山川：华山，在丹徒县东(疑为西)六十三里，即乐府所谓华山畿也。"

"云阳"：汉之曲阿，三国时吴改。故治在今江苏省丹阳县。

第一首

"畿"：旁，山脚下。

"为谁施"：做什么用，有何意义？

第二首

"定得几许丝"：几许，多少？丝，思的双关隐语。

"奈何黑瘦为?"：奈何，有"何苦如此"的意思。黑瘦，以蚕丝吐尽，黑瘦而僵，比喻人的容颜憔悴。

第三首

"开门枕水渚"：南徐或其他濒江地区。枕，靠近；水渚，即洲渚。

"三刀治一鱼"二句：上句是比喻，下句是正意。刀，可以理解为"人为刀俎，我为鱼肉"的"刀"，是切鲙用的；也可以理解为"曾不容刀"的"刀"，是"舠"的借字，是叉鱼用的小船。在旧社会，好事多磨，要想"有情人成为眷属”，是会遭到各方面的中伤陷害的。“历乱”，凌乱，意同糜烂，暗喻粉身碎骨。

第四首

此首基本同于《懊侬歌》的第十四首。可能是由后者修改而成，所以更觉文从字顺。

第五首

此首情节显然和《古今乐录》所载的《华山畿》本事不同，可见它是独立成篇的。

第六首

极夸张之能事。充分体现了民歌浪漫主义的特色。在浓郁的悲凉气氛中，先写枕浮，次写身沉，且终被流去；层次井然地由浅入深；大有始也滥觞，而终也涯涘汪洋，不辨牛马之势。

第七首

“将懊恼”：背上了烦恼的包袱。

“石阙昼夜题”二句：石阙，喻“碑”，暗切“悲”字；题，双关“啼”，系下“泪”字。

第八首

“顿书千丈阙”：顿，读如《列子·天瑞》：“凡一气不顿尽，一形不顿亏”的“顿”，意为立刻。全句意为：“想一气呵成地写完千丈高的石碑”。

“题碑无尽时”：题碑，双关“啼悲”。

第九首

“奈何许”：许，读《水浒》的“浒”，这句是惊叹词，意为“怎么处哟！”

“所欢不在间”：间，意为此间、这里。

第十首

“隔津叹”：津，指天河。

“离泪溢河汉”：溢，泛滥。河汉，天河、天汉。

第十一首

“漏刻水”：古时夜间用的一种计时器叫漏，有刻度。使水漏刻而下，以计算时间。

第十二首

“腹中如汤灌”：汤，沸水。

“教侬底聊赖”：底，何、怎样？聊赖，凭借的意思。蔡琰《悲愤诗》：“为复强视息，虽生何聊赖？”

第十三首

“相送劳劳渚”：《舆地纪胜》卷十七“江南东路·建康府·景物下：临沧观，在劳山，山上有亭七间，名曰新亭，中间名临沧观，晋周顗、王导等登之。顗曰：‘风景不殊，举目有山河之异’即此也。今名劳劳亭。”按：劳劳渚，即劳劳亭所在地。故址在今南京市南，古代为著名送别之所。

“是侬泪成许”：“成许”，使它成为这样，是呼应上句“长江不应满”说的；言外之意，而现在居然满了。这也是作者使用了浪漫主义的夸张写法。

第十四首

“慊慊只为汝”：慊慊，有所追求得不到满足而感到遗憾的思想状态。

第十五首

“郎情难可道”：男子汉的心，是令人捉摸不定的，是令人一言难尽的。

“欢行豆荚心”：南宋本、汲古阁本俱作“豆挟”，当是豆荚的形误。豆荚泛称豆秧，豆类作物茎端常有触须，缠绕于其他挺立植物之上。

“见荻多欲绕”：荻，多年生草本植物，生水边，有菼、萑蒹等异名。古诗《冉冉孤生竹》篇有“与君为新婚，菟丝附女萝”之句，这首诗所用的比喻，和它有相似之处。一个女性诗人，谴责男方爱情不专，朝秦暮楚，就和豆科作物一样，秧须到处伸展攀附，毫无节操。

第十六首

“松上萝”：比喻封建家庭的男女关系。男人挺拔直立，有如苍松；女子俯仰依人，有如茑萝，连一点自主权也没有。

“愿君如行云”二句：君指作者所欢，如行云，望其惠降雨露。见经过，到我娘家来看看我。

第十七首

易解。

第十八首

“长鸣鸡”：作者自喻。

“独向空中啼”：言“独”，则无和者可知；啼向空中，则肯定没有回响。

第十九首

“愦愦适将去”：愦愦，昏昏沉沉的样子；适将去，言烦恼正当快要忘掉的时候。

“愁毒已复来”：忧愁和怨恨又接踵而来。

读曲歌 十二首

奈何不可言！朝看莫牛迹，如是宿蹄痕。

计约黄昏后，人断犹未来。闻欢开方局，已复将谁期？

黄丝咡素琴，泛弹弦不断。百弄任郎作，唯莫《广陵散》。

思欢不得来，抱被空中语。月没星不亮，持底明侬绪？

诈我不出门，冥就他侬宿。鹿转方相头，丁倒欺人目。

侬心常慊慊，欢行由预情。雾露隐芙蓉，见莲讵分明！

非欢独慊慊，侬意亦驱驱。双灯俱时尽，奈许两无由。

相怜两乐事，横作无趣怒。合散无黄连，此事复何苦？

执手与欢别，合会在何时？明灯照空局，悠然未有期。

闻乖事难怀，况复临别离！伏龟语石板，方作千岁碑。

登店卖三葛，郎来买丈余。合匹与郎去，谁解断粗疏？

罢去四五年，相见论故情。杀荷不断藕，莲心已复生。

《读曲歌》，《乐府诗集》卷四十六入《清商曲辞·吴声歌曲》，原八十九首，此选十二首。题解引《宋书·乐志》《古今乐录》等书附会宋文帝刘义隆杀彭城王刘义康和南齐武帝游钟山掌故，似均脱离作品实际。按其思想内容，和《子夜歌》《懊侬歌》基本相似，旧乐书所以分门别类，可能是侧重朗读，与后二者有所不同。

［注释］

第一首

“奈何不可言”：悲愤语，或曰“奈何许”，意同现在说“怎么处”？

“朝看莫牛迹”二句：莫，古暮字，双关下“宿”字。牛迹，双关下“蹄痕”，“啼痕”又隐喻“啼痕”。“宿啼痕”意为“夜啼痕”。

第二首

“计约黄昏后”：计约，意为会约，亦即约会。

“人断犹未来”：人断，意为夜深，路上行人断绝。

“闻欢开方局”二句：开方局，意为摆好棋盘。下句“期”字，以同音“棋”字与上句关合。

第三首

“黄丝咡素琴”：《淮南子·览冥》：“蚕咡丝而商弦绝”。又《天文》作“蚕珥丝而商弦绝。”高诱注：“蚕老丝成，自中彻外，视之如金精珥，表里见，故曰珥丝。”按“珥丝”这一古典，又见《春秋繁露·郊语》，似与此处用法含义很不相同。此处“咡”字，意为张弦，作动词用。

“泛弹弦不断”：不按弦而弹叫做“泛弹”，发音低，但弦不易断。此句似喻“不要操之过急”。

“百弄任郎作”：弄，曲调。

“唯莫《广陵散》”：此句侧重点在末尾“散”字。关于《广陵散》的掌故，《世说新语·雅量》：“嵇中散（康）临刑东市，神气不变，索琴弹之，奏《广陵散》，曲终曰：‘袁孝尼尝请学此散，吾靳固不与。《广陵散》于今绝矣！’”《梦溪笔谈》解释说：“《广陵散》者，言王陵、毋丘俭辈皆在广陵败散，言魏散亡，自广陵始也。”“散”的引申义是分离。所以这句诗总的含义是：只要不让我们分离就好。

第四首

“持底明侬绪”：拿什么表明我内心的苦闷？

第五首

“诈我不出门”：欺骗我说绝不出门。

“冥就他侬宿”：冥，夜里，暗中。侬，此处作“人”字讲，不做“我”字讲。

“鹿转方相头”：鹿转，是旋转的意思。方相，《周礼·夏官》：“方相氏，掌蒙熊皮，黄金四目，玄衣朱裳，执戈扬盾，帅百隶而时难，以索室殴疫。大丧则先柩。”按方相到了汉代，称“颠头”。《说文·页部》：“颠，丑也，今逐疫有颠头。”字亦作魌，见《周礼·夏官》“方相氏”郑注。亦作倛，见《文选》应璩《与岑文瑜书》注引《淮南子》。

“丁倒欺人目”：丁倒，颠倒，谓给人以假象。按此诗末二句以“方相”暗喻“颠”字、“魌”字、“倛”字，目的在揭示对方“欺人目”的本质，此亦在用双关隐语。

第六首

“侬心常慊慊”：慊慊，诚恳、勤恳的样子。言对爱情始终不渝。

“欢行由预情”：行，实行；由预，同犹豫，意谓犹疑，形容爱情动摇。

“雾露隐芙蓉”二句：用双关隐语切下“见怜（莲的同音隐语）讵分明。讵，意为“岂”。

第七首

“侬意亦驱驱”：驱驱，似当作区区，爱也，见《广雅·释训》。

“奈许两无由”：许，意为“此”；无由，是“无油”的双关隐语；是从上句“双灯俱时尽”引出。

第八首

“横作无趣怒”：横，原作“黄”，南宋本、汲古阁本并误，当据上下文义改为“横”字。全句犹今言“无理取闹”。

“合散无黄连”二句：合，配合；散，此指中药丸、散、膏、丹的“散”，磨或碾捣成粉末状的药剂。黄连，著名苦药剂。这两句上句是比喻，下句是正意。

第九首

“执手与欢别”一首与《子夜歌》四十二首的第九首基本相同，只是后者第一句作“今夕已欢别”为稍异。

第十首

“闻乖事难怀”：听说彼此意见不合已经使人难为情了。

“伏龟语石板”二句：须一气读下。伏龟，指石碑下面的碑趺赑屃；一般都是刻石作大龟形，故曰“伏龟”。下句“方”字，直接上句末“石板”而言。因为碑身都是方形或长方形的石板；此处则双关“方才”的“方”。“千岁碑”，以同音双关“千岁悲”。

第十一首

“登店买三葛”：登店，可以想见南朝的店，都有很高的柜台。三葛，三种粗细不同的葛布。用葛的纤维织布，周初已然，见《诗·周南·葛覃》。

“合匹与郎去”：合匹，意为整匹，古代布帛，四丈为匹，见《汉书·食货志》。

“谁解断粗疏”：解，晓得，引申为打算；断，断绝关系；粗疏，以葛布的比较粗疏，双关男性的比较粗疏。这句抒情诗比较委婉曲折，意谓你的性格尽管有些粗枝大叶，但是我也不打算和你割断关系。

第十二首

“罢去四五年”：罢去，似不能理解为一般青年男女由热恋而变为冷落，似应理解为已婚夫妇因故而离异四五年之久，又有机缘相遇，前嫌尽释，言归于好。

“杀荷不断藕”二句：藕，双关“偶”字，比喻夫妇相匹配。莲心，双关“怜心”，意即爱情。

琴曲歌辞

南风歌

南风之薰兮，可以解吾民之愠兮；南风之时兮，可以阜吾民之财兮。

此诗《乐府诗集》卷五十七入《琴曲歌辞》。题解引《古今乐录》曰：

舜弹五弦之琴，歌《南风》之诗。

又引《史记·乐书》曰：

舜歌《南风》而天下治。《南风》者，生长之音也。舜乐好之，乐与大地同，意得万国之欢心，故天下治也。

诗二篇，此录其第二首。按《南风歌》之名，本之《礼记·乐记》："昔者舜作五弦之琴，以歌《南风》。"郑玄注："其辞未闻。"其辞始见于《尸子·绰子》："舜曰'南风之薰兮，可以解吾民之愠兮。'"只两句。至《孔子家语·辩乐解》云：

昔者舜弹五弦之琴，造南风之诗。其诗曰："南风之薰兮，可以解吾民之愠兮；南风之时兮，可以阜民之财兮。"唯修此化，故其兴也勃然；德如泉流，至于今。王公大人，述而弗忘。

我们认为：从这首诗的佚文始见载于战国中期尸佼的著作来看，其产生的年代是比较晚的，而且文词浅易，不可能是大舜的作品。不是大舜的作品，那么是谁的呢？《梦溪笔谈》卷二十四《杂志》一：

解州盐泽之南，秋夏间多大风，谓之"盐南风"。……解盐不得此风不冰(结晶)，盖大卤之气相感，莫知其然也。

又《松窗梦语》卷二：

> 蒲州为古蒲坂，即虞帝都。盐池所产为形盐。
>
> 解盐不俟人工煎煮，惟夜遇南风，即水面如冰涌，实天地自然之利。大舜抚弦歌《南风》之诗，“可以阜财”正指此也。

这两则古人笔录，都有助于我们今天对《南风歌》的理解。“南风”是“盐南风”的简称。《南风歌》是古蒲州（今山西永济）盐池左近居民总结制盐经验之作。只因地近传说中的古虞都（蒲坂），所以被封建的王公大人把这首诗的著作劳绩记在大舜的名下。《松窗梦语》的作者虽然意识到此诗产生的社会因素，但仍囿于成说，不敢把作品的著作劳绩归还人民，这是对历史真相仍存一间之隔。也有人看到《南风歌》作者为虞舜的说法有问题，竟斥《南风歌》为伪作。这种做法也近于简单粗暴，吾所不取。

杂曲歌辞

羽　林　郎　辛延年

> 昔有霍家奴，姓冯名子都。依倚将军势，调笑酒家胡。胡姬年十五，春日独当垆。长裾连理带，广袖合欢襦。头上蓝田玉，耳后大秦珠。两鬟何窈窕！一世良所无。一鬟五百万，两鬟千万余。“不意金吾子，娉婷过我庐。银鞍何煜爚，翠盖空踟蹰。就我求清酒，丝绳提玉壶。就我求珍肴，金盘鲙鲤鱼。贻我青铜镜，结我红罗裾。不惜红罗裂，何论轻贱躯！男儿爱后妇，女子重前夫。人生有新故，贵贱不相逾。多谢金吾子，私爱徒区区！”

此诗《乐府诗集》卷六十三入《杂曲歌辞》。其历史背景，朱乾《乐府正义》做了如下的考证：

> 按后汉和帝永元元年，以窦宪为大将军。窦氏兄弟骄纵，而执金吾景尤甚；奴客缇骑，强夺财货，篡取罪人妻，略妇女，商贾闭塞，奴避寇仇。此诗疑为窦景而作，盖托往事以讽今也。

朱氏所举的史实，很多可以与此诗情节拍合，是比较恰切，能够说明问题的。但文学作品反映社会现实，往往是作者立足于概括广阔的生活实践，而非仅仅局限一人一事。

在汉代，有钱有势的权豪、贵族可以肆无忌惮地霸占或掠夺民间妇女，当时已经形成一种严重的社会问题。例如《后汉书·梁节王刘畅传》，载畅有小妻多达三十七人；《乐成靖王刘党传》，载党为了霸占民间章初的妻子哀置而收买哀置的姐姐杀死妹夫。诸如此类的例子，见于史书的记载还可以举出很多。但是比起社会生活实际，还恐怕是挂一漏万的。所以我们认为这篇作品所反映的社会生活现实，很有典型意义。除此以外，我还想对现在通行的一些注本提点补充意见。

第一，“酒家胡”：指西北少数民族，据其当时生活地区习称西域。其杂居内地者，多以商贩为业，因得“西域贾胡”之称。如《后汉书·马援传》：

> 伏波类西域贾胡，到一处辄止。

其证一。又同书《西域传论》说：

> 商胡贩客，时款于塞下。

此商胡贩客，亦专指西北诸兄弟民族而言，其证二。

此诗主人公胡姬既有绝大可能是西域人，则诗中“耳后大秦珠”的描写，就不一定完全属于夸张性质，而应当认为可能还是以现实生活做基础的。因为《后汉书·西域传》所载西域诸国中，其中有一个就是大秦国。并且这样介绍它说：

> 其人民皆长大平正，有类中国，故谓之大秦。土多金钱奇宝，有夜光璧、明月珠、骇鸡犀、珊瑚、琥珀、琉璃、琅玕，朱丹青碧，刺金缕绣，织成金缕罽、杂色绫……

这些文献记录，有助于我们对此诗主人公胡姬服饰特盛的理解。因为它不仅带有西北地区特色，而且带有民族服饰特征。

此诗主人公胡姬对待狎侮者，态度既严肃而又泼辣，和《陌上桑》里俏皮而又机智的罗敷有所不同。她给人的印象是：唇如枪，舌如剑，快人快语，没有分毫奴颜媚骨；和倚势欺人而又举动轻佻的奴才“冯子都”的性格形成鲜明的对照。在这首诗里，卑贱的主人公是胜利者而不是失败者，高贵的金吾子是失败者而不是胜利者。作品的整个气氛是正气压倒了邪气，女方战胜了男方。她给人们的精神力量是鼓舞的，积极的，昂扬的，因此我们应当给她以较高的评价。

第二，“男儿爱后妇，女子重前夫”两句里的“后妇”与“前夫”，具体在这篇作品里，恐怕不能理解为再婚(古称再醮)之妇和续娶之夫。因为主人公胡姬自认为是有夫之妇，而且肯定“冯子都”是有妇之夫。所以这里的“后妇”，当指小妾；这里的“前夫”，即指本夫。可见这两句诗的含义，绝不是仅限于一般地讥讽男人的喜新厌旧，停妻再娶，宣扬妇女的义无二适，从一而终；而是旨在反对男人纳妾，并为此而肆意掠夺良家妇女的非法行为。

第三，“人生有新故”，意与《上山采蘼芜》“新人不如故”同。这里是胡姬正告金吾子：即使君有“喜新”之心，其奈我无“厌旧”之意！也是枉费心机。

第四，“贵贱不相逾”：此诗的思想高度，还具体体现在胡姬这句著名的对话上。这句话之所以著名，不仅仅是由于它准切地揭露了封建社会贵与贱相对立的阶级矛盾，而且更重要的是以此为武器，捍卫了贫贱者的尊严，戳穿了高贵者的丑恶。这和《彤管集》所载舍人韩凭妻回击宋康王想掠夺她为妾时所作的诗句一样，都是古代庶民阶层蔑视权贵的不朽名作：

南山有鸟，北山张罗；鸟自高飞，罗当奈何！
乌鹊双飞，不乐凤凰；妾是庶人，不乐宋王！

最后，我们还想谈谈，此诗以胡姬为主人公，在题材的选择上，也是别开生面的；因为它体现了我国古代优秀作家对各民族人民一视同仁的进步观点。我国各族人民从来是团结友爱和睦相处的。矛盾冲突总是由各族的反动上层挑起，特别是大民族的反动上层。而这篇作品，却揭露了在民族压迫(汉族调戏少数民族妇女)下所掩盖的阶级(贵、贱)压迫实质，在思想深度上，也是比较突出的。

白马篇 曹植

白马饰金羁，连翩西北驰。借问谁家子？幽并游侠儿。少小去乡邑，扬声沙漠垂。宿昔秉良弓，楛矢何参差。控弦破左的，右发摧月支。仰手接飞猱，俯身散马蹄。狡捷过猿猴，勇剽若豹螭。边城多警急，虏骑数迁移。羽檄从北来，厉马登高堤。右驱蹈匈奴，左顾陵鲜卑。弃身锋刃端，性命安可怀？父母且不顾，何言子与妻！名在壮士籍，不得中顾私。捐躯赴国难，视死忽如归。

此诗《乐府诗集》卷六十三入《杂曲歌辞·齐瑟行》。与《名都篇》《美女篇》一样都是节取诗的头两个字做篇名，这大概是继承《诗经》“首句标其目”的传统。

此诗的写作年代，我们认为当在曹操生前，即其《求自试表》所称“臣昔从先武皇帝南极赤岸，东临沧海，西望玉门，北出玄塞”之时，故诗但言“蹈匈奴”“陵鲜卑”，而不及吴蜀南方。朱嘉徵《乐府广序》、朱乾《乐府正义》认为此诗是以“二方未克为念”“志在擒权馘亮”，则是由于误解《求自试表》原文而妄为之说。为了正确探索此诗写作历史背景，我们认为《三国志·魏志·乌丸鲜卑东夷传序》是最恰切的史料。兹备援引之于下：

《书》载“蛮夷猾夏”，《诗》称“猃狁孔炽”，久矣其为中国患也。秦汉以来，匈奴久为边害。孝武虽外事四夷……然皆在荒服之外，不能为中国轻重。而匈奴逼于诸夏。胡骑南侵则三边受敌，是以屡遣卫霍之将，深入北伐，穷追单于，夺其饶衍之地。后遂保塞称藩，世以衰弱。建安中呼厨泉南单于入朝，遂留内侍，使右贤王抚其国，而匈奴折节，过于汉旧。然乌丸鲜卑，稍更强盛。亦因汉末之乱，中国多事，不遑外讨，故得擅汉漠南之地，寇暴边邑，杀略人民，北边仍受其困。会袁绍兼河北，乃抚有三郡乌丸，宠其名王而收其精骑。其后尚、熙又逃于蹋顿（乌丸首领），蹋顿又骁武，边长老皆比之冒顿。恃其阻远，敢受亡命，以雄百蛮。太祖潜师北伐，出其不意，一战而定之。夷狄慑服，威振朔土。遂引乌丸之众，服从征讨，而边民得用安息。后鲜卑大人轲比能复制御群狄，尽收匈奴故地，自云中五原以东迄辽水，皆为鲜卑庭，数犯塞，幽并苦之……

这一段史家论述，颇足以帮助我们准确地掌握曹植此诗的历史时代，是在曹操征讨三郡乌丸取得胜利时期，时当建安十二年十一月以后。这次胜利结果：

代郡乌丸行单于普富卢、上郡乌丸行单于那楼将其名王来贺。（《三国志·魏志·武帝纪》）

因为此时乌丸已经战败归附，放弃敌对军事行动，而鲜卑大人的虏掠活动，造成幽并人民生活的严重威胁。《魏志·乌丸鲜卑传》所记“后鲜卑大人轲比能复制御群狄，尽收匈奴故地，自云中五原以东迄辽水，皆为鲜卑庭，数犯塞，幽并苦之”云云，正是此诗所反映的历史生活现实。当时侵扰北中国的强大部族，主要是鲜卑大人及其所操纵的军事部属。此时匈奴已成强弩之末，在作品中只能看作是陪衬之笔。不过因为他们侵略北中国由来已久，所以它就具有爱国人士增强敌忾心的反作用。所以诗家联类而及，在艺术上产生了积极效果。

曹植此诗，对参加反侵略战争的幽并健儿备极歌颂，符合当时的时代要求，此点应当充分肯定。而且自从《诗经·东山》等篇以后，凡写行役从军之作，多以“劳人思妇”为主题。即使作者的父亲睥睨一世的英雄曹操，当其作《苦寒行》时，尚不能脱尽“三百篇”窠臼，更不用说曹丕《燕歌行》以下了。此诗结尾，警句联翩，如“父母且不顾，何言子与妻……捐躯赴国难，视死忽如归”之语，一股英挺之气，致使我们千载之下，读了犹感充塞两间。谓之屈子《国殇》嗣响，谁曰不宜！

［注释］

“连翩西北驰”：此探下文“右驱蹈匈奴，左顾陵鲜卑”之言，因为匈奴在西而鲜卑在北，东汉时北方少数民族的分布状况如此。

焦仲卿妻

序曰：汉末建安中，庐江府小吏焦仲卿妻刘氏，为仲卿母所遣，自誓不嫁。其家逼之，乃投水而死。仲卿闻之，亦自缢于庭树。时人伤之，为诗云尔。

孔雀东南飞，五里一徘徊。“十三能织素，十四学裁衣。十五弹箜篌，十六诵诗书。十七为君妇，心中常苦悲。君既为府吏，守节情不移。鸡鸣入机织，夜夜不得息。三日断五匹，大人故嫌迟。非为织作迟，君家妇难为。妾不堪驱使，徒留无所施。便可白公姥，及时相遣归。”

府吏得闻之，上堂启阿母：“儿已薄禄相，幸复得此妇。结发同枕席，黄泉共为友。共事二三年，始尔未为久。女行无偏斜，何意致不厚？”阿母谓府吏：“何乃太区区！此妇无礼节，举动自专由。吾意久怀忿，汝岂得自由！东家有贤女，自名秦罗敷。可怜体无比，阿母为汝求。便可速遣之，遣去慎莫留。”府吏长跪告，伏惟启阿母：“今若遣此妇，终老不复取！”阿母得闻之，槌床便大怒：“小子无所畏，何敢助妇语！吾已失恩义，会不相从许！”

府吏默无声，再拜还入户。举言谓新妇，哽咽不能语。“我自不驱卿，逼迫有阿母。卿但暂还家，吾今且报府。不久当归还，还必相迎取。以此下心意，慎勿违吾语！”新妇谓府吏：“勿复重纷纭！往昔初阳岁，谢家来贵门。奉事循公姥，进止敢自专？昼夜勤作息，伶俜萦苦辛。谓言无罪过，供养卒大恩。仍更被驱遣，何言复来还？妾有绣腰襦，葳蕤自生光。红罗覆斗帐，四角垂香囊。箱帘六七十，绿碧青丝绳。物物各自异，种种在其中。人贱物亦鄙，不足迎后人。留待作遣施，于今无会因。时时为安慰，久久莫相忘！”

鸡鸣外欲曙，新妇起严妆。着我绣裌裙，事事四五通。足下蹑丝履，头上玳瑁光。腰若流纨素，耳著明月珰。指如削葱根，口如含朱丹。纤纤作细步，精妙世无双。上堂谢阿母，母听去不止。“昔作女儿时，生小出野里。本自无教训，兼愧贵家子。受母钱帛多，不堪母驱使。今日还家去，念母劳家里。”却与小姑别，泪落连珠子。“新妇初来时，小姑始扶床。今日被驱遣，小姑如我长。勤心养公姥，好自相扶将。初七及下九，嬉戏莫相忘！”出门登车去，涕落百余行。

府吏马在前，新妇车在后。隐隐何訇訇！俱会大道口。下马入车中，低头共耳语：“誓不相隔卿。且暂还家去，吾今且赴府。不久当还归，誓天不相负。”新妇谓府吏：“感君区区怀！君既若见录，不久望君来！君当作磐石，妾当作蒲苇。蒲苇纫如丝，磐石无转移。我有亲父兄，性行暴如雷。恐不任我意，逆以煎我怀。”举手长劳劳，二情同依依。

入门上家堂，进退无颜仪。阿母大拊掌：“不图子自归！十三教汝织，十四能裁衣。十五弹箜篌，十六知礼仪。十七遣汝嫁，谓言无誓违。汝今无罪过，不迎而自归？”“兰芝惭阿母，儿实无罪过。”阿母大悲摧。

还家十余日，县令遣媒来。云“有第三郎，窈窕世无双。年始十八九，便言多令才。”阿母谓阿女：“汝可去应之。”阿女衔泪答：“兰芝初还时，府吏见丁宁，结誓不别离。今日违情义，恐此事非奇。自可断来信，徐徐更谓之。”阿母白媒人：“贫贱有此女，始适还家门。不堪吏人妇，岂合令郎君？幸可广问讯，不得便相许。”

媒人去数日，寻遣丞请还。说“有兰家女，承籍有宦官。”云“有第五郎，娇逸未有婚。遣丞为媒人，主簿通语言。”直说：“太守家，有此令郎君。既欲结大义，故遣来贵门。”阿母谢媒人：“女子先有誓，老姥岂敢言？”阿兄得闻之，怅然心中烦。举言谓阿妹：“作计何不量！先嫁得府吏，后嫁得郎君。否泰如天地，足以荣汝身。不嫁义郎体，其往欲何云？”兰芝仰面答：“理实如兄言。谢家事夫婿，中道还家门。处分适兄意，那得自任专？虽与府吏要，渠会永无缘。登即相许和，便可作婚姻。”媒人下床去，诺诺复尔尔。

还部白府君：“下官奉使命，言谈大有缘。”府君得闻之，心中大欢喜。视历复开书，“便利此月内。六合正相应。良吉三十日，今已二十七，卿可去成婚！”交语“速装束”！络绎如浮云。青雀白鹄舫，四角龙子幡。婀娜随风转，金车玉作轮。踯躅青骢马，流苏金镂鞍。赍钱三百万，皆用金丝穿。杂综三百匹，交广市鲑珍。从人四五百，郁郁发郡门。

阿母谓阿女：“适得府君书，明日来迎汝。何不作衣裳，莫令事不举！”阿女默无声，手巾掩口啼，泪落便如泻。移我琉璃榻，出置前窗下。左手持刀尺，右手执绫罗。朝成绣袂裙，晚成单罗衫。晻晻日欲暝，愁思出门啼。府吏闻此变，因求假暂归。未至二三里，摧藏马悲哀。新妇识马声，蹑履相逢迎。怅然遥相望，知是故人来。举手拍马鞍，嗟叹使我伤。“自我别君后，人事不可量。果不如先愿，又非君所详。我有亲父母，逼迫兼弟兄。以我应他人，君还何所望！”府吏谓新妇：“贺卿得高迁！磐石方且厚，可以卒千年。蒲苇一时纫，便作旦夕间。卿当日胜贵，我独向黄泉。”新妇谓府吏：“何意出此言！同是被逼迫，君尔妾亦然。黄泉下相见，勿违今日言！”执手分道去，各各还家门。生人作死别，恨恨那可论！念与世间辞，千万不复全。

府吏还家去，上堂拜阿母：“今日大风寒，寒风摧树木，严霜结庭兰。儿今日冥冥，令母在后单。故作不良计，勿复怨鬼神！命如南山石，四体康且直！”阿母得闻之，零泪应声落：“汝是大家子，仕宦于台阁。慎勿为妇死，贵贱情何薄？东家有贤女，窈窕艳城郭。阿母为汝求，便复在旦夕。”府吏再拜还，长叹空房中，作计乃尔立。转头向户里，渐见愁煎迫。

其日牛马嘶，新妇入青庐。奄奄黄昏后，寂寂人定初。“我命绝今日，魂去尸长留。”揽裙脱丝履，举身赴清池。府吏闻此事，心知长别离。徘徊庭树下，自挂东南枝。

两家求合葬，合葬华山傍。东西植松柏，左右植梧桐。枝枝相覆盖，叶叶相交通。中有双飞鸟，自名为鸳鸯。仰头相向鸣，夜夜达五更。行人驻足听，寡妇起彷徨。多谢后世人，戒之慎勿忘。

此诗首见载于《玉台新咏》卷一，题为“古诗”，《乐府诗集》卷七十三入《杂曲歌辞》。

这首被明朝王世贞《艺苑卮言》称为“长诗之圣”的《焦仲卿妻》，不仅因为它长(全诗三百五十三句，一千七百六十五字)，而且更重要的是：它是创始于二世纪的民间口头创作，集中了人民的智慧，凝聚了人民的血泪；不仅仅是成功地塑造了众多鲜明生动的人物形象，而且准确地描绘了封建社会压迫者和被压迫者相互关系；从而揭露了封建社会的吃人本质，歌颂了善良人民不慕荣利的崇高品德。关于这一切，解放后已有许多同志发表过专论，做过精辟的阐述，特别是对人物的性格方面，有许多分析是非常中肯的。关于这些，我就不想再重复。不过我也十分同意唐弢的意见：

目前，对这篇伟大的现实主义诗作还缺少正面的具体的分析，因而在某些关键性的问题还是十分模糊的。很希望从事古典文学研究的同志作进一步的解释。(见唐弢同志《谈故事诗“孔雀东南飞”》一文在重版后所加的按语。原作发表于 1954 年 3 月 28 日《解放日报》，1957 年 4 月转载于作家出版社《乐府诗研究论文集》)

我对唐弢的看法深有同感。事实上和唐弢具有同一看法的，还大有人在。譬如说：诗中所写县令和郡守向刘家求婚是否真有其事？余冠英同志在他所写的《介绍“孔雀东南飞”》一文，就曾经这样地提出过，而没有表示他自己对这一问题的看法，这就表明对这一现实主义的伟大诗作中的某些具体情节究应如何理解，以及带有更关键性的问题，如其主题思想到底是什么？都有待于我们进一步探索。

过去，我对这一问题曾经发生过这样的疑问：汉代门阀观念极严，贵与贱，贫与富之间是隔着一道不可逾越的鸿沟的。兰芝只因出身贫贱，嫁给一个郡小吏，尚且遭到她婆母的鄙薄，即使日夜不休息地织作，也终于逃不脱无辜被遣的命运。这就反映当时的封建等级观念是如何的牢不可破！而县令和郡守独能一反常态，为子求婚，多少门当户对的贵族小姐都看不到眼里，单独属意于一个乡村被休的贫家少妇，这在现实生活中是可能的吗？如此扑朔迷离的故事情节，实在是耐人寻思。

有的同志对待这一疑问试作不太肯定的解答。如孙望同志在其所作《从"孔雀东南飞"的地理背景谈"孔雀东南飞"》，曾经这样写道：

> 我觉得《孔雀东南飞》这首诗中的事迹，可以分成两个部分来研究：一是真实性的事实部分，一是经诗人改变了原有事迹的或添饰穿插的部分。诗中的主要情节，如焦母迫逐兰芝，兰芝的哥哥强迫兰芝改嫁……是属于前一种情形的。而像……"县令遣媒来，云有第三郎"，以及"直说太守家，云有第五郎"等，则是属于后一种情形的。这些，大概是诗人根据了某些事实而加以改变或添饰穿插的。所谓太守、县令，所谓三郎、五郎，都显示着随手拈来的迹象。诗人或许为了要加强兰芝钟情于仲卿的描写，为了要突出兰芝不慕权贵，不为强暴所屈辱的高贵品质与坚定意志，因而把县令、太守等人物来代替原有那些人物。同时，为第五郎求婚的庐江太守，照说就是仲卿所工作的衙门的顶头上司。诗人这样安排人物的关系，是有着一定的作用的。"（见 1954 年 9 月 7 日《光明日报·文学遗产》19 期）

孙望同志这样分析问题、解决问题的办法我们不能同意。

首先，因为他这样推论是脱离了作品的实际。作品用二十三句写了县令求婚，用了六十二句写了郡守求婚，两者合计，在全诗三百五十三句当中，约占将近四分之一的篇幅。而且在这两起求婚事件中，有好几个在说话、行动着的人物，都被写得入情合理，穷形尽相。这些人物形象、故事情节，如果不是从现实社会生活中概括提炼，而只是由作者信手拈来，试问在艺术上能够取得如此卓越的成就吗？

其次，如果县令和太守求婚的事情根本没有，而只是由于作者主观上想突出主人公兰芝的不慕权贵的崇高品质和不畏强暴的坚强意志而添饰穿插的空中楼阁，那岂不等于承认主人公的上述性格特征是出于作者故弄玄虚的镜花水月了吗？那岂不等于造成作者在暴露封建统治者的罪恶行径和歌颂人民的反抗斗争这个带有关键性的重大问题上持的反现实主义的态度么？这种脱离实际的"想当然"的作品分析，我们不能同意。

我们分析的结果，所得的结论恰好和孙望同志相反，不但认为太守求婚是实有其事，而且认为只有太守求婚一事才是左右故事诗全局的关键性问题，才是迫使兰芝、仲卿这对青年夫妇走上自杀道路的决定性因素。其他因素虽然存在，但都只是流而非源，是枝叶而非根本，是后果而非基因。不过在这流与源、枝叶与根本、后果与基因之间，作为社会现象反映在文艺作品中，展示出来的相互关系，有时却是颠倒的。因此我们如果不能透过现象看本质，就很容易导致认识上的迷惘，判断上的错误。例如在此诗的研究讨论中，有不少同志的文章把作品所反映的主要矛盾归结为兰芝、仲卿与焦母、刘兄的矛盾，就反映这种情况。

诚然，在诗作中，焦母、刘兄都是应当诅咒的角色，在旧社会的家庭中也时常会碰到这样的人物。他们凭借家长的地位，独断专行，给青年男女制造了无边的痛苦。但是我们到底也不能无视：他们既是各自的家庭一成员，又是整个的社会一个体。无论他们的个人也好，他们的家庭也好，都不能超然于整个社会之外、历史传统之中。从焦母的经济地位看，在家庭里是支配者，在社会上则是受支配者。因为焦仲卿自身为庐江小吏，他的顶头上司是郡太守，这样的社会关系，在焦母头脑中是占据压倒一切的统治地位的。正是因为这样，焦家内部争吵一发生，仲卿就马上对兰芝说："吾今且报(有的注本主张改为'赴'字，不知'报'字是故事全局的重要伏线，千万改不得)府"，这就不啻暗示我们，兰芝的被逼改嫁，从一开始郡太守就已经掌握了情况的。我们分析问题，能够把全副精力，只着眼于一人一事，而不考虑其他可能起作用的因素吗？

此外还有：焦母今天是婆婆，昨天肯定也做过媳妇；兰芝今天的血泪史，是否她过去也有过一段呢？拿常识来判断，她过去肯定是会有的。不但她会有，甚至她的上一代，上两代，以此类推，追溯到族权开始建立的上古时代，大约也都不会有什么两样吧！从整个历史的发展来看，她只是一个封建礼教传统的承担者，是一个毫无觉悟的糊涂虫；把上一代欠下她的债，责令自己的下一代偿还，事实不过如此而已。把她夸大为迫害这对青年男女的元凶祸首，未免是选错了主攻对象。

焦母是个依靠孤子弱女度日的老寡妇，满脑子金钱势力，是一个最容易接受贿买的对象。钱能使鬼，它能够让一个意志薄弱的人丧失理性，干出恶果自食的蠢事。兰芝、仲卿双双自杀之后，她晚景的凄凉是可以肯定的。但就是这样一个昏头昏脑的老妇人，她在冷酷的现实生活教育下，似乎也终于清醒过来了。否则兰芝、仲卿死后，她家只剩一个女娃子，除她以外，这求合葬的两家中一家，主持者还有谁呢？人民十分清楚：这两家的家长和兰芝、仲卿一样，都是受害者，都是自己人，自己人就要团结。“求合葬”既反映了两家受害者的意愿，也体现了广大人民的共同要求。诗人对悲剧的发生，是深致痛悼、反复咏叹的。临近结尾又写上这么一句：“寡妇起彷徨”，这不明明告诉众寡妇，要从焦母见财起意，上当受骗，自残骨肉，落得家破人亡的惨痛经验中，吸取教训吗？

焦母如此，刘兄亦然。他的家庭成分和仲卿不同，可能是个农户，乡村间比较富裕的小土地所有者；这从兰芝“生小出野里”的对话中，大体可以得到证明。这样的家庭，是古代封建宗法制度的社会基础；夫权即男子特权在这里占有特别优越的地位。所以他和母亲的关系与仲卿和母亲的关系大不相同。他是一家之主，连母亲也得听命于他；这点兰芝了解得比谁都清楚。这个人粗暴而又庸俗，他蛮横无理地逼妹改嫁，还自以为是替她谋求到一条走向安富尊荣的生活出路，没想到是把她送上死路，这个人是带有几分市侩气的糊涂虫。但是尽管如此，我们仍然不能不看到，他干下这桩蠢事，是内受封建宗法传统的约束，外受金钱势力的诱惑。但是如果没有兰芝被遣归宁的事情发生于前，没有太守派遣郡丞登门作伐的事情继之于后，则这桩蠢事，他还是无从做起的。即使干了蠢事，论其本质，仍然是属于过失性的；绝不应该把他的这一错误看成是妹妹自杀的决定因素。

但是聪明正直的女主人公兰芝当然心里明白：没有太守求婚就不会有哥哥逼嫁，这里有一个主、从之分。而太守求婚肯定是不怀好意的，但他的权势是远远超过焦母与刘兄的，所以她最后不得不下最大的决心，用生命来捍卫自己对仲卿的庄严宣誓。

不能把焦母、刘兄与兰芝、仲卿的矛盾归结为作品的主要矛盾。主要矛盾只存在于庐江太守与下层属吏亲眷之间。

悲剧的本事应当是这样：已有妻室的庐江太守因见下级属吏焦仲卿妻刘兰芝年轻貌美，欲娶为妾；但碍于自己是仲卿的上司，直接下手，恐遭仲卿反对，幕僚非议。于是施展阴谋手段，利用焦氏婆媳感情固有裂痕，贿买焦母，扩大焦家内部矛盾，结果兰芝被遣，回到娘家。就这样，兰芝和仲卿的夫妇关系，在形式上是被一刀斩断了，长官和属吏间的冲突也毫不费力地避开了。但老谋深算的太守做贼心虚，生怕丑行败露，在自己正式派人求婚之前，先放一道烟幕，让亲信爪牙串演一幕县令为子求婚的丑剧，不想一下被刘母识破，用两句貌似谦恭实系揭底的话语顶了回去。即事属主谋者“佯攻”，当然不计成败，一切按照预定的计划进行。

下文续写太守遣媒求婚：“媒人去数日，寻遣丞请还。说有兰家女，承籍有宦官；云有第五郎，娇逸未有婚，遣丞为媒人，主簿通语言：直说太守家，有此令郎君；既欲结大义，故遣来贵门。”这十二句诗十分重要，但有些地方比较费解：首先，这十二句诗没有主语，所以主语到底是谁？这是首先必须弄清的问题。余冠英同志认为：“寻遣丞请还”以下三句的主语，是县令和县丞，“遣丞”的主语是县令，“请还”以下的主语是县丞。这样注释，不但弄得这段文字的语法结构，过于错综复杂，令人难于索解，而且会使人误认，这段情节安排：一方面舍本逐末，另一方面又顾此失彼(前者是对太守求婚这一主要线索来说，县令求婚，仅只是个插曲，没有必要多费笔墨；后者是对“为子择配”这一当前任务来说，有男缺女，也难结两姓之好)。我的意见则是：自此以下至“便可作婚姻”一大段，是紧接上段之后，以刘家为基点而进行铺叙的。因为这时故事情节的走向已随女主人公的行迹从焦家移到刘家，所以“去”（走开)也好，“还”（又来)也好，都是从这一基点出发而立言的。“寻遣丞请还”的主语，细味前后文势，当是太守而非县令；“丞”字的含义当是“郡丞”而非“县丞”。“请”字的意思是“求婚”而非“请命”，“还”的意思是“又来到刘家”而非“回到县令那里去报命”。连用“说有”“云有”领起的四句是介绍准备说亲的男女两造的家世和各自的具体情况。“遣丞为媒人”以下两句，是郡丞、主簿自述奉上峰使命，到此说媒。“直言太守家”以下四句，是转述太守遣媒时，特别嘱咐他们，要一再炫耀这边是达官显宦，用以竦动对方，使其就范。以上这十二句是描写郡丞、主簿在太守指派、授意之下，来到刘家提亲；话语虽是媒人讲的，“点子”却是太守出的。因为大家对作品的理解有分歧，所以我想提出几个问题来谈谈自己的想法。

第一，“说有兰家女”句，从整个文势看，此句和下面“云有第五郎”遥遥相对，是指打算订立婚约的男女青年两造的女方而言，“兰家女”只能是兰芝，不会是另指别人。在汉代，“家”“姑”两字可以通用，故“曹大家”意即“曹大姑”。“家女”意即“姑女”，亦即“姑娘”，故“兰家女”意即“兰姑娘”。现在华北广大地区犹称待嫁女为“坐家女”，证以此诗，可知其源流之古。兰芝的所以被遣，是由于兰芝所说“生小出野里”，而这里偏偏说她“承籍有宦官”（意为考之籍贯，上代也有人做官），这应当是太守派遣媒人的时候，教他们向对方这么讲的。这一方面可以释僚佐之疑，另一方面又可以结对方之欢，杜对方之口；其用心之苦，于此可以概见。

第二，“云有第五郎”两句，如果理解停留在字面上，倒也不一定是无中生有的假话；问题是太守求婚，是为儿子还是为自己？大约是唯有天知道，只不过是听他这么说说而已。所以在这十二句太守遣媒说亲的叙述中，诗人连用“说有”，“云有”，“直说”十分醒目的字眼，揆其用意，不外是想启发读者，这些情况都不过是太守对僚佐面授机宜，是否真实？都是大成问题的。例如：第一，前文兰芝明明自称：“生小出野里”，而这里太守却硬说她“承籍有宦官”，这岂不是当面扯谎吗？第二，太守为子择配，为何不选大家闺秀？而偏找民间弃妇。兰芝此时僻处乡里，如非别有隐情，在不过数日的短暂时间，何缘竟蒙太守垂注？如此种种，不是表明这里大有蹊跷吗？

再看下文，郡丞、主簿说媒成功，回府报命，只见：“府君得闻之，心中大欢喜。视历复开书，便利此月内，六合正相应。良吉三十日，今已二十七。卿可去成婚，交语速妆束！”那种情急如火，按捺不住的丑态，真有呼之欲出的神气；这种绘声绘形的人像描写，如果不是作者从现实生活中提炼得来，试问能够达到如此卓越的艺术成就吗？

我们通过上面对作品的简单分析，可以做出这样的结论：郡太守掠夺属吏焦仲卿妻是真，而对僚佐扬言为子求婚是假；但是由于他身为长吏，如果明目张胆，掠夺人妻，则一定会导致物议沸腾，弄得身败名裂。所以要了许多花招，放了许多烟幕。但十目所视，千夫所指，任何阴谋诡计是终究要败露的。这个心怀鬼胎的太守，为了防备过早出面可能丢丑，在遣丞为媒之前，先搞一个什么县令求婚；但是这一着马上被刘母识破：“不堪吏人妇，岂合令郎君？”只用了两句十个字，就把骗婚者的画皮剥得一干二净。人民对县令为子求婚，作如是观；为太守“为子”求婚，不是也可以依此类推吗？我们按照诗人所提示的这个基本线索，再回过头来分析本诗，则如网在纲，许多疑难问题都可以迎刃而解。譬如诗的开头，写焦家的内部争吵，虽然是由焦母挑起，但焦母挑起这场家庭纠纷，是否只因为她做了封建家长，封建礼教的传统对她特别深？除此之外，别无其他更重要的原因？根据我们的分析：从作品本身并找不出焦家内部有什么不可调和的矛盾。焦母是个寡妇，儿子仲卿在郡当差，媳妇兰芝勤劳智慧，客观上是一个可以和睦相处的家庭。但是有谁料到，就是这样一个家庭，不久起了平地风波，这样一个媳妇，居然被遣成为弃妇，并被迫改嫁，走向自杀道路。即使家长焦母有过，但充其量她也不过是一个封建社会下层人民家庭（她对儿子自称“大家”，是由于她狂妄无知）中的老寡妇；即使她身上封建礼教传统影响的烙印特别深，勉强算得上封建族权的代表人物。但是同时也必须承认，在封建四权（神权、君权、族权、夫权）之中，起决定作用的是君权，族权要绝对服从于君权。因此，我们在分析焦母这一人物形象时，着眼点并不仅仅局限于这一悍妇凶婆无理取闹的表面现象上，而是想透过这一表面现象，探索一下在这一家庭内部矛盾的幕后，是否有更大的阶级矛盾、阶级压迫在起支配作用？关于此点，我们虽然从作品里找不到明显的痕迹，但是当我们全面考察这个老寡妇的性格时，发现她除了在家庭中专横霸道的一面以外，还有对金钱玉帛极端崇拜、对官府势力无耻颂扬的一个更为重要的方面。这种人是最容易被人收买的对象。这种人只要是接受了别人的贿赂，什么坏事都干得出来。难道说兰芝的无辜被遣，就不应该从这方面寻找一些更可能、更接近情理的线索吗？从整个悲剧情节发展的过程看，前有焦母迫子与妇离婚，后有刘兄逼妹改嫁，由隐以之显，悲剧导演者的手法越到后来越暴露；这岂不是生活现实在启发我们，追源祸始，要把各种孤立的现象联系起来进行全面考察，由显以知隐，把感性认识提到理性认识的高度吗？

如果我们相信诗篇所写县令、太守为子求婚两段文章句句属实，那岂不等于默认县令、太守在对待正式婚配问题上，见解比人民还要开明吗？那岂不等于承认县令和太守两家的大门，开向弃妇兰芝的，远远比之焦刘两户下层人民的家庭更为广阔吗？在“贵贱不相逾”（辛延年《羽林郎》中胡姬语）的东汉社会，会有这样的事情吗？不会有这样的事情，而县令和太守居然有这样的行动，这就表明在他们的行动和社会现实之间，存在着严重的矛盾，这就表明他们在作伪，在骗人。作伪者心劳日拙，所以不管态度装得如何闲雅，但总掩盖不住他灵魂的丑恶（因急于弄到兰芝，求婚与迎娶仅隔三日）；不管仪节铺张得如何阔绰，但总粉饰不了他掠婚的寇行。这一切，兰芝理解得最清楚，所以她不死于焦家、刘家而偏偏死于太守家，这就不啻是向人民群众庄严宣告：逼我致死的，不是别人，就是这个人面兽心的庐江太守。

太守求婚是真，托言为子是假，只要我们掌握了这一基本线索，则对门第悬殊问题，情节安排过于巧合而近于生硬的种种疑难问题，都可以迎刃而解。因为它根本不是正式婚配，所以只重年貌，不论门第。因为掠夺者与被掠夺者是同官署里的长官和属吏，掠夺行为不能直线进行，所以每一个步骤都要经过当事人精心策划、仔细安排的。但所得的结果恰好和作伪者的主观愿望相反：磐石蒲苇的誓言牢不可破，良吉三十的美梦转眼成空。兰芝、仲卿之死，是对庐江太守最深刻的揭露，最坚强的抗议，所以赢得人民的同情，诗人的赞颂。

不过总的说来：《孔雀东南飞》的"太守"和《陌上桑》的"使君"，辛延年《羽林郎》的"执金吾"，都是同一类型的人物。后两者的做法比较显露，所以容易遭人唾弃，而前者的做法则比较隐蔽，他的行径难于捉摸。但此诗作者对他并没有回护，而是使用了许多伏笔进行揭露。只要我们反复寻绎原作，则这一主要反面人物的层层伪装，还是被我们剥得一干二净的。

最后我们还想进一步考索一下，这一个太守到底是谁？

考之史传，这个庐江太守可能是指刘勋。刘勋，《三国志》无专传，其生平事迹，散见于《魏志·武帝纪》注引《魏书》及《袁术传》《司马芝传》注引《魏略》《刘晔传》《杜畿传》《华陀传》注引《华陀别传》《吴志·孙策传》《孙权传》《孙贲传》《孙辅传》《周瑜传》《程普传》《韩当传》《陈武传》《董袭传》等。我们综合这些片段的记录，概括他的生平如下：

他是琅琊人。灵帝中平末年，曾为沛国建平长，与曹操有旧，后依袁术。术于建安二年称帝淮南，荒淫无度，后宫数百人，皆服绮縠，余粱肉，而士卒冻馁，江淮空尽，人相食。术前为吕布所破，后为曹操所败，发病道死。时勋为庐江太守，术妻子往依之。术长史杨弘、大将张勋等将其众欲投孙策，刘勋于路要击，悉虏其部众收其珍宝以归。后为孙策所攻破，率麾下数百人归降曹操，封平虏将军。自恃与曹操有旧，骄慢不法，为操部下李申成所控告，被处死。可见他是东汉末年，黄巾起义失败后，在地方割据称雄的官僚、军阀袁术的旧部，代表当时一部分最腐朽最反动的势力，这且不提。这个人原配妻子王宋，临沂人，能诗，《玉台新咏》卷二录其所作《杂诗》两首，(《艺文类聚》二十九《人部·别》则以第一首为曹丕代作)邢凯《坦斋通编》载第二首，引《玉台新咏》作《曹植为刘勋出妻王氏作》。前有序云：

> 王宋者，平虏将军刘勋妻也。入门二十余年，后悦山阳司马氏女，以宋无子出之。还于道中，作诗二首。

刘勋这一与元配妻子王宋的离婚事件，当时轰动了邺下文坛的领袖，曹丕、曹植、王粲都写了《出妇赋》，为王宋鸣不平，后来被欧阳询收在《艺文类聚》卷三十。其中王粲的《出妇赋》有这样的话：

……更盛衰其成败，思情固兮日新；竦余身兮敬事，理中馈兮恪勤；君不笃兮终始，乐枯荑(《易·大过》"枯杨生荑"：意为老杨树生了嫩芽，比喻老夫娶少妻)兮一时；心摇荡兮变易，忘旧姻兮弃之……

曹丕《出妇赋》云：

念在昔之恩好，似比翼之相亲；惟方今之疏绝，若惊风之吹尘，夫色衰而爱绝，信古今其有之……

这上距刘勋作庐江太守时，已经将近二十年。他早在二十年前，已和王宋结婚，凭借做地方大员，握有军政实权，掌握了不少袁术的旧部和珍宝，称霸一方，为非作歹，做出像宋康王见舍人韩凭妻何氏美而想夺取她的丑事，完全是可能的。大约他在这一段时间，所干夺取属吏妻子为妾的事，绝不会仅只焦仲卿妻这一件。正因为他是地方一霸，所以此诗不敢对他做公开揭露，而是采取许多迂回曲折的笔法，使人乍一读时，不易领会作者的衷曲何在。但是如果我们仔细分析，则还是可以发现不少问题的。如前面所举的用字、对话、情节安排等，都是经过诗人惨淡经营的。如果我们上面的推论大体不错，则反转过来以此为线索阅读本诗，则有些疑难问题，可以得到比较合理解释。如此诗写太守迎娶所用的舆服，中有"金车玉作轮"一句，考之《后汉书·舆服志》：

天子玉辂，以玉为饰……乘舆金根……金薄缪龙……太皇太后、皇太后法驾，皆御金根……

按金车玉轮，是皇帝、皇太后、皇后的乘舆，非一般臣僚所得用。但袁术生前曾僭号淮南，失败后其车服器用多为刘勋所得，所以他在迎娶时滥用"金车玉轮"，这种生活印记，正表明他曾是野心家袁术的亲信死党，这绝不能把汉乐府一般爱用夸张手法做理由来解释；因为这不是一般性质的问题。

如果我们上面的推论尚不太谬，则女主人公兰芝以死抗暴的精神，更觉其崇高伟大了。

也可能有的同志会发生这样疑问：王宋以无子被出，与诗言"云有第五郎”矛盾。我们的回答是：一是王宋无子不等于刘勋无子。刘勋身为地方长吏，姬妾众多，虽无嫡子，当有庶子；二是“云”有第五郎不等于“真”有第五郎，郡太守为了骗婚而扯谎，这种可能性是存在的。所以这条疑问并不能排除太守是刘勋的现实性。

还可能有的同志会发生这样疑问：刘勋弃王宋，娶司马氏女是他做庐江太守将近二十年以后的事，不能以此推论他在二十年前就有强纳属吏妻子为妾的行为。我们对此问题的回答是：古代贵族官僚对妻子和对姬妾的态度根本不同。刘勋弃王宋，娶司马氏女是做正妻，这在封建宗法观念上认为是应当慎重将事的问题，所以在社会上引起的反应比较强烈。个别的出妻可以对丈夫的遗弃行为进行控告，如《后汉书·范升传》所载“后升为出妻所告，坐系，得出还乡里”即是。而纳妾，则完全是另一种情况，用不着以出妻为先决条件；如果女方不是有夫之妇，则一般可以不受限制。《焦仲卿妻》中太守的问题，不在于他纳妾，而在于他想纳一个有夫之妇为妾、一个下级属吏之妻为妾。

尽管娶妻纳妾，在具体历史条件下情况有所不同；但同样是对女人的喜新厌旧，同样是反映了剥削阶级本质的暴露，所以我们应当联系起来加以考察。

[注释]

“孔雀”：羽毛华美，在鸟类中可以算是数一数二的了。但在先秦古籍中，绝不见有把它神秘化的记载。如《周书·王会》：“方人以孔鸟”，《山海经·海内经》：“南方有孔鸟。”郭璞注：“孔鸟，孔雀也。”到了西汉，改称孔爵或孔雀，如《汉书·两粤传》《西域传》《盐铁论》等书皆是。只有谶纬书例外，如《春秋元命苞》：“火离为孔雀”，才把它神化为“朱鸟”，是少见的例子。它不同于鸾凤等“神物”，在它的身上也找不到封建道德：“仁、义、礼、智、信”等的印记，所以为人民所喜爱。本诗取以发端起兴，大约是因为它比之《艳歌何尝行》的“白鹄”，在造型敷色上，能给人以更多的美感享受吧！事实恐怕不过如此而已。

但有的同志过于求深，想找出此诗的发端起兴和下文“十三能织素”的内在联系，因而得出“孔雀是指布匹上的花饰”的论断(见王运熙《论“孔雀东南飞”的产生时代、思想、艺术及其问题》，1956 年 12 月号《语文教学》)。我们认为：这样理解作品，用一句古话来说，倒有些近于“治丝而棼之”了。因为“素”的本义是白色绢，无纹饰，与“花锦”的概念互不相容。

因此，在古代诗歌中，凡是描写以孔雀为图案的丝织品，没有一处是指素（举例亦指罗及流黄可证）的。可见援引这些实例为佐证。并不十分恰当。

“君既为府吏，守节情不移”：“既”字误，当作“即”。古“既”（未部），“即”（职部）不同部，当属形讹（今所传之《玉台新咏》赵刻、冯校本，均系以宋麻沙本为底本；此本误字较多，冯校亦未能一一订正）。“君即为府吏”意为：“即使你只做了个府小吏”。“守节情不移”，意为“夫妇情深谊重，非任何外力所能动摇”。这两句诗与下文仲卿对母亲所说：“儿已薄禄相，幸复得此妇；结发同枕席，黄泉共为友”四句前后呼应，表明女主人公“富贵不能淫，贫贱不能移，威武不能屈”的崇高品德，为后文以死拒婚做张本。这里“守节”的含义，只不过是反映了古代下层人民出身的新婚夫妇间一种自发的纯真的责任感和信义行为，倒不一定把它和封建的贞操观念等量齐观。尽管当时已经有人在提倡这种东西，但是在社会上的约束力还不是很大的。即使出身士族家庭的妇女，一般也不以改嫁再适为耻，更不要说寒门庶族了。所以兰芝以死相抗的，不在于改嫁，而在于夺志。在婚姻的离合上，完全失去了自主，而受制于人。这是我们必须详加剖析、首先明确的。关于此点，旧注或未尽当；例如李因笃《汉诗音注》译“守节情不移”句说：“言其硁硁趋府，不为新妇移情也。”张玉穀《古诗赏析》也说：“言守当官之节，不为夫妇之情所移也。”把“守节”译为“守当官之节”，是臆说。古代居官，习言守箴（如扬雄《九牧箴》、张华《女史箴》是），罕言守节。百官守节，只应用于上对君、国，一般并不行用于官署属吏与上峰之间；李、张二注，未可凭信；但近注尚有沿袭之者，故特为之辨析于此。

“便可白公姥”：此诗凡称谓词，多用偏义复词：仲卿似有母无父，而此处连称“公姥”；兰芝似有兄无父，而下文连称“父兄”；但焦父、刘父则不见有分毫言动；脱非情况如此，则实在难于索解。以下凡称“父母”“兄弟”，亦准此例。

“吾今且报府”：报字当用本义，意思是把家所发生的变故，上报郡府。有的注本根据《礼记·郑注》释“报”为“赴”，我们认为这样不仅绕了弯子，而且把诗意讲得比较单薄了。上报郡府，不言“赴”而“赴”义自在其中，且为下文“太守求婚”一段情节埋下伏线，含义要比“赴”字丰富得多。且下文自有“吾今且赴府”之句，使此句与彼同意，何不径作“赴”字，以保持前后用词的统一？此字吴兆宜《玉台新咏笺注》本、南宋本、汲古阁本《乐府诗集》并作“报”，独纪容舒《玉台新咏考异》本作“赴”，当以作“报”为是。

“昼夜勤作息”：余冠英说：“作息，操作和休息。这里‘作息’是偏义复词；‘勤作息’就是勤于操作。”按此处“作息”，似可解为“作活”或“作活计”，此从《孟子·告子》：“是其日夜之所息”，“息”为“生长”意孳乳而出。

“鸡鸣外欲曙”至“精妙世无双”：许多注家由于不了解汉代礼俗，对这一段文字做了许多疑信参半和想当然的解释。如陈祚明《采菽堂古诗选》注说：“临当欲去，极写此女华艳，正是此女临当欲去，极意装令华艳如此，何忍出之？严妆严字，事事四五通句，所谓极意装束也。”张玉穀《古诗赏析》也说：“被遣归家，有何情绪，作此严妆，呈其美态？亦谓男子之情，或移于色，特借是再为临行固结府吏之地。新妇苦衷，作者曲为写出，第云华赡，浅矣。”此外，关于“着我绣裌裙，事事四五通”两句的解释，则有李因笃《汉诗音注》所说：“……自初装以至装成，每加一衣一饰，皆着后复脱，脱而复着，必四五更之，数了迟延，以捱晷刻也。”余冠英《乐府诗选》注说：“每事四五遍，或是心乱意乱，一遍两遍不能妥帖。”实际的情况是：汉朝弃妇，被迫归宁的时候，要把全副嫁时服饰穿戴起来，然后坐上车子，回到娘家。曹丕、曹植兄弟为平虏将军刘勋遣原配妻子王宋所写的《出妇赋》，各有“被入门之初服，出登车而就洛”和“衣入门之初服，背床室而出征；攀仆御而登车，左右悲而失声”的描述，可见是当时一种礼俗。如果我们掌握了这一基本情况，则女主人公当时内心的思想活动是不难揣测的：一个聪明、正直，有强烈的自尊心的青年妇女，遭到这样惨痛的生活待遇，在去留之际，内心的思想斗争应当是多么激烈！穿上吧！等于默认犯了“七出”之条；不穿吧，茫茫来日愁如海，到底什么时候是尽头呢？所以穿了又脱，脱了又穿，一连气四五次不止。这里何尝有分毫以色取容（乞怜）的意思？诚然，此诗确实有“精妙世无双”的句子称赞女主人公的“天生丽质”，但详审上下文意，此时还有闲情逸致抱着欣赏家的态度打量女主人的，恐怕首先应当数得着那个白面书生焦仲卿，我们不晓得他和兰芝的爱情到底是建立在什么基础之上？但是作品却给我们提示了一条重要的线索：他母亲强迫他停妻另娶，选择对象的标准，不是“可怜体无比”，就是“窈窕艳城郭”；一句话：“以貌取人。”这些尽管都是悍妇凶婆在无可奈何之际哄骗儿子的假话，但是从这里正可以看出仲卿舍不得离开兰芝，主要是由于对方容貌出众。此外，我们时刻也不能忘记，兰芝走出焦家门，进入太守府，关键就在于她生得“精妙世无双”。用这个观点来“赏识”兰芝的，除了仲卿以外，还有一个更重要更能左右全局的人在，这无疑就是郡太守。尽管在作品中，此时太守还没有露面，但从随后发生的一系列事情看，郡丞和主簿登门提亲；太守择吉，铺张扬厉，如果没有这一情节描写为前提，则几乎可以说是不可思议的。所以从作家的角度考虑，这一段情节的安排，只是可有，而非可无。明乎此，则主张主人公企图借此以挽回仲卿爱情的说法，是站不住脚的。因为我们知道，“以色事人”的观点，是一种寄生阶层的思想，这种思想在本质上是和劳动人民绝缘的。从作品里兰芝的言行中，找不出一点痕迹。

“君当作磐石”四句：这种通过比兴以抒情的手法，明显有继承并发展《诗·邶风·柏舟》：“我心匪石，不可转也；我心匪席，不可卷也。”古代文化传统的痕迹。可见前面主人公“十六诵诗书”的自白，亦非徒托空言，是有生活现实做基础的。

“寻遣丞请还”的主语当是太守，辨析已见前论。闻人倓《古诗笺》：“县令因事而遣丞请于太守”的说法，尚有因袭之者，但断不可从。

“直说太守家”二句：“直”字用法和《孟子·梁惠王》：“直不百步耳”的“直”字相同，意思是“仅”或“只”。这两句话是太守叮咛媒人：到那边单靠说“郎君”如何好、如何好还不可，还要向对方夸官！只要一夸官，则求婚断无不成之理。这两句诗一方面深刻地揭露了封建官僚思想的庸俗，另一方面又为下文兰芝以死抗婚那种不慕荣贵的崇高品质做衬垫，使主人公的性格显得格外丰满。

“不嫁义郎体”二句：“郎”各本多作“即”，比较费解；陈祚明《采菽堂古诗选》作“郎”，吴兆宜《玉台新咏笺注》云：“一作郎”，今从之。此诗“义郎”疑与《平陵东》的“不知何人劫义公”的“义公”，疑皆汉代通语，年长的称“义公”，年轻的称“义郎”，略似后代称“老爷”“少爷”之比。“体”义近现在说“坯子”“秧子”“苗子”。这些都是市侩们阿谀封建官僚的称谓词。“其往”，陈祚明、闻人倓并作往，义似稍胜。“甚往顾何云”，译成现代语，就是：“下一步你打算怎么办?”

“府君得闻之”七句，写庐江太守想马上得到兰芝那种迫不及待的急切心情。考汉代礼俗，婚期从霜降到第二年夏历二月解冻，大约有四个多月的期限可供选择；而此诗太守卜吉，总计求婚和迎娶，相隔不过三四天。时间这样紧迫，例子可以说是罕见的。所以“视历复开书”那一套像煞有介事的表演，肯定是故意做作，用来骗人的。

“交广市鲑珍”：有的注本以交州、广州北距庐江万里，三日程无法往返；也有的注本认为这是用夸张手法；我们认为这两种解释都未必符合诗人原意。“交广市鲑珍”和说“市交广所产的山珍海味”同者。因汉代商业发达，远方土产，贩运腹地，所在多有，用不着长途跋涉。

“仕宦于台阁”：焦仲卿只在庐江郡太守府作一名小吏，而焦母却说他“仕宦于台阁”，恐怕这和刘勋的特殊身份有关。他的正职虽仅只是个庐江太守，但因为他是曾经僭号称帝的野心家袁术的亲信，所以能够参预这一政权官廷机密；这正符合汉代使用“台阁”一词的意蕴。像刘勋这一批利禄熏心的狂徒，把野心家袁术对部属的封官许愿当成黄粱美梦，以使一个府小吏的母亲都情不自禁地吐露令人齿冷的笑柄。这正是在当时的具体历史条件下成形的“怪现状”，不能看成诗人的虚构与夸张。

“举身赴清池”：《太平寰宇记》卷一百二十六“淮南道·庐州·合肥县·小吏港：即汉建安中庐江府小吏焦仲卿妻刘氏，为姑所出，自誓不嫁，其家逼之，乃投水死。仲卿闻之，亦自缢。时人怜之，后为名。”又《嘉庆一统志》：“安徽·庐州府·山川·小吏港，在合肥县东门内。《寰宇记》：‘合肥县小吏港，即后汉建安中庐江府小吏焦仲卿妻刘氏投水处。’今讹为小吏港。”小吏港既见载于重要的古地理典籍，则在注释，似不妨作一条历史掌故。

杂歌谣辞

击 壤 歌

日出而作，日入而息，凿井而饮，耕田而食。帝何力于我哉？

此歌始见于《论衡·艺增》篇：

有年五十击壤于路者。观者曰：“大哉尧德乎！”击壤者曰：“吾日出而作……”

《乐府诗集》卷八十三收入《杂歌谣辞·歌辞》。题解引《帝王世纪》曰：

帝尧之世，天下大和，百姓无事。有八九十老人击壤而歌：“日出而作，日入而息，凿井而饮，耕田而食，帝何力于我哉？”

末句传本《帝王世纪》作“帝力于我何有哉?”与《论衡》所记略有出入。《论衡·艺增》篇当亦前有所本。《击壤歌》所反映的当是西汉初文景时代黄老学派的乌托邦思想，远在晋代玄学思想泛滥以前，论客对此多有误解，故特驳辩澄清之于此。

越 人 歌

今夕何夕兮搴洲中流，今日何日兮得与王子同舟！蒙羞被好兮今不訾诟耻，心几顽而不绝兮得知王子。山有木兮木有枝，心悦君兮君不知。(以上是楚译)

滥兮抃草滥予昌枑泽予昌州州𫗦州焉乎秦胥胥缦予乎昭澶秦逾渗堤随河湖。(以上是原辞音译)

此歌《乐府诗集》卷八十三八《杂歌谣辞》。是采自刘向《说苑·善说篇》的一首越语楚译歌曲。原文如下：

庄辛迁延盥手而称曰：“君独不闻夫鄂君子皙之泛舟于新波之中也？乘青翰之舟……张翠盖……会钟鼓之音，毕，榜枻越人拥楫而歌，歌辞曰：‘滥兮抃草……’鄂君子皙曰：‘吾不知越歌，子试为我楚说之！’于是乃召越译，乃楚说之曰：‘今昔何夕兮……’于是鄂君子皙乃揄修袂，行而拥之，举绣被而覆之。”

这首《越人歌》的越语，应当只是汉语的音译。所以我们今天已经难于索解。但是作为文献资料，可以说是十分珍贵的。因为它是现今仅存的我国古代各民族文艺创作互译的典范。译笔是非常高明的，它融合了《诗·唐风·绸缪》和《楚辞·九歌·湘夫人》的某些成语而出以新意。其感情的奔放，境界的空灵，几乎可以厕于屈子盛作之林。这样好的乐府译笔，居然出现于早在战国中期或稍前，实在不能不说是祖国的一种荣耀。

[注释]

“今夕何夕兮搴洲中流”：《诗·唐风·绸缪》：“今夕何夕？见此良人。”搴，褰古通借。《诗·郑风·褰裳》：“褰裳涉溱”。谓涉水时撩起衣襟。字亦作“攘”。

“蒙羞被好兮今不訾诟耻”：被好，惠承谬爱，不訾，《礼·少仪》郑注训“訾”为“思”，这思有计较、考虑的意思。诟耻，诽谤、嘲讽。

“心几顽而不绝兮”：几顽，二字费解。当是“颉颃”的音讹形误字。《诗·邶风·燕燕》：“颉之颃之”，毛传：“飞而上曰颉，飞而下曰颃。”陈奂疏以为传文“颉”、“颃”二字当是互倒。我们玩味诗意：此处“颉颃”当是形容初恋少女，内心忐忑不安的样子。绝，决绝，断绝关系。

“山有木兮木有枝，心悦君兮君不知”：君不知，《乐府诗集》卷八十三作“知不知”。按此两句是化用《九歌·湘夫人》：“沅有茝兮澧有兰，思君子兮未敢言。”

郑白渠歌

田于何所，池阳谷口。郑国在前，白渠起后。举臿如云，决渠为雨。水流灶下，鱼跃入釜。泾水一石，其泥数斗；既溉且粪，长我禾黍。衣食京师，亿万之口。

此诗《乐府诗集》卷八十三入《杂歌谣辞》。

这是一篇西汉人民歌颂郑国和白公在关中地区兴修水利，发展生产，改善人民生活的丰功伟绩的作品。我国古代有许多著名的水利专家，如楚相孙叔敖、蜀守李冰、魏邺令史起等。这些人虽然都是统治阶级的一分子，可是因为他们替人民做了好事，人民就爱戴他们，怀念他们，赞颂他们的历史劳绩，从而形诸咏歌。这是人民的口碑心声，也是古典诗歌里一个重要方面。不过这一方面的传统，没有能够被后来脱离生产的诗人作家很好地发扬光大，反而有日就湮没的趋势。所以我们在论述古代乐府诗的时候，愿意通过这些作品的介绍，让大家知道，人民的口头创作，路子原是极其广阔的，是紧密地结合着生产的，这是我国古代文化的优良传统，我们应当广为发掘，并在新时代的优越条件下，加以提高，这是我们从事古典文学研究工作者义不容辞的神圣职责。

这首民歌产生的历史背景，《汉书·沟洫志》：

其后，韩闻秦之好兴事，欲罢（疲）之，无令东伐，乃使水工郑国间说秦，令凿泾水，自中山西邸瓠口为渠，并北山东注洛三百余里，欲以溉田，中作而觉。秦欲杀郑国，郑国曰：“始臣为间，然渠成亦秦之利也。臣为韩延数岁之命，而为秦建万世之功。”秦以为然，卒使就渠。渠成而溉，注填阏之水，溉舄卤（盐碱)之地四万余顷，收皆亩一钟(容六斛四斗)，于是关中为沃野，无凶年，秦以富强，卒并诸侯，因名曰郑国渠。自郑国渠起，至元鼎(汉武帝年号)六年，百六十三岁，而兒宽为左内使，奏请穿凿六辅渠，以益溉郑国傍高卬之田。后十六岁，太始二年，赵中大夫白公复奏穿渠，引泾水，首起谷口，尾入栎阳，注渭中，袤二百里，溉田四千五百余顷，因名曰白渠，民得其饶，歌之曰："田于何所……"

这是一首很整齐的四言诗。四言诗到了汉代，一般文人的作品，已经向典雅的方向转化，所以比较缺乏生气，像韦孟的《讽谏诗》和《在邹诗》都是这样。但《郑白渠歌》却使用了很朴素的口语，所以读起来，使人感觉它洋溢着一种刚健清新的气息。全篇不过十四句五十六字，但是概括的内容却是十分丰富的。历史、地理、群众热情的劳动，人民生活的改善，在这里都做了准确的叙述、形象的摹写。当我们读到"举臿为云，决渠为雨"两句时，俨然一幅千百万劳动大军意气风发、斗志昂扬、兴修水利的壮阔场景展现在我们眼前；当我们读到水流灶下，鱼跃入釜"两句时，又情不自禁地为两千年前关中人民解决了饮水问题而感到无限的快慰。这是一篇饱含着人民智慧与劳绩的作品，也是一篇永远葆有青春活力的作品。所见如此，读者其有同感!

[注释]

"田于何所"：《白帖》卷七作"田于何处"。

"郑国在前，白公起后"：《白帖》卷七作"郑国起前，白公在后。"《续古文苑》卷四作"郑国在前，白渠在后。"

"举臿为云"：《风俗通·山泽篇》作"举锸为云"；《白帖》卷八十作"荷臿成云"；《续古文苑》卷四作"举臿成云"。

"鱼跃入釜"：《续古文苑》卷四作"鱼跳入釜。"

"其泥数斗"：《风俗通·山泽篇》作"其浧数斗"。

"长我禾黍"：《风俗通·山泽篇》作"长我稷黍"。

"亿万之口"：《风俗通·山泽篇》作"数百万口"。《汉纪》和《升庵诗话》作"百万余口"。

淮南王歌

一尺缯，好童童。一升粟，饱蓬蓬。兄弟二人不能相容。(见高诱《淮南鸿烈解序》)

一尺布，尚可缝。一斗粟，尚可舂。兄弟二人不能相容。(见《史记·淮南厉王长传》)

《乐府诗集》卷八十四入《杂歌谣辞·歌辞》。《史记》卷一百一十八《淮南厉王传》：

淮南厉王长者，高祖少子也。高祖十一年十月，淮南王鲸布反，立子长为淮南王。孝文初即位，淮南王自以为最亲，骄蹇，数不奉法。上以亲故，常宽赦之。淮南王至长安，丞相臣张仓、典客臣冯敬、行御史大夫事宗正臣逸、廷尉臣贺、备盗贼中尉臣福昧死言："淮南王长，废先帝法，居处无度，为黄屋盖，乘舆出入，拟于天子。擅为法令，不用汉法及所置吏。以其郎中春为丞相，聚收汉诸侯人及有罪亡者，匿与居，为治家室；赐其财物爵禄田宅；爵或至关内侯，奉以二千石，所不当得，欲以有为……臣等议论如法。"制曰："朕不忍致法于王，其赦长死罪，废，勿王。"臣请处蜀郡，严道邛邮。遣其子母从居。具为筑盖家室，皆廪食，给薪菜、盐豉、饮食器……乃迁淮南王，载以辎车，淮南王乃不食死。孝文十二年，民有作歌，歌淮南王厉王曰："一尺布……"上闻之，乃叹曰："岂以我为贪淮南王地邪?"上怜淮南王废法不轨，自使失国，蚤死，乃立其三子：阜陵侯安为淮南王，安阳侯勃为衡山王，周阳侯赐为庐江王，皆复得厉王时地三分之。

《淮南王歌》也是历史上比较有名的一篇歌曲，但是这篇歌曲究竟应当如何评价？则不是一个容易下结论的问题。这是因为：按照《史记》的叙述，淮南厉王刘长既然是一个骄蹇不法的亲王贵族，受封以后，把淮南变成一个尾大不掉的独立王国，这对汉朝的统一是一个严重的危害，这个毒瘤是非割掉不可的。汉文帝大义灭亲，对这一事件的处理是完全正确的，应当得到人民的拥护，而这首《淮南王歌》却从亲属观念出发，对汉文帝这一果断的措施提出了非议，这是令人困惑不解的。因为《史记》的原文，分明说："民有作歌"，如果这句叙述准确无误，那就表明，这首《淮南王歌》代表当时人民对这一事件的一般看法，而这种看法是和时代的要求背道而驰的。如果它真是道地的民歌，恐怕就不会是这样。给我们一宗有力的启示是：《白帖》卷八只称此作"时人歌"而不称"民有作歌"，这样问题就容易解决得多了。因为任何时代，都不免有少数思想意识落后于客观形势发展进程的人。

还有一种可能是：旧史多把汉文帝写成一个十全十美的好皇帝，尤其对他"除肉刑"以及遗诏"薄葬"两事最为脍炙人口，然实际又是怎样的呢？《汉书·刑法志论》曰：

> 且除肉刑，本欲以全民也。今去髡钳一等，而转入于大辟，以死罔民，失本惠矣。故死者岁以万数，刑重之所致也。

崔寔《政论》也有"虽有轻刑之名，其实杀也"的说法。至于死后遗诏薄葬，更是一个大大的骗局。按《史记·孝文纪》虽有"治霸陵皆以瓦器，不得以金银铜锡为饰"冠冕堂皇的遗命记录；《汉书，王莽传》亦有"赤眉发掘陵园，惟霸陵、杜陵完"的说法，但考之《史记·张汤传》，则早在汉武帝世，已有盗发文帝园陵瘗钱的记载，其后应劭《风俗通》《晋书·愍帝纪》及《索綝传》，也都有"盗发霸、杜二陵，多获珍宝"之类的记载。可见《史记》《汉书》叙述文帝事迹，未必尽是"实录"，广大人民不一定完全相信他们这一套。

即使《史记》《汉书》所载文帝处理淮南王刘长的事件合乎客观实际，但实质仍然是属于封建统治阶级上层的内部矛盾，打着深刻的阶级烙印。即使大臣们的论奏振振有词，而且言之成理，持之有故，但是人民对这些"理"也好，"故"也好，是不会理解和承认的。因为这是从承认皇帝的特权超越一切为前提的。但皇帝是国家最大的剥削者和压迫者，同时也就是人民最大的阶级敌人。人民由于身受皇帝最残酷的压迫和剥削，从而同情一切受皇帝迫害的人们，哪怕是包括一小部分的贵族亲王也好，这种心情是不难理解的。因为一贫如洗的广大劳动人民，兄弟间不会有土地权利的争夺，而有彼此患难相助的需要。所以对汉文帝刘恒和淮南王刘长之争，感到不可理解，而情不自禁地形诸讽咏，这就是《淮南王歌》的主题思想吧？

［注释］

"一尺缯"：此本高诱《淮南子序》和同书《天文篇》注。《史记·淮南厉王长传》"缯"作"布",《汉书》同。《太平御览》卷八百四十引《汉书》"布"作"帛"。

"好童童":童童,光洁貌。《史记》此句作"尚可缝",《汉书》同。

"一升粟",此本《淮南子序》和《天文篇》注。《史记》"升"作"斗";《汉书》同。

"饱蓬蓬",此本《淮南子序》和《天文篇》注。"蓬蓬",同"膨膨",腹胀貌。《汉书》作"尚可舂"。按以上四句,《淮南子序》及《天文篇》注所载似较《史记》《汉书》更为接近口语,故鲁迅以前者为原作。《旧唐书·萧至忠传》引"斗"作"蚪"。《太平御览》卷八百二十引《汉书》,"斗粟"二句在"尺布"二句上。

"兄弟二人不能相容":《史记》同,《汉书》引此句无"能"字。《太平御览》卷八百四十:"二"作"两";卷八百二十:"能相"作"可"。《汉书》注引孟康云:"尺布斗粟,犹尚不弃,况于兄弟,而更相逐乎?"又引傅瓒曰:"一尺帛,可缝而共衣;一斗粟,可舂而共食,况以天下之广而不能相容也?"两者相较,傅说为长。

匈奴歌

失我焉支山,令我妇女无颜色。失我祁连山,使我六畜不蕃息。

《乐府诗集》卷八十四《杂歌谣辞·歌辞》载《匈奴歌》,题解云:

《十道志》曰:"焉支、祁连二山,皆美水草。匈奴失之,乃作此歌。"《汉书》曰:"元狩二年春,霍去病将万骑出陇西,讨匈奴,过焉支山千有余里。其夏,又攻祁连山,捕首虏甚多。"祁连山即天山,匈奴呼天为祁连,故曰祁连山。焉支山,即燕支山也。

按《乐府诗集》所引的《十道志》当系唐武后时梁载言所撰。此书至南宋初已散佚;清王谟从《太平御览》辑出三百二十一条,《太平寰宇记》中辑出三十余条,《太平广记》中辑出三条。而《乐府诗集》所载此条未见征引。其所引《汉书》,是摘录《霍去病传》,在文字上略有更动,对我们今天理解这首《匈奴歌》很有帮助。但微感不足的是:《霍去病传》写汉朝这次对匈奴用兵，只是记录了杀场战果，而未及地方行政机构之设置。所以还不足以掌握这首“歌辞”的深刻含义。今案《汉书·武帝纪》：

> 元狩二年春三月，遣骠骑将军霍去病出陇西，至皋兰。将军去病、公孙敖出北地二千余里，过居延……秋，匈奴昆邪王杀休屠王，并将其众，合四万余人来降，置五属国以处之，以其地为武威、酒泉郡。

颜师古注：

> 居延，匈奴中地名也。
>
> 凡言属国者，存其国号，而属汉朝。

由此可见，这次汉武帝派遣霍去病征匈奴，深入他们聚居的腹地居延（今内蒙古自治区额济纳旗额尔湖——古居延海一带地）。事后又设武威、酒泉郡，在行政上加强对这一地区匈奴族的控制，这无疑是带有大汉族压迫边疆少数民族的性质。这首《匈奴歌》就是当时在这一带的匈奴族土著人民对汉族封建统治者压迫和驱赶他们的暴行所提出的愤怒抗议。原作应当是用匈奴语，此则为其汉译，或通晓汉语的匈奴族诗人所作。

民族压迫是阶级社会中阶级压迫在民族问题上的反映。由于社会主义革命的成功，各族人民大团结的历史条件已经成熟。祖国长期封建社会光辉灿烂的文化，是各族人民共同的业绩。我们选录了这首《匈奴歌》，是和选录《鄂君子晢歌》《敕勒歌》是抱着同一目的，即以一个小学生的心情，向兄弟民族学习古代优秀的文化遗产。

下面就谈谈我们的学习心得。

首先，从内容看，匈奴族在当时虽然是游牧民族，但是对境内大好河山的爱恋依然是炽热的。这和任何其他兄弟民族并无丝毫差别。这篇《匈奴歌》的每字每句都强烈地表达了这样一种思想感情。从而使我们进一步体认到，新中国成立以来，党对兄弟民族采取了区域自治政策，这不仅是建设社会主义所必需，而且是从根本上实现了自古以来各民族梦寐以求但又无法达到的想望。今天我们披览新中国的地图，在兄弟民族聚居的地区，不但有了辽阔的自治区，而且有许多面积比较狭小的自治县，分散在各省。少数民族被大汉族驱赶而背井离乡之苦，已经一去不复返了。

其次，古代大汉族对少数民族的压迫，不仅仅是政治压迫，而且是生活压迫、经济压迫。由于汉族的封建统治者对少数民族聚居的地区发动了强凌弱、众暴寡的进攻，匈奴族的“如花美眷”黯然失色了，“风吹草低见牛羊”的壮阔场景萧疏了。这不仅是少数民族的重大灾难，而且也必然要给广大汉族劳动人民带来重创殷忧。因为我们知道，当汉族的封建统治者对少数民族发动进攻，往往是先从向本族人民进攻开始；而战后医治穷兵黩武所造成的社会创伤，又必然要被封建统治者转嫁于广大劳动人民肩膀之上。因此，像《匈奴歌》这样的作品，矛头是指向民族压迫的发动者的，但是它却是各族人民共同的精神财富，因为它所反对的压迫他们的阶级敌人是各族人民共同的。歌辞的创造属于匈奴族，文字的流传用的是华夏语，在这里我们看到了古代各兄弟民族在文化艺术上的完美融合。

歌辞用“焉支”双关“燕支”和“胭脂”，开尔后魏晋六朝民间歌谣大量使用双关语的先河。

敕勒歌

敕勒川，阴山下。天似穹庐，笼盖四野，天苍苍，野茫茫，风吹草低见牛羊。

《乐府诗集》卷八十六《杂歌谣辞·歌辞》题解引沈建《乐府广题》云：

北齐神武(高欢)攻周玉壁，士卒死者十四五，神武恚愤，疾发。周王下令曰：“高欢鼠子，亲犯玉壁，剑弩一发，元凶自毙。”神武闻之，勉坐以安士众。悉引诸贵，使斛律金唱《敕勒》，神武自和之。其歌本鲜卑语，易为齐言，故其句长短不齐。

案《乐府广题》的题解本之《北史》六《齐本纪》；

武定(西魏孝静帝年号)四年九月，神武围玉壁以挑西师，西魏晋州刺史韦孝宽守玉壁……孝宽夺据土山，顿军五旬，城不拔，死者七万人，聚为一冢……神武有疾……是时西魏言神武中弩，神武闻之，勉坐见诸贵，使斛律金敕勒歌，神武自和之，哀感流涕。

《北齐书·帝纪》二同。《资治通鉴》卷一五九《梁纪》：

梁武帝中大同元年……(高)欢之自玉壁归也，军中讹言韦孝宽以定功弩射杀丞相，魏人闻之，因下令曰：“劲弩一发，凶身自陨。”欢闻之，勉坐见诸贵，使斛律金作《敕勒歌》。

以上三史皆明载其事，当为沈建《乐府广题》所作题解的根据，但并未直录歌辞；因启《通鉴》注者胡三省氏之疑。他在上引《通鉴》原文下注说：

> 斛律金，敕勒部人也。洪迈曰：斛律金唱《敕勒歌》，本鲜卑语，按《古乐府》有其辞云：“敕勒川，阴山下，天似穹庐，笼罩四野。天苍苍，野茫茫，风吹草低见牛羊。”（按洪迈说见《容斋随笔》卷一，胡氏所引原文略有更动）余谓此后人妄为之耳。敕勒与鲜卑殊种，斛律金出于敕勒，故使之作《敕勒歌》；若高欢则习鲜卑之俗者也。

我们认为：胡三省氏是著名的史学家，他所提出的问题值得我们重视。但是对今传世的《敕勒歌》直斥为后人妄作，则未免过于武断。因为据我们所知：保存在乐府里边的少数民族汉译的作品，为数并非甚少。绝非只是《敕勒歌》一首，这表明我们这一多民族的祖国，自古以来，在文化、文艺的创作和译作上，已经早有交流与融合，这种现象往往不为过去的史学家所正视所理解。这不仅仅反映古人的历史偏见，而且更严重的是反映了他们的种族偏见，以致在某些具体问题上，不能正确地解释历史现象。据我们所知，高欢祖辈四世居怀朔，与敕勒部近邻杂处，他自己又是高度鲜卑化了的汉人，他听懂用敕勒语唱的《敕勒歌》，在当时的具体历史条件下，完全有这种可能。而且，常识告诉我们，伪造一般的诗歌比较容易，而伪造一篇有高度民族作风与气派的作品却极难。当我们讽咏这首《敕勒歌》的时候，直如身临代北，只见阴山脚下，敕勒川旁，星罗棋布的蒙古包无边无岸，苍茫似海的草原谁主沉浮？朔风吹来，蕴藏在牧草的牛羊倏然显露。像这样只用七个字而绰有余裕地捕捉如此壮阔场景的瞬间变幻，使我们不能不由衷地感佩古人表现技法的高超。只要我们读过这首诗，再重读《诗经·王风·君子于役》：“今之日夕，牛羊下来”那两句脍炙人口的诗句，恐怕任何人也不禁要产生“八方各异气，千里殊风雨”的感想。如此高超的艺术技法，绝不会是作伪者所能仿佛其万一的。

［注释］

“敕勒”：据《北齐书·斛律金传》：“金，朔州敕勒部人。”则此敕勒当在朔州（故治在今山西省朔县）。本种族名，为赤狄余种，初号狄历，后魏时北方以为敕勒。中州人称之为高车、丁零。此部敕勒，是从漠北南迁。

语言略同匈奴。《敕勒歌》所用当系敕勒语，而非鲜卑，沈建《乐府广题》以为鲜卑语者，误。

“阴山”：在朔州北。魏王泰《括地志》卷中：“阴山，在朔州北塞外交厥界”可证。

长安语

灶下养，中郎将；烂羊胃，骑都尉；烂羊头，关内侯。

这一标题是采用了张玉穀《古诗赏析》(见卷七)，沈德潜《古诗源》卷四题为《灶下养》。因为这两部书都是研究古乐府诗者所必读，对现在还有不可忽视的影响。其所作的解题和评语，如果不加批判，很可能引导读者产生一种误解。因此这里试作一点初步的分析。

此诗始载于《东观汉纪》，原书到盛唐以后已渐就散佚。今之所见原文出《后汉书》卷十一《刘玄传》：

刘玄，字圣公……避吏于平林……因自逃匿。王莽末，南方饥馑，人庶群入野泽，掘凫茈(一种野菜，根可食)而食之。新市人王匡、王凤众数百人……诸亡命马武、王常、成丹等往从之，共攻离乡聚，藏于绿林中，数月间，至七八千人……遂攻拔竟陵，转居云杜、安陆……还入绿林中，至有五万余口，州郡不能制。地皇(王莽年号)三年，大疾疫死者且半，乃各分散引去。王常、成丹西入南郡，号下江兵；王匡、王凤、马武及其支党朱鲔、张印等北入南阳，号新市兵，皆自称将军……平林人陈牧、廖湛复聚众千余人，号平林兵以应之。圣公因往从牧等，为其军安集掾……四年正月，破王莽军前队大夫甄阜、属正梁丘赐，斩之。号圣公为更始将军。众虽多而无所统一。诸将遂共议立更始为天子。二月辛巳，设坛场于清水上沙中，陈兵大会，更始即帝位，南面立，朝群臣……于是大赦天下，建元曰更始元年……八月，更始遣定国上公王匡攻洛阳，西屏大将军申屠建、丞相司直李松攻武关，三辅震动。是时，海内豪杰，翕然响应，皆杀其牧守，自称将军，用汉年号，以待诏命。旬月之间，遍于天下。长安中起兵攻未央宫。九月，东海人公宾就斩王莽于渐台。十月，更始遂北都洛阳……申屠建自长安传送

> 乘舆服御，又遣中黄门从官奉进迁都……更始既至，居长安宫，升前殿。……李松与棘阳人赵萌说更始，宜悉王诸功臣；朱鲔争之，以为高祖约，非刘氏不王，更始乃先封宗室……后遂立王匡为泚阳王，王凤为宜城王……更始纳赵萌女为夫人，有宠，遂委政于萌，日夜与妇人饮宴后庭，群臣欲言事，辄醉不能见……时李轶、朱鲔擅名山东，王匡、张卬横暴三辅，其所授官爵者，皆群小贾竖，或有膳夫庖人。多着绣面衣锦袴。襜褕诸于，骂詈道中，长安为之语曰："灶下养……"军师将军豫章李淑上书谏曰："方今贼寇始诛，王化未行，百官有司，宜慎其任……陛下定业，虽因下江、平林之势，盖临时济用，不可施之既安。宜釐改制度，更延英俊；因才授爵，以匡王国。今公卿大位，莫非戎陈；尚书显官，皆出庸伍。资亭长贼捕之用，而当佐辅纲维之任……今以所重，加非其人，望其毗益万分，兴化致理，譬犹缘木求鱼，升山采珠……"更始怒，系淑诏狱，于是关中离心，四方怨叛。

以上我们比较详尽地征引了历史资料，旨在希望能够对这篇《长安语》做出一些接近于全面和科学的分析，尽可能避免读者因受《古诗源》和《古诗赏析》的影响而对这篇《长安语》产生误解。

《古诗源》在《灶下养》的标题下引《东观汉纪》云：

> 更始在长安，所授官爵，皆群小贾人，或膳夫庖人。

《古诗赏析》除了沿袭《古诗源》的做法，做同一引述以外，另外在后面加以评论说：

> 直书其事，而滥爵之非，已使人无不发指，最俚最古！

几乎把这篇东西吹捧到天上，实际的情况又是如何呢？更始皇帝刘玄是新莽时代起义领袖所共推戴出来的皇帝。这个人尽管有许多缺点和错误，以致终于成了历史上昙花一现的人物，但做了皇帝以后，起用一些参加起义的社会下层人民充任文武官职，不但是理所当然，而且是势有必至。这表明更始政权的建立，主要成分是下层人民，而不是官僚地主。这一点正是他的优长，而绝不是他的缺点和错误。只有处心积虑想篡夺农民起义的果实的像李淑那样代表官僚地主说话的人，才敢明目张胆地向更始建议把下江、平林的旧部一脚踢开，他的反动立场是十分明显的。虽然他在上书里说："思隆周文济济之美"，但是由于他对古代历史知识的贫乏，并不晓得"周文济济之美"的具体内容，其中就包括屈子《离骚》所说："吕望之鼓刀兮，遭周文而得举"，破格起用屠户做师尚父的事例。其实不独周文为然。《吕氏春秋·本味》篇也有"伊尹说汤以至味"的说法；诸如此类的古代传说，虽不能遽认为是历史事实，但多少是反映了下层人民对自己参政梦寐以求的憧憬。而且根据章太炎的考证："大宰"之职，（宰相）"本在治膳"（见《太炎文录·专制时代宰相用奴说》）。伊尹相汤，卓著政绩，光昭简册，以为美谈。更始起用"膳夫庖人"，有何不可？更始的失败，不是由于他的组织路线的错误，而是由于他做了皇帝以后，自身及左右的人迅速蜕化变质，继续放任部属的劫掠，以致终于失去了民心。

这篇《长安语》的传播者，使用了极其恶毒的语言如"灶下养""烂羊胃""烂羊头"等来诅咒那些出身"膳夫""庖人"的新任中郎将、骑都尉、关内侯，实际矛头是指向那些簇拥刘玄起义的下江、平林旧部。这些人对过去掌权的官僚集团来说，是死对头。固无怪乎从他们的嚣嚣骂口中，隐约可闻咬牙切齿的声音。但是又有谁知，"事有旷百世而相感"，两千年后，还有像写《古诗赏析》的张玉穀那样的人，心领神会，喝彩连声道："直书其事，而滥爵之非，已使人无不发指，最俚最古！"问题的严重就在这里。

［注释］

"灶下养"：张玉穀注：养，厮养之人也。按：这是望文生义。《公羊传》宣公十二年何休注："炊亨（烹）者曰养。"指炊食人员。

"中郎将"：本秦官，汉仍之。有五官中郎将、左中郎将、右中郎将之分，位在将军下。

"烂羊胃"："烂"的含义是煮烂的烂，非腐烂的烂。"烂羊胃"，指烂煮牛羊脏腑而叫卖的贾人。下"烂羊头"同此解释。

"骑都尉"：汉官名，与"奉车"、"驸马"并称三都尉。秩比二千石。

"关内侯"：是汉朝第十九级封爵，因居关内京畿，故只有爵号而无国邑封土。东汉初，秩俸月二十五斛。

皇甫嵩歌

天下大乱兮市为墟，母不保子兮妻失夫，赖得皇甫兮复安居。

此诗《乐府诗集》卷八十五入《杂歌谣辞》。我们把它作为一篇反面教材的“标本”选录，这是东汉末黄巾起义失败后幸存的地主们对刽子手表示感恩戴德的声音，也采取了歌谣的形式，但和人民唱的完全是另一种调头。旧史不加分析地把这首歌的作者称为“百姓”，很容易混淆后世读者的视听，所以有加以辨别剖析的必要。

皇甫嵩是东汉末年镇压黄巾起义的罪魁祸首。《后汉书》曾为他立传，其中有一段记载：

> 初，钜鹿张角自称大贤良师……因遣弟子八人，使于四方，以善道教化天下……十余年间，众徒数十万，连结郡国，自青、徐、幽、冀、荆、扬、兖、豫八州之人，莫不毕应。遂置三十六方，方犹将军号也。大方万余人，小方六七千，各立渠帅。讹言“苍天已死，黄天当立，岁在甲子，天下大吉。”……晨夜驰敕诸方，一时俱起。皆着黄巾为标帜，时人谓之黄巾。角称天公将军；角弟宝，称地公将军；宝弟梁，称人公将军。所在燔烧官府，劫掠聚邑。州郡失据，长吏多逃亡。旬日之间，天下响应，京师震动……召群臣会议……于是发天下精兵，博选将帅，以嵩为左中郎将持节，与右中郎将朱儁，共发五校三河骑士，及募精勇，合四万余人。嵩、儁各统一军，共讨颍川黄巾……会帝遣骑都尉曹操将兵适至，嵩、操与朱儁合兵更战，大破之，斩首数万级，封嵩都乡侯。嵩乘胜进讨汝南陈国黄巾，追波才于阳翟，击彭脱于西华，并破之……三郡悉平。又进击东郡黄巾卜己于仓亭，生禽卜已，斩首七千余级。时北中郎将卢植及东中郎将董卓讨张角，并无功而还。乃诏嵩进兵讨之。嵩与角弟梁战于广宗，梁众精勇，嵩不能克。明日，乃闭营休士，以观其变，知贼意稍懈，乃潜夜勒兵，鸡鸣驰赴其陈，战至晡时，大破之。斩梁，获首三万级，赴河死者五万许人，焚烧车重三万余辆，悉虏其妇子，系获甚众。角先以病死，乃剖棺戮尸，传首京师。嵩复与钜鹿太守冯翊郭典，攻角弟宝于下曲阳，又斩之，首获十余万人，筑京观于城南。即拜嵩为车骑将军，领冀州牧，封槐里侯，食槐里、美阳两县公八千户。以黄巾既平故改年为中平。嵩奏请冀州一年田租以赡饥民，帝从之。百姓歌曰：“天下大乱兮市为墟……”

像皇甫嵩这样一个靠镇压黄巾起义的杀人魔王，旧史称“百姓”歌之，然则这是所称的“百姓”，到底是些甚么人，不就一清二楚了吗？但是这首《皇甫嵩歌》，不仅被载入《后汉书》，而且还被郭茂倩录入《乐府诗集·杂歌谣辞》，与真正的民谣混在一起，我们不是应该把它剔除出去吗？

陇上歌

陇上壮士有陈安，躯干虽小腹中宽，爱养将士同心肝。騕骢父马铁锻鞍，七尺大刀奋如湍。丈八蛇矛左右盘，十荡十决无当前。战始三交失蛇矛，弃我騕骢窜岩幽，为我外援而悬头。西流之水东流河，一去不还奈子何！

此诗《乐府诗集》卷八十五入《杂歌谣辞》。但《晋书·载记·刘曜传》曾载陈安死后，刘曜闻民间唱《陇上歌》而嘉伤，命乐府歌之一事，则知此诗在前赵曾经入乐。陈安的抗击匈奴族入侵，是在五胡乱华，东晋司马氏退守江左以后，那时黄河流域，几乎完全陷落在异族统治者之手。陈安原是晋王司马保的故将，他和刘曜作战，是在异常困难的条件下进行的。虽中间表现过动摇，但最终走向坚定，而且直到战死。对于他的死，沦陷地区的人民是怀念不已的，《陇上歌》就是在这样历史条件下产生的。《晋书·载记·刘曜传》很详尽地记录了他战死以前的英勇事迹：

曜亲征陈安，围安于陇城，安频出挑战，累击败之，斩获八千余级。右军刘干攻平襄，克之。陇上诸县悉降……安留杨伯支、姜冲儿等守陇城，帅骑数百突围而出，欲引上邽、平襄之众还解陇城之围。安既出，知上邽被围，平襄已败，乃南走陕中。曜使平先、丘中伯率劲骑追安，频战败之、俘斩四百余级。安与壮士十余骑于陕中格战。安左手奋七尺大刀，右手执丈八蛇矛。近交则刀矛俱发，辄害五六；远则双带鞬服，左右驰射而走。平先亦壮健绝人，勇捷如飞，与安搏战，三交，夺其矛而退。会日暮，雨甚，安弃马与左右五六人步逾山岭，匿于溪侧，翌日寻之，遂不知所在。会连雨始霁，辅成、呼延清等寻其径迹，斩安于涧曲，曜大悦。安善于抚接，吉凶险夷，与众共之。及其死，陇上歌之曰：“陇上壮士有陈安……”

按这段史实叙写，十分具体生动，可与《陇上歌》相表里，有助于我们今天对这篇作品的理解，故备录之。

［注释］

“陇上”：陇城在今甘肃清水县北，城北有陇山，这一带通称陇上。

“蹑骢父马铁锻鞍”：蹑，通作“跶”，《汉书·礼乐志·郊祀歌》：“跶浮云，晻上驰。”苏林曰；“跶，音蹑，言天马上蹑浮云也。”按此处“蹑骑”意为“坐骑”。骢，俗称铁青马。父马，公马。锻，是经过烧炼反复捶打的熟铁。

“七尺大刀奋如湍”：奋如湍，言把刀耍得团团转，就像急流的水打漩一样。

“丈八蛇矛左右盘”：言左右挥舞蛇矛周遍全身，以防御敌人的进袭。

“十荡十决无当前”：荡，决，是冲锋陷阵的意思。两“十”字，意谓多次。无当前，言锐不可当。按此下或本多“追者千万骑悠悠”一句。

“战始三交失蛇矛”：指刘曜将平先夺取其蛇矛事。

“为我外援而悬头”：此句是咏叹上引“安帅骑数百突围而出，欲引上邽、平襄之众还解陇城之围”一事。

“西流之水东流河”：刘盼遂说：此当指清水，与洮水无涉。今考《水经·渭水注》：“羌水又南入清水，清水又西南得绵诸水口……清水东南注渭。”清水在入渭之前，是从西北向东南流，总的流向是向南偏西，所以说“西流之水”；及入渭以后，总的流向改变向东，所以说“东流河”（以上是转述刘先生大意）。这句诗是比兴，用水流的有回曲转折，比喻用兵作战的有胜败反复。

城中谣

城中好高髻，四方高一尺；城中好广眉，四方且半额；城中好大袖，四方全匹帛。

《后汉书·马廖传》：

时皇太后躬履节俭，事从简约。廖虑善业难终，上疏长乐宫，以劝成德政曰：“臣案前世诏令，以百姓不足，起于世尚奢靡，故元帝罢服官，成帝服浣衣，哀帝去乐府，然而侈费不息，至于衰乱者，百姓从行不从言也。夫致政移风，必有其本。《传》曰：'吴王好剑客，百姓多创瘢；楚王好细腰，宫中多饿死。'长安语曰：'城中好高髻……'斯言如戏，有切事实。前下制度未几，后稍不行。虽或吏不奉法，良由慢起京师。"

马廖是东汉初年一个比较有政治头脑的封建官僚，他从民谣中概括出一条经验教训，"上有好者，下必有甚焉者也。"向当时的最高统治者进言：认为"侈靡"之风"不息"，主要是朝廷京城引起，老百姓只信"身教"，不听"言教"。这虽然已经时过两千年了，但是作为一条历史经验教训，则我们认为它并没丧失现实意义。任何一位领导干部，都不妨读一读这首民谣。因为勤俭建国是社会主义国家发展生产的前提，是有关国计民生的百年大计，千年大计，万年大计。

民谣不仅在思想内容方面紧密地联系社会生活实践，而且在表现形式方面也是丰富多彩、不主故常的。所以每篇都各具特色，使人读了，强烈地感到一股清新隽永的气息，不知不觉从中受到启发。真可以当得起"优而柔之，使自求之；厌而饫之，使自趋之"的评语。

[注释]

这篇民谣比较脍炙人口，在典籍中诸多征引。文字歧异较多。胪举如下。

"城中好高髻，四方高一尺"：《太平御览》卷四百九十五引谢承《后汉书》作："城中好高髻，四方且一尺。"《帝范》卷四注引《汉书》云："宫中好高髻，城外高一尺。"《梅硐诗话》卷上引作"城中好高结"，注云："结读作髻"。《茗香诗论》引作"四方长一尺"。

"城中好广眉，四方且半额"：《太平御览》卷四百九十五引谢承《后汉书》下句作"四方画半额"。《霜雪录》引上句作"宫中好广眉"。

"城中好大袖，四方全匹帛"：《太平御览》卷八百十八引《东观汉纪》作："城中好广袖，四方用匹帛。"

桓灵时举秀才童谣

举秀才，不知书。察孝廉，父别居。寒素清白浊如泥，高第良将怯如鸡。

此诗《乐府诗集》卷八十七入《杂歌谣辞·歌辞》，题解云：

《后汉书》曰："桓帝之世，更相滥举，人为之谣：'举秀才……父别居。'"

此谣不见今传世本《后汉书》。盖是史之缺文。晋葛洪《抱朴子·审举篇》：

灵献之世，阉官用事，群奸秉权，危害忠良，台阁失选用于上，州郡轻贡举于下。夫选用失于上，则牧守非其人矣；贡举轻于下，则秀、孝不得贤矣。故时人语曰："举秀才……"

这比《乐府诗集》所引《后汉书》佚文多出后两句。疑《乐府诗集》所引《后汉书》非全文，当据《抱朴子·审举篇》补足。

这是一篇辛辣讽刺东汉后期选举制度进一步走向腐朽，以致所选人员名不副实，甚至名实相悖的民谣。其所采用的艺术手段，是从实际出发，来揭露封建统治者巧立许多"茂才异等""孝廉方正"等名目来掩盖他们所选用人员庸碌无能、贪污邪恶的实质。名实对照，着墨不多，而能鞭辟入里，命中要害，在手法上别开生面。

但是我们必须严正指出：封建统治者的选士标准是以维护封建统治阶级的利益为前提，它带有明显的封建性。即使选出的人才"实"能符"名"，那也只能是货真价实的封建卫道士，而不会是人民群众所需要的人才，对于这一点我们必须有明确的认识。因为无数的历史记载都昭示我们：每当封建统治者进一步贪污腐化、压榨人民，人民被迫行动起来，奋起抗争的时候，他们除了使用残酷镇压硬的一手以外，往往要同时玩弄"察举贤良，刷新政治"以欺骗人民软的一手。这是很值得注意的一个问题。例子是例不胜举的。我们只举桓帝刘志初上台的一手表演为例，《后汉书·桓帝纪》载：

本初元年秋七月丙戌诏曰："孝廉、廉吏，皆当典城牧民，禁奸举善，而所在玩习，遂至怠慢，选举乖错，害及元元。顷虽颇绳正，犹未悛改。方今淮夷未殄，军师屡出，百姓疲瘁，困于征发，庶望群吏，惠我劳民，蠲涤贪秽，以祈休祥。其令秩满百石，十岁以上，有殊才异行，乃得参选。臧吏子孙，不得察举。

杜绝邪伪请托之原。今廉白守道者，得信其操。各明守所司，将观厥后！”

他装出一副悲天悯人的架式，把自己打扮成为比任何人都关怀人民疾苦的样子。实际上是由于他和他的一伙懔于农民已经起来，自己的日子越来越不好过，所以除了使用武力镇压的一手以外，还要使用文字欺骗的一手。所以面对这类冠冕堂皇的诏令，我们不但要嗤之以鼻，而且还要进一步以《举秀才童谣》作武器，从反面揭露封建统治者的装虚弄假，从正面歌颂人民在封建时代所创造的光辉灿烂的文化的丰功伟绩，这是我们义不容辞的历史任务之一。

［注释］

“举秀才，不知书”：汉代实行察举制度，是朝庭任命官吏的一种辅助办法。秀才是察举科目之一。到了东汉，因避光武帝刘秀讳，所以改称“茂才”、或“茂材异等”，凡官方文件皆如此。这首童谣出于东汉，不避刘秀讳，可能是由于人民根本不理睬这一套。书，是字的意思，许慎《说文解字序》：“保氏教国子，先以六书。”“六书”是我国古代以形、音、义三方面而概括造字的六种方法。所以后来就用以代表汉字的全部。知书，这里是识字的意思。识字是汉代学童的入门课。《汉书·艺文志》：“汉兴，萧何草律曰：‘太史试学童，能讽九千字以上，乃得为史。又以六体试之，课最者以为尚御史史书令史，吏民上书，字或不正，辄举劾。’”所以这里“不知书”，就是“不识字”的意思。高中“茂材异等”的选士，原来是不识字的文盲，这不是对当时选举制度的最大嘲讽吗？

“察孝廉，父别居；寒素清白浊如泥”：杨慎《丹铅杂采》引此谚“察”作“举”，是。《汉书·武帝纪》：“元朔诏书：‘深诏执事，兴廉举孝。’”可见西汉时选举，“廉”“孝”异科。当时习称“举孝察廉”。到了东汉，孝廉始合并为一科。《后汉书·百官志》：“故事：尚书郎以令史以次补之。光武使用孝廉为尚书郎。”又：“郡太守举孝廉，郡口二十万举一人。”皆可证。但举孝仍可独立成科，当时称“举至孝”。《后汉书·安帝纪》：“永初五年，举至孝与众卓异者。”《桓帝纪》：“延和元年，诏大将军公卿郡国举至孝笃行之士各一人。”皆可证。然则此处的“举孝廉”实际的含义是偏义复词，和“举至孝”是一回事，所以下句只说“父别居”，意思是揭露他们和自己的亲生父母都住不到一起，还有什么孝之可言？下句：“寒素清白浊如泥”，汉代封建官僚集团常常用“寒素清白”一类好听的字眼美化自己，欺骗人民。

如《后汉书·杨震传》：震曰："使后世称为清白吏子孙，不亦厚乎?"封建皇帝是更加喜欢宣扬这一套，以达到把他们自己统治机构打扮成为清水衙门的罪恶目的。如《后汉书·百官志》注："建武十二年，诏三公举廉吏各一人，光禄岁察廉吏三人，中二千石岁察廉吏各一人，廷尉、大司农各二人，将兵将军岁察廉吏各二人。"这都不过是官样文章，实际的情况是如童谣所揭露。

"高第良将怯如鸡"：高第，是汉代选任武官的一种科名，而不是一般高级和高等的意思。知者，《汉书·昭帝纪》："始元五年，诏举郡国文学、高第各一人。"又《宣帝纪》："诏内郡国举文学、高第各一人。"皆以"高第"与"文学"平列并举而称"各一人"可见他与"文学"殊科。"文学"既是文官，则"高第"必是武官。证以此诗"高第"与"良将"联举，则尤知这一论断之非诬。汉代部分武官亦由朝臣重臣荐举。《后汉书·安帝纪》："永初五年七月，诏三公、特进、九卿、校尉举列将子孙明晓战阵，任将帅者。"又："建光元年十一月，诏三公、特进、侯、卿、校尉举武猛堪将帅者五人。"又《顺帝纪》："永和三年秋九月丙戌，令大将军、三公各举刺史二千石及见令、长、郎、谒者、四府掾属刚毅武猛，有谋谟任将帅者各二人；特进、卿、校尉各一人。"皆其证。当时挑选武官的标准，名义上是要"习战阵，刚毅武猛，有谋谟"，但实行时，任用私人的很多，所以也产生才不称职的现象。"鸡"字，《太平御览》卷四百九十六引《抱朴子》作"蝇"，不叶韵，当是"黾"的借字。"黾"，蛙类。按此字作"鸡"或作"黾"，虽皆勉强可以讲通，但似不如《全唐文》卷三百七十四张倚《长才广度策》引作"龟"字较为明显易解。

桓帝初小麦童谣

小麦青青大麦枯，谁当获者妇与姑。丈人何在西击胡。吏买马，君具车，请为诸军鼓咙胡！

此诗《乐府诗集》卷八十八入《杂歌谣辞》。题解：

《续汉书·五行志》："桓帝之初，天下童谣曰：'小麦青青大麦枯……'按元嘉中，凉州诸羌，一时俱反；南入蜀、汉，东抄三辅，延及并、冀，大为民害。命将出众，每战常负。中国益发甲卒，麦多委弃，但有妇女获刈之也。'吏买马，君具车'者，言调发重及有秩者也。'请为诸君鼓咙胡'者，不敢公言，私咽语也。"

《续汉志》诠释《小麦谣》的历史背景除去某些观点有欠正确外，可以说基本上是符合客观实际的，反映了当时社会生活的某些侧面。东汉政治，到了桓、灵二帝时代，已经腐败透顶，阶级矛盾已经达到空前激烈的程度。伴随着阶级矛盾的进一步激化，民族矛盾也相应地加剧起来。西北少数民族上层利用时机，率部向中原地区移动，进行虏掠。这样又反转过来加剧了汉族的阶级矛盾。封建统治者征伐频繁，战争连年不休，生产力遭到严重破坏。这时人民仍然以大局为重，男人走上前线，生产任务由妇女承担起来。同时也向封建统治者提出合理要求，要他们出一些车马之类的必需战备，不要只让人民卖命受苦。事在必行，义无反顾！我自愿大声疾呼，号召一下，希望你们支持响应！这就是《小麦谣》的主要思想内容。

按：《小麦谣》，《志》称作于"桓帝之初……元嘉中"，今检《后汉书·桓帝纪》，元嘉元年，二年，未见书"凉州诸羌，一时俱反"的事。但在前此"建和二年三月"书"白马羌寇广汉属国"，后此"延熹三年"，书"勒姐羌围允街"，"四年六月"，书"零吾羌与先零诸种并叛，寇三辅"。"冬十月"，书"先零沈氏羌与诸种羌，寇并、凉二州"，五年春三月，书"沈氏羌寇张掖、酒泉"；"秋七月"书"鸟吾羌寇汉阳、陇西、金城"，"冬十一月"，书"滇那羌寇武威、张掖、酒泉"；"七年冬十月"，书"护羌都尉段颎击当煎羌……"；"九年秋七月"，书"沈氏羌寇武威、张掖"。"永康元年春正月"，书"先零羌寇三辅，当煎羌寇武威"。独不载"元嘉中，凉州诸羌，一时俱反"事，可能是旧史有缺文，范书失载。《续议志》为汉末人所作，纂言必有依据，我们可以相信。唯对这篇童谣的解释，我们有不同意的地方。特别是末三句："吏买马，君具车，请为诸君鼓咙胡。"明明是童谣作者感于情事危急，大喊大叫，让地方官吏也出些车马输军助战，似并无怨恨"调发重及有秩者"的意思，"有秩者"可能存在这重思想，但老百姓却肯定不会那样。

这首诗对后世作家的影响很大，如杜甫《兵车行》："纵有健妇把锄犁，禾生垅亩无东西"和《大麦行》的"大麦干枯小麦黄，妇女行泣夫走藏；东至集壁西梁洋，问谁腰镰胡与羌"诸句，从内容到形式，都明显地是受了这篇童谣："小麦青青大麦枯，谁当获者妇与姑，丈人何在西击胡"等句的影响，这点是人们容易认识的。至于童谣的末三句，人民对官吏具车买马的正义要求，由于旧史作者对此发生误解，从而它对杜甫所写《三吏》《三别》

中某些篇章主题思想的确定所受的影响，则知者不多，论者绝少，所以我们想在这里表而出之。

[注释]

“小麦青青大麦枯”：农民对农作物成熟的时间了解得非常准确。小麦的黄熟期一般要比大麦晚些。所以说：当小麦还带青的时候，大麦则已经干熟了。边疆游牧民族因为不事农垦，其上层到了麦大二秋季节，往往率部进行季节性的抢粮活动，所以这句歌谣不仅是写夏季麦子成熟，而且也暗示到了游牧民族抢粮的季节，这当时早已成为历史陈迹了。需要提示的一点是：杜甫作《大麦行》虽对《小麦童谣》有所继承，但对旧文献绝不肯原封不动地照抄照搬，他大概认为“小麦青青大麦枯”中的“青青”二字，还不足以强有力地突出主题，因此把原句改为“大麦枯干小麦黄”，这样在艺术形象方面，集中地突出了时届麦黄农忙季节，在艺术效果上比原作有所提高。这是值得我们借鉴的地方。

“丈人何在西击胡”：此处“丈人”和《妇病行》《相逢行》《长安有狭斜行》里的“丈人”，并当训为“丈夫”。不过上文既说“谁当获者妇与姑”，则此“丈人”当亦兼指老少两辈。因为当时朝廷政治黑暗，叛乱四起，兵连祸结，所以出现父子俱在军中的反常现象。

城上乌童谣

城上乌，尾毕逋。公为吏，子为徒。一徒死，百乘车。车班班，入河间。河间姹女工数钱，以钱为室金为堂。石上慊慊舂黄粱！粱下有悬鼓，我欲击之丞卿怒。

此诗《乐府诗集》卷八十八入《杂歌谣辞》。题解：

《续汉书·五行志》曰：“桓帝之初，京都童谣曰：‘城上乌……’按此皆谓为政贪也。‘城上乌，尾毕逋’者，处高利独食，不与下共，谓人主多聚敛也。‘公为吏，子为徒’者，言蛮夷将畔逆，父既为军吏，其子又为卒徒往击之也。‘一徒死，百乘车’者，言前一人往讨胡既死矣，后又遣百乘车往。‘车班班，入河间’者，言上将崩，车班班，入河间迎灵帝也。‘河间姹女工数钱，以钱为室金为堂’者，灵帝既立，其母永乐太后好聚金以为堂也。'石上慊慊舂黄粱'者，永乐虽积金钱，慊慊常若不足，使人舂黄粱而食之也。'梁下有悬鼓，我欲击之丞卿怒'者，言永乐教灵帝使卖官受钱，所禄非其人，天下忠笃之士怨望，欲击悬鼓以求见，丞卿主鼓者，亦复谄顺，怒而止我也。"刘昭补注"一徒死，百乘车"云："志家此释，岂未尽乎？往徒一死，何用百乘？其后验竟为灵帝作。此言一徒，似斥桓帝。帝贵任群阉，参委机政；左右前后，莫非刑人，有似囚徒之长，故言寄一徒也。且又弟则废黜，身无嗣，魁然单独，非一而何？百乘车者，乃国之君，解犊后征，正膺斯数，继以班班尤得以类焉。"

按《续汉书·五行志》和刘昭补注对《城上乌童谣》的说解基本上是正确的，但是由于他们受历史条件和阶级出身的局限，所作说解，不可能完全与童谣的作意吻合，所以还要做一些古书今译以及补充解释的工作，并在这一基础上进行一些初步的分析。

我们必须着重指出：《续汉书·五行志》概括这首童谣的主题思想说："案此，皆谓为政贪也。"可以说是一针见血，命中要害了。但稍感不足的地方是，这首童谣主要矛头是刺向灵帝刘宏母的聚敛无度的，只能是作在灵帝时期，而《五行志》却说是"桓帝之初"，这是由于旧史的作者，往往把民谣看成是谶纬一类先验的东西，所以把它的发生说成是在历史发展的进程以前；这当然是颠倒了主客观关系，是很错误的。但在他们具体解释这首童谣时，还是比较切合实际的，提到了灵帝及其母永乐太后。

[注释]

"城上乌，尾毕逋"：这首童谣用比兴领起全篇。《续汉志》以"处高，利独食，不与下共，谓人主多聚敛也。"解这两句，二者之间到底有什么联系呢？用"城上乌"比居高位者，容易理解；"尾毕逋"，这句话，稍为费解。我们认为：此处"尾"字当读为《尚书·尧典》："鸟兽孳尾"的"尾"，指鸟兽交尾而言。乌鸦交尾产卵孵雏以后，即行逃掉，使其群雏嗷嗷待哺，盖古代有此传说，以比人主不爱其民，故童谣用以发端起兴。细味《续汉志》的解释，可谓深得诗旨。唐代杜甫作《哀王孙》，白居易作《和大嘴乌》，皆以乌鸦喻贪者本此。稍不同者，杜甫和白居易用此以讽贪官，而此则以讽王室，这大约由于作者出身不同阶级的缘故吧。

"公为吏，子为徒"："公"即"翁"，《史记·高祖本纪》："吾翁即若翁"，意思是："我的父亲也就是你的父亲"。亦即"父"，所以"东王公"亦称“东王父”。“吏”在封建社会属于统治阶级，要比“徒”的地位高一些。至于对“徒”的解释，刘昭认为当指桓帝，基本上是对的。但是他分析童谣的作者所以称桓帝为“徒”，是由于“帝贵任群阉，参委机政，左右前后，莫非刑人”，则仍然是站在封建官僚反对宦官专政——统治阶级内部矛盾的立场说话，着眼点还是很片面的。我们知道，皇帝所以成了独夫民贼，并非因为他们单纯信任宦官。贪官污吏，贵族外戚，都是他们的重要帮凶，怎么能够单纯归咎于宦官？而且从本质上讲，皇帝本人才是封建社会（奴隶社会同）的最大剥削者，他们的宠信宦官，是由于他们享有一夫多妻的特权所产生的恶果。所以谴责的矛头只是指向宦官，而不同时指向贪官污吏、贵族外戚以至皇帝本人，则这种谴责就不能认为是命中要害的。我们认为“公为吏，子为徒”的真正含义，应当是民谣的作者在辛辣地讽刺东汉的最高统治集团，由于残酷地剥削人民的结果，越来越失掉人心，越来越脱离群众，到了桓、灵二帝时代，皇帝已经成了众叛亲离的独夫“一徒”。

“一徒死，百乘车，车班班，入河间”：旧注解这四句，认为是：桓帝死了，因为没儿，皇太后窦氏与其父城门校尉窦武，定策禁中，使守光禄大夫刘鯈持节，将左右羽林至河间奉迎解渎亭侯（刘宏祖父刘淑、父刘苌旧封）刘宏为帝，是为灵帝。（见《后汉书·灵帝纪》）“车百乘者，乃国之君，解渎后征，正膺斯数。”这是刘昭认为《城上乌童谣》是先验的预言，百乘是暗示解渎亭侯的舆服品秩。然细味文义，此百乘似应劭：“征灵帝者，轮班拥节，入河间也”的说法较为切合正文。

“河间姹女工数钱，以钱为室金为堂”：“姹女”一作“妖女”。“姹”和“妖”原来都是美的意思。此处似有好打扮的意思，不一定是说她长得真美。“工”是“善于”或“专长”的意思。“数”，不只是计算的意思，此处似兼有想方设法，多方聚敛的意思。考《后汉书·灵帝纪》，灵帝刘宏即位的时候才十二岁，其母永乐（《后汉书·桓帝纪》李贤注：“和平元年，有司奏太后所居，皆以永乐为称。”可见是通名，非专名）太后董氏此时年岁必不很大，故称“姹女”或“妖女”，以寓贬意。董氏爱财如命，聚敛无度，上下四周，堆满金钱。所以说“以钱为室金为堂”。有其母必有其子，灵帝刘宏也是著名的贪污皇帝，接过来他前任皇帝桓帝卖官鬻爵的衣钵，而又变本加厉。《后汉书·灵帝纪》载：“光和元年十二月，初开西邸卖官。自关内侯、虎贲、羽林入钱各有差，私令左右卖公卿：公千万，卿五百万……中平二年，造万金堂于西园。四年，是岁，卖关内侯，假金印紫绶传世，入钱五百万。”何焯曰：“光和元年已卖关内侯，此刻并传世也。”这就是说，刘宏卖官，开始还只卖一辈，到后来则又卖传宗接代（按《后汉书·和帝纪》载："延熹四年秋七月，占卖关内侯、虎贲、羽林、缇骑、营士、五大夫钱各有差。"只不过是在做法上还有些偷偷摸摸，不敢像刘宏那样公开在庙堂上明码标价罢了）。

"石上慊慊舂黄粱"：这句诗的主语当属广大劳动农民和童谣作者。因为主语是作者自身，所以省略。石，指捣米的臼。慊慊，心怀不满的样子。形容劳动人民被封建统治者残酷剥削的心理状态。旧释以为写永乐太后，恐怕非是。这句歌谣的意思是：当剥削者加紧聚敛的时候，也就是劳动人民愁眉苦脸、穷年力作、饮泣输将的时候。这是写阶级生活的鲜明对立。

"堂上有悬鼓，我欲击之丞卿怒"：这是揭露封建王朝为了欺骗人民，在朝堂上悬挂"谏鼓"做装饰品的虚伪性。"谏鼓"按说是供人民敲打告状的。但是如果你不知深浅地认真敲打起来，就马上会有一个或几个官老爷们出来干涉。白居易《新乐府·采诗官》："谏鼓高悬作虚器"，真是从古如此。

是否人民就长此忍气吞声下去呢？不会的。请看历史怎样回答这一问题吧！《后汉书·灵帝纪》载："中平元年春正月，钜鹿人张角，自称黄天，其部帅有三十六万，皆著黄巾，同时反叛。安平、甘陵人各执其王以应之。三月庚子，南阳黄巾张曼成，攻杀郡守褚贡。夏四月，朱儁为黄巾波才所败。汝南黄巾败太守赵谦于邵陵，广阳黄巾杀幽州刺史郭勋及太守刘卫……"黄巾起义是东汉末年具有全国规模的农民大起义，在中国革命史占有特别重要的地位；虽然最后是被镇压下去了，但它动摇了统治达四百年的两汉王朝的基础。就是灵帝刘宏和他的生母董氏一伙反面教员促使他们觉醒起来的。而《城上乌童谣》应当是这次农民大起义前的信号。

这是一篇未遭篡改的民间口头创作，在思想上和艺术上都具有不同于文人作品的许多特点。它直斥东汉每下愈况的儿皇帝为"吏"为"徒"；辛辣地讽刺太后董氏为"姹女"，用正实若反的话语讥讽她只会敛钱为"工数钱"，同时用"石上慊慊舂黄粱"的绘形绘声的诗句传导了千百万劳动人民的满腔愤怒。语言鲜明而生动，风格刚健清新，对后世作家作品的影响，无疑是巨大的。

后汉献帝初童谣

燕南垂，赵北际，中央不合大如砺。唯有此中可避世。

此标题用《乐府诗集》卷八十八《杂歌谣辞》所用标题。《三国志·魏志·公孙瓒传》裴注引《英雄记》曰：

先是有童谣曰："燕南垂……"瓒以易当之，乃筑京固守。瓒别将有为敌所困，议不救也。其言曰："救一人，使后将恃救不力战，今不救，此后将当念在自勉。"是以袁绍始北击之。时瓒南界上别营，自度守则不能自固，又知必不见救，是以或自杀其将帅，遂为绍兵，遂令绍军径至其门。

裴松之云：

以为童谣之言，无不皆验，至如此记，似若无征，谣言之作，盖令瓒终始保易，无事远略。而瓒因破黄巾之威，意志张远，遂置三州刺史，图灭袁氏，所以致败也。

《后汉书·五行志》刘昭注，亦引之，而释事微有不同(《太平御览》卷一百六十三，引此童谣，"央"作"间")。

《英雄记》叙此诗本事，是把童谣当作公孙瓒的成败始末先验的征兆处理的，当然是一种穿凿附会之谈，裴松之加以驳斥，是很有见地的。童谣产生在公孙瓒盘踞在燕南赵北之前，根本牵涉不着他的事情。据我们所知："燕赵古称多慷慨悲歌士"，民性比较强悍。而燕南赵北，又地处两大地方势力的交界处，封建统治力量比较薄弱，在平时，人民可以来此躲避征敛；在乱时，起义军可以据此与官军周旋。这在东西两汉都有历史文献可查：《史记·酷吏·王温舒传》：

盗贼滋起，南阳有梅免、白政；楚有殷中、杜少；齐有徐勃，燕赵之间有坚卢、范生之属。

所说的"燕赵之间"和这首歌谣所说的"燕南垂""赵北际"所指完全是一个地方。又《三国志·魏志·张燕传》：

张燕，常山真定人也。黄巾起，燕合聚少年为群盗，在山泽间转攻……其后人众寖广，常山、赵郡、中山、上党、河内诸山谷皆相通。其小帅孙轻、王当等各以部众从燕，众至百万，号曰黑山。

可见真定、中山一带，在东汉末年曾为黄巾起义军的一侧翼黑山军所占领，这就是"燕南垂，赵北际"在历史地理上的重要意义。当公孙瓒来这里盘踞的时候，黄巾和黑山起义军已经失败，与此事相关而产生的民谣，后人已不能确知其现实意义，故妄以公孙瓒的事迹实之，自然是对不上口径的。

［注释］

"垂"：即陲，边界意。

"中央不合大如砺"："央"字似当从《太平御览》引作"间"，此句有稍嫌燕南、赵北的中间地带面积过小，不足以容纳众多的流民的意思。

"避世"：逃避地方长官的横征暴敛，与道家"避世"，代表没落阶级的出世思想无关。

吴孙皓时童谣

宁饮建业水，不食武昌鱼。宁还建业死，不止武昌居。

《三国志》卷六十一《吴志·陆凯传》：

皓徙都武昌，扬土百姓，泝流供给，以为患苦。又政事多谬，黎元穷困，凯上疏曰："臣闻有道之君，以乐乐民，无道之君，以乐乐身。乐民者，其乐弥长；乐身者，不乐而亡。自顷年以来，君威伤于桀纣，君明暗于奸雄，君惠闭于群孽，无灾而民命尽，无为而国财空，辜无罪，赏无功……又武昌土地，实危险而塉确，非王国养民之处。船泊则沉漂，陵居则峻危，且童谣言：'宁饮建业水……'乃以安居而比死，是明天意，知民所苦也。"

这首童谣作于孙皓第二次改元甘露，时当公元二六五年。陆凯是东吴著名宰相陆逊的侄子，有比较开明的政治见解，知道民心的向背关系政权的兴废。他的这封上疏为“童谣”揭示了产生的历史背景，给我们的研究工作提供了丰富的资料，重要的线索。

童谣是针对孙皓把国都从建业(今南京市)迁武昌的荒谬决策而发的。我们通过陆凯的奏疏，知道孙皓的这次迁都，目的完全是为了满足他个人的追欢享乐，而且这种追欢享乐，是以强迫沿江人民逆水行舟为他输送奢靡物资的残暴手段来换取的。这就必然要激起人民的无比愤怒，强烈抗议。

童谣篇幅和其他同类作品一样，突出的特点就是短小精悍。但主题明确，意志坚定，感情充沛，词气轩昂。虽惜墨如金，而深重的阶级仇恨，犀利的讽刺锋芒，仍得到集中的反映，充分的体现。

附录一　发扬《诗经》和《楚辞》爱国主义的优良传统

《礼记·檀弓下篇》：

> 美哉轮焉！美哉奂焉！歌于斯，哭于斯，聚国族于斯。

当我一看到这几句话的时候，就以为张老他不是在赞美什么旁的事物，而是在歌颂我们伟大的祖国。起初还以为这是我一个人的感觉；但是后来一度发现号称“忘我”“外物”，“粃糠尧舜”而“虮蝨巢由”的达人庄周对祖国是怎样看法时，那我就敢于十分肯定，说热爱祖国，乃是营造社会生活的良善人民的共同品性。《庄子·则阳篇》说：

> 旧国旧都，望之畅然。虽使丘陵草木之缗，入之者十九，犹之畅然；况见见闻闻者也？以十仞之台，县（按即悬字）众间者也？

意思是说，旧国旧都，一看见就令人感到痛快。不单隆盛时如此。就是残破到十分之九成为废墟，十分之九没入榛莽，看了还是特别痛快。更不用说当你看见非常熟悉的脸庞，听见非常熟悉的乡音，俯仰低回于那辉煌宏伟的建筑物左近的时候了。

哲人尚且如此，何况在深情敏感的诗家？

《诗经》是祖国最早的一部诗歌总集，但是已有许多篇章贯彻着爱国主义的精神。举例来说：如《小雅·采薇·出车》等篇，那是西周初年为了防御昆夷（在西）猡狁（在北）直接参加战斗的农民自己的作品，非常值得我们重视。全诗过长，我现在只引用一些最有关系的字句加以说明。《采薇》的首章末四句：

靡室靡家，
玁狁之故。
不遑启居，
玁狁之故。

这里所说的玁狁，就是以前的薰鬻，后来的匈奴。他们的酋长，时常带领着部属，南下中国寇掠，杀人越货，广大地区的农民，受到无情的蹂躏，弄得他们无家可归，到处逃亡。于是开宗明义，对准敌人，破口大骂。

在这次作战中，敌人失败了，诗人俏皮地写出他们对于这次胜利的欢欣：

戎车既驾，
四牡业业。
岂敢定居？
一月三捷。

意思是说，一看见套车的战马那股棒劲，就可以想象弟兄们是多么英勇！一个月接连三次胜利，谁还好意思按兵不动！这几乎等于说：敌人忙，我们也忙；敌人忙的是丢盔卸甲，我们忙的是捡不完的战利品，唱不完的庆功歌。

可是我们的战士并没有被连串的胜利冲昏头脑，从而稍微放松一点对敌人的警惕。于是他们继续写道：

四牡翼翼，
象弭鱼服。
岂不日戒？
玁狁孔棘。

意思是说：虽然咱们兵强马壮，装备齐全，在战场上赢得许多次胜利，可是当我们还没有取得决定性的胜利，敌人还没有受到致命的打击之前，他们依然可能向我们反扑，我们不能不严加戒备。诗人在这方面的估计，是完全正确的。因为我们知道，玁狁是古代中国北方一个最凶恶的敌人，他们在周文王和后来的宣王时期都曾不断地向中国内地进扰。《诗经》记述周代的边患，不止一次提到他们；出土的彝器虢季子白盘也有“搏伐玁狁”的记载，可见是诸夏民族的一个大害。所以我们说，《采薇》的作者，面对这样强大的敌人，不断地提高警惕，是完全必要的。

由此可见，《采薇》诗的作者，不单是具有高度热情的爱国主义者，而且是“有谋，有为，有守”的战斗理论家。类似这样的作品，《诗经》里面还多得很；因为篇幅所限，只举最有代表意义的《采薇》作一个典型的介绍。

根据《采薇》《采芑》的发端起兴，我们知道周朝入伍的兵员大抵是农民，《豳风》里作《东山》诗的也是如此，所以他描写自己的室家，饱含着田园风味。这就说明，封建社会的最下层——农民，既是历代革命的倡导者，又是一切外侮的捍卫者。

还有一部分农民，被国家征来从事于各种劳役，可是他们的爱国热情，也不下于入伍农民。这种说法，并不是出于幻想，从《左传》里可以得到充分证明。

《左传》鲁宣公二年：郑国的公子归生，接受楚国的命令，叫他侵略宋国。宋国派遣华元作领兵，率领士兵，走上前线。二月壬子那天，在大棘的地方和郑国的兵交手了，结果宋国的兵打了败仗，华元成为郑国的俘虏。后来宋国拿出兵车一百辆，战马四百匹，准备把华元赎回。当赎礼才送到半路时，可巧华元已经逃了回来。到了宋国的京城，华元又做起官来，充任宋国筑城的监工。对苦力们作威作福，说话就瞪眼睛。于是苦力无法忍耐，唱起小调。向他开火了：

睅其目，
皤其腹，
弃甲而复。
于思于思！
弃甲复来。

意思是说：你瞪着大眼睛、腆着大肚皮（现在变成农民对 地主的讽刺话），好像很神气似的；可是你的能力在哪里？你的能力，就是丢盔卸甲，就会临阵脱逃。大胡子！大胡子！你的能力还不就是丢盔卸甲，临阵脱逃么？

可是厚脸皮的华元在泼辣的讽刺面前，还想抵赖，叫他的骖乘回答工人说：

牛则有皮，
犀兕尚多，

弃甲则那？

意思是：要有牛就不愁皮。何况还有用不完的野牛数不尽的犀？丢掉一点铠甲又怎的？苦力们听见老不害羞的华元说出这等无耻的话，于是更加愤怒了。冷嘲热讽地继续唱：

从有其皮，
丹漆若何？

意思是说：那么容易！净是牛皮就能做成铠甲么？请问你：油画铠甲，从什么地方去讨那么现成的丹和漆？

这样一反问，叫华元败将无言对答；只得狼狈地告诉他的御者："赶紧躲开他们！他们人多嘴杂，我们'一狼难敌众犬'。"于是华元的车子就在千百人的讥笑中，一溜烟不见了。

钢筋铁骨的人民，有的是精力，有的是勇气，不怕进犯的敌人前来送死。最怕敌人的是那些吃得肥肠肚满的统治者，他们平时吸食民脂民膏，战时心惊胆战，一败千里；在人民的面前，假使还企图继续维持其优越尊严的地位，有时候就可能碰钉子。

另外还有见于襄公四年传文鲁国人诵，大意同于宋城者讴，都足以看出人民的爱国精神，英雄气概，为篇幅所限，不多引了。

宋城者讴和鲁国人诵，在形式上和《诗经》是一样的，可以归入《诗经》一类。

在先秦时代，和《诗经》分庭抗礼的祖国文学另一重镇是《楚辞》。

屈原是《楚辞》的首脑人物，又是它最杰出的代表作者。他的一生，是以"系心楚国，眷恋怀王"见称于后世的。那时的列国的均势已经打破，大国对小国进行飞速的兼并，大国和大国的矛盾已日益加深。楚国的势力起初向北伸张，随后又向东伸张，又回过头来向北伸张；秦的势力向东南伸张，向西南伸张，从西面北面直接威胁楚国的安全，又向东伸张，威胁着韩魏燕齐诸国，同时造成楚国向这方面伸张势力的最大阻碍。齐过去虽然是大国，可是到了屈原的时代，除一度攻破燕国以外，并无赫赫战功，远不及楚特别是秦势力发展之速。秦的势力急速发展的结果，造成和山东诸国普遍的对立，因而缓和了山东诸国的内部矛盾，曾一度形成并力西向的暂时联合。苏秦的合纵政策，就是在这一历史任务上提出的。当时的楚国，应走的道路是：内政方面，亟待肃清贪污，撤换元老重臣，起用在野志士；外交方面，应当停止侵略措施，努力争取山东诸国做自己的同盟，特别是举足重轻的齐；军事方面，应当把兵力集中起来，打击“虎狼之秦”。策略虽然是三个，目的只是一个，那就是谋求楚国实际的富强与康乐。屈原是伟大的作者，又是优秀的政论家；其代表作《离骚》，就是为了楚国腐朽的统治阶级，不能胜利完成这一政治任务而发出震雷般的怒吼。看他劈头一句：

帝高阳之苗裔兮。

意思是说：我们楚国是伟大的祖先（帝字的含义，是伟大和祖先兼而有之的）高阳氏（氏族名）颛顼的后代呀！你们看看我们肯不肯做人家的奴隶呢？接着他又说：

唯庚寅吾以降。

这句话的意思，过去许多注解家都认成屈原在写出上句之后，继续在炫耀他个人的生辰八字，我想这是极其表面的看法。根据笔者所知，庚寅是屈原的生日，同时也是重黎的忌辰。重黎是颛顼之后，因此也是楚宗室屈原的另一先祖。至于他死的原因，《史记·楚世家》说是这样：

共工氏作乱，帝喾使重黎诛之而不尽，帝乃以庚寅日诛重黎。

由此可见，重黎是高辛氏帝喾杀死的，而死的那一天正是庚寅。屈原恰好生在这一天，并且把它郑重记录下来，意思也不外是：我是上天生就高辛氏族的敌人，我长大了一定要替我被害的祖宗报仇。高辛是秦国的真正祖先，在《离骚》中，他是以屈原的情敌的人格而出现，实际上是影射着楚国的政敌秦国。虽然《史记·秦本纪》说秦是高阳氏颛顼之后，但那是错误的记载，或出于传写的错误亦未可知。《史记·五帝本纪》：

黄帝居轩辕之丘，而娶于西陵之女，是为嫘祖。嫘祖为黄帝正妃，生二子，其后皆有天下。其一曰玄嚣，是为青阳。其二曰昌意。昌意娶蜀山氏女曰昌仆，生高阳。黄帝崩，其孙昌意之子高阳立，是为帝颛顼也。颛顼崩，而玄嚣之孙高辛立，是为帝喾。

由此可见，高辛氏是属于玄嚣一系。玄嚣就是青阳，而根据《左传》昭公十七年孔颖达《正义》说《世本》和《春秋》纬都说青阳就是少昊。而《左传》昭公十七年正文，也有郯子来朝，有人问到他少昊是谁？他回答说："吾祖也"。由此可证，郯是少昊之后。司马迁在《秦本纪赞》又说："秦之先为嬴姓，其后分封，以国为姓，有徐氏、郯氏、莒氏、终黎氏、运奄氏、菟裘氏、将梁氏、黄氏、江氏、修鱼氏、白冥氏。……"秦菟既是同一氏族，则属于高辛一系，毫无可疑。

虽然秦楚之间，过去曾有婚媾的恩谊，可是那是在玩政治把戏。甚至含有政治阴谋，用此维系两国邦交，是异常无力的，异常单弱的。一到两国处于刀兵相见的情势时，盟约也罢，婚约也罢，就完全付之东流了。替代它的是清算常远在氏族社会时期所遗留下来的旧根。

以本国的氏族作号召，以敌人的氏族作目标，是封建社会初期爱国主义特具的征象之一，是作者在本文里应当着重指出的。

另外还有一种是表面和屈原的爱国主义无甚干涉而实际上大有关系的，是屈原的服色。关于这一点，一向被人忽略，所以笔者也愿意在这里稍微谈谈。

楚国的服制在当时的列国中是自成一派的，这可以举一段故事来证明。《左传》成公九年：

> 晋侯观于军府，见钟仪，问之曰："南冠而絷者谁也？"有司对曰："郑人所献楚囚也。"

钟仪戴着南冠，所以惹得晋侯特别注意。而钟仪是楚国人，足见上面所说的并非臆断。不但此也。楚国比起旁的国家，又似乎特别讲究穿戴，《吕氏春秋·贵因篇》：

> 墨子好俭非乐，锦与笙非其所服也，而为之；因荆王之所欲也。

平素栉风沐雨，面目黧黑的墨子，一到楚国，忽然打扮起来，大约也是"随俗雅化"了吧！

现代人看成服色虽然是生活上的细节，但古人却把它当作国族的特征，而予以非凡的重视。赵武灵王改换胡服，遭到宗室朝臣公子成、赵文、赵造、周祒、赵俊等的一致反对；满清入关，强迫汉人改装剃发，也曾受到拼命的抵抗；都可以作有力的证明。屈原在《九章·涉江》的开头，就这样说：

余幼好此奇服兮，年既老而不衰。带长铗之陆离兮，冠切云之崔巍。

切云大约就是钟仪所戴的南冠。唯其屈原对祖国有无限的热爱，所以对祖国的服色也寄予无限的热爱。假使我们承认有“武装到牙齿”的侵略者，那么自然也就会有“保卫到服装”的爱国者。爱国主义越是灌注到生活的细节，就越足以说明它的根基之深厚。

然而，毫无疑问，在不同的历史阶段，爱国主义是以不同的方式而体现着。以上所说的两点，虽然在当时有着极为现实的意义，可是在现代的人看起来，已经是陈迹了，是值不得效仿的了。

屈原显然不是把爱国主义停留于表面工作的人，实际他在旁的方面，替祖国累积了甚至是创造了更多更宝贵的财富：

第一，他清算了楚国历年对外侵略的黩武主义。根据史传，楚庄王三年灭庸，十三年灭舒蓼，惠王十五年灭陈，四十三年灭蔡，四十四年灭杞，简王元年灭莒，威王六年灭越(越灭吴奄有其地)，还没有把灭息，灭随，灭胡计算在内，可见它是侵略欲极其畅旺的国家。但是积极侵略的后果是，朝廷内部的君臣加速腐化。根据现存的《诅楚文》，秦惠文王在伐楚之前，向上帝和巫咸控诉楚怀王的罪行时，就有“奢侈竞从，淫佚湛乱”的说法，再证以《楚策三》庄辛谓楚襄王曰：“君王左州侯，右夏侯，辇从鄢陵君与寿陵君，专淫逸侈靡，不顾国政，郢都必危矣”的话，和《离骚》：“众皆竞进以贪婪兮，凭不餍乎求索”的说法，大约是十分确切的。屈原生在这样的一个国度里，由于他那超乎常人的预见，不能再容忍这可怕的侵略政策疯狂地发展下去。因为他深深地知道，楚国疯狂的对外侵略，足以助长朝廷的贪污腐化，足以破坏山东诸国共同御侮的统一阵线。最终是给敌人准备好可乘之机。所以屈原在《离骚》中，就向当道提出如下的警惕：“启九辩与九歌兮，夏康娱以自纵。不顾难以图后兮，五子用失夫家巷。羿淫游以佚畋兮，又好射夫封狐。固乱流其鲜终兮，浞又贪夫厥家。浇身被服强圉兮，纵欲而不忍。日康娱而自忘兮，厥首用夫颠陨。”这一段话，假使和吴王舍人的孺子对吴王所讲的话，和后来庄辛对襄王所讲的话一印证，那就非常明显，屈原的目的不是在说古，而是在讽今。《说苑·正谏篇》记述一段历史故事，这故事的内容是："吴王欲伐荆(即楚)告其左右曰：'敢有谏者死!'舍人有少孺子者，欲谏不敢；则怀丸操弹，游于后园，露沾其衣，如是者三旦。吴王曰：'子来！何苦沾衣如此?'对曰：'园中有树，其上有蝉，蝉高居悲鸣饮露，不知螳螂在其后也。螳螂委身曲附，欲取蝉，而不知黄雀在其傍也。黄雀延颈欲啄螳螂，而不知弹丸在其下也。此三者，皆务欲得其前利，而不顾其后之有患也。'王曰：'善哉!'乃罢其兵。"这个寓言故事产生在屈原之前，为屈原所知道，所体会，乃意中事。此外还有比屈原稍后的庄辛(或与屈原同时)，又把这个故事加以修改，以期能够符合于楚国的具体情况，文见《战国策·楚策三》。假使大家把这两个文献一对照，则上引的一段《离骚》，其用意所在，就可以很明确地呈现在读者之前。

第二，他曾力促他的朝廷，争取和山东诸国继续合作，来巩固抗秦的统一阵线。上文说过，秦的势力急速扩展，促成了山东六国并力抗秦的暂时联合，假使这种联合能够巩固下去，那的确是对侵略者最有效的制裁。不过是有反侵略联合的建立，同时就有对反侵略联合破坏。前者以苏秦的合纵政策为代表，后者以张仪的连横政策为代表。一个是抗敌政策，一个是降敌政策。一个是要制止战争，一个是要扩大侵略。这两种政策对统治阶级说来，是各有其利害的一面；对人民说来，则合纵是比较有利，而连衡比较有害。但是经验告诉我们，做好事往往比做坏事更为困难，因而合纵的坚持与巩固，也就颇不容易。特别是统治阶级，他们害怕人民起来比害怕敌人侵略高出万倍；而合纵政策，却非要人民起来不可，因此就成了他们沉重的负担。反过来说，投降主义的连衡政策，对于他们，则可以借出卖整个国家利益，来换取敌人的许可，仍然骑在人民的头上，向他们进行勒索。所以问题的焦点，不是他们想不想投降，而是在投降以后，能不能在敌人的手里得其所欲？单举一件事就足以说明，苏秦起初也是以连横之说向敌国送秋波的，可是并没有得到对方的青睐；而张仪的连衡所以得售，那倒是受了合纵之赐。可见如意算盘也不并不好打。说句老实话，六国的统治阶级都是准备投降的！只有在敌人连投降都不许可的时候，统一阵线才有形成的可能，因此基础就非常不牢固。所以在短短的一年之后，就自己垮台了。谁要想把已经垮了台的合纵恢复起来，谁就应当做好下列几种重要工作。

(1)争取利害一致的国家做同盟，不使自己陷于孤立，给敌人以可乘之机。

(2)大国必须放弃侵略企图，使国际信义昭著，以此把小国团结在自己周围，赢得他们对自己的密切合作。

(3)吸引国内外岩穴之士，加以培养，使它们成为建国栋梁，卫国战士。

这几种工作都是相当艰巨的。因为秦灭六国，是看出他们离心离德的弱点，所以就采取远交近攻，各个击破的政策。这显然是一种恶毒的阴谋，应当彻底粉碎它。实施的步骤：首先应当争取大国步调的一致，其次再拉拢小国。屈原曾奉命出使齐国，在外交上获得了齐楚亲善的卓越成就，因此吓坏了强秦，接着是张仪一阵狠毒的破坏。他在《离骚》里曾经反复申明这一外交策略的重要性、假借殷勤求女来体现这一政策愿望。它说：

> 朝吾将济于白水兮，登阆风而绁马。忽反顾以流涕兮，哀高丘之无女！溘吾游此春宫兮，折琼枝以继佩。及荣华之未落兮，相下女之可贻。吾令丰隆乘云兮，求宓妃之所在。解佩纕以结言兮，吾令蹇修以为理。纷总总其离合兮，忽纬繣其难迁。夕归次于穷石兮，朝濯发乎洧盘。保厥美以骄傲兮，日康娱以淫游。虽信美而无礼兮，来违弃而改求。览相观于四极兮，周流乎天余乃下。望瑶台之偃蹇兮，见有娀之佚女。吾令鸩为媒兮，鸩告余以不好。雄鸠之鸣逝兮。余犹恶其佻巧。心犹豫而狐疑兮，欲自适而不可。凤凰既受诒兮，恐高辛之先我。

这一大段的真意如何？过去许多人都以为影射求贤，固然不无理由；但我则以为假使理解为争取与国，似乎比较更近情理。因为：

(1)高辛影射秦国，上文已经说过。

(2)“纷总总其离合兮，忽纬繣其难迁”假使说影射某些贤人，则这些贤人架子太大了，好像不很合于当时情势。假使说影射五国的朝秦暮楚，那就非常贴切。

(3)鸩、雄鸠之类的鸟，就其性格与作风来说，很像当时纵横捭阖的国际外交投机家如张仪之类，他们驰说的对象自然不是贤人而是列国。

(4)求贤之意，另有一段特别说到此处似乎不必重出。

根据以上四种理由，作者就大胆作了上述的推断。同时，因有“欲自适而不可”的一句，我们还不妨作进一步地推断，说屈原在联齐成功之后，大约还想游说其余的四国，不过因为朝廷的政策摇摆不定，没有达到志愿，因而发出这样慨叹之辞。

不过争取与国，不能全靠辩士舌端，主要还靠自己对盟国是否能履行起码的两种义务：一个是和平相处的义务，一个是防守互助的义务。这可能是小国对大国最迫切的要求。要想争取他们和自己合作，大国非首先履行这两种义务不可。屈原反对黩武主义，这也可以说是原因之一。

然而，毫无疑问，以上所说的两种固属重要，可是最重要的还是"全靠自己救自己"。自救之道，除贼为先，清洗朝廷，实关紧要。因为那时楚国政权，实际上是把持在贵族重臣宠妾和间谍的手里。他们窃据了国家的高位，本质上则是国家的罪人，人民的罪人。为楚国长远的前途着想，非首先打倒这些人不可。可是打倒这些人并不是一件容易的事，因为他们是受着国王的保护，在朝廷互相勾结，根深蒂固。屈原为要贯彻自己的理想，就不能不向他们进行无数次惨烈的政治斗争。最基本的方式是向国人揭露他们祸国殃民的罪行。举凡《楚辞》里一切攻击的话，都是针对他们而说的。

屈原他不仅仅是对旧的善于破坏，而更重要的是对新的善于建设。建设就需要人才，人才的来源在哪里？这一问题，屈原提出三个解决的办法。

第一，自己培植贵族的下一代，做国家的骨干。《离骚》里："滋兰九畹，树蕙百亩"，就是影射这一措施的具体实践。根据陈旸《屈原生卒年月考》的引证，知道屈原的确确替楚国培植了一大批人才；这些人才，除极少数的变了节之外，大部分在各方面都表现了非凡的成就。

第二，主张把老百姓里的优秀分子，超级录用。他的这一主张，是取法于古人成功的经验。《离骚》说："说操筑于傅岩兮，武丁用而不疑。吕望之鼓刀兮，遭周文而得举。宁戚之讴歌兮，齐桓闻以该辅。"这还不是在建议楚王，说只要人有才干，连苦力，屠夫，卖唱者都可以录用么？

第三，主张引用客卿，替祖国服务。这是人才主义的进一步发展，也可以说是从邻国得来的一种借鉴。春秋末，战国初，人才流转得非常迅速，"唯楚有材，晋实用之"，几乎成了一种风气。假使运用得当，也能促成政治上的进一步革新。所以人才"入超"，就象征着国家的隆盛；反之，人才的"出超"，则说明了国家的接近衰亡。《离骚》说："昔三后之纯粹兮，固众芳之所在，杂申椒与菌桂兮（作者按：远方之木，以比远来之人），岂唯纫夫蕙茝（作者按：楚国之草，借喻楚国土著）？"拿后来李斯的文章作证明，屈原的目的就非常明显。李斯上秦始皇书说："昔穆公求士，西取由余于戎，东得百里奚于宛。迎蹇叔于宋，来邳豹、公孙支于晋。此五子者，不产于秦，穆公用之，遂霸西戎。"这不是邻国成功的经验么？所以我说：屈原当祖国还不够强大，要鼓励人才的"入超"，他就作《离骚》了。屈原当祖国已遭蹂躏，"民流散而相失"（《九章》）的时候，他又极力防止人才的"出超"，写起《招魂》来了（我以为《招魂》应当作于郢都被秦攻入之后，在这篇文章里，屈原表现了强烈的爱国思想。序文里的魂魄离散，就是《九章》"民流散而相失"的代语）。所以末尾说，"魂兮归来哀（作者按：读如依）江南！"

这三种办法的确是贤明的措施，不过昏庸的楚王，害怕群众，不予全部采纳，那就无怪要自食其果了！

第四，把民本主义继续深入，奠立爱国主义最广大最巩固的根基。"民为邦本，本固邦宁"的思想，实际上是由左派儒家孟子的"民为贵，社稷次之，君为轻"的主张发展出来的，他们不否定封建制度的合法存在，但是也不肯定君王的绝对权能。他们以为人民应当拥护君主，当他贤如文武的时候；人民也可以撤换君主，当他暴如桀纣的时候。他们主张把"牛马"（奴隶）提高到庶人（农民）的地位、把天神（奴隶主）降低到圣贤（封建主）的地位。从圣贤到庶人，虽然还有一段长远的距离，可是比起"天神"和"牛马"来，就靠近得多了。他们比较是认识人民的人。他们知道人民在社会上所起的作用，知道他们的伟大，因此关心他们的康乐、同情他们的疾苦。屈原在这些方面，是体认到了的。他说：

> 皇天无私阿兮，览民（作者按：大约屈原主张国君的社会地位同人民一样，政治地位同人民不一样。这里所说的民，就是将来的君）德焉错辅。夫唯盛德以茂行兮，苟得用此下土。（《离骚》）

这还不是在说国君只有相对权力么？假使我们把这四句和孟子的："天视自我民视，天听自我民听"的两句结合起来看，那还不是等于说，人民可以根据自己的意见，拥护某些君主，撤换某些君主么？所以司马迁说他"眷恋怀王"是事实，而班固说他，"暴露君过"也是事实，关键全在看君主能不能奉行民意。屈原思想的基层是民本主义，所以他的爱国主义，也就毋宁说：在一定限度里反映了广大人民的思想意识。譬如他对国君的态度，是以民意向背为依归，这里已经说过了；就是上文已经谈到过的消极地防止黩武主义，积极地帮助弱小，打击敌人，这种远大的眼光，雄伟的气概，都不能向九重的君门中叩出消息，而应当向人民的海洋中寻找资源。何以说人民是反对侵略、爱好和平的呢？仅举出两段文献加以证明。

第一，《说苑·正谏》："楚庄王欲伐阳夏，师久而不罢，君臣欲谏而莫敢。庄王猎于云梦，椒举进谏曰：'王所以多得兽者，马也，而王国亡，王之马岂可得哉？'庄王曰：'善！不谷知诎强之可以长诸侯也，知得地之可以为富也，而忘吾民之不用也。'"可见非正义的侵略战争，人民是反对的。

第二，《左传》襄公二十七年：宋向戌善于赵文子，又善于令尹子木，欲弭诸侯之兵以为名。如晋，告赵孟，赵孟谋于诸大夫。韩宣子曰："兵，民之残也，财用之蠹，小国之大灾也。将或弭之，虽曰不可，必将许之。弗许，楚将许之，以召诸侯，则我失为盟主矣。"如楚、楚亦许之。如齐，齐人难之。陈文子曰："晋楚许之，我焉得已？且人曰弭兵，而我弗许，则固携吾民矣(作者注：携吾民的意思是叫群众脱离我)！将焉用之？"齐人许之。告于秦，秦亦许之。

由此可见，人民是和平的真实捍卫者，谁要破坏和平，谁就一定遭到人民的唾弃。

人民虽然爱好和平，但他们并不害怕战争。他们不但热烈地保卫祖国，而且往往出其余力，以保卫旁的国家。这也可以举两件故事加以证明：一件是墨子救宋(见《墨子·公输般》)，一件是侯嬴救赵(见《史记·信陵君列传》)。他俩都是出身卑贱的人。越是出身卑贱，就越是硬骨头。试看一下诗人屈原，是怎样描写祖国战士的呢？《国殇》说："带长剑兮挟秦弓，首虽离兮心不惩。诚既勇兮又以武，终刚强兮不可凌。身既死兮神以灵，魂魄毅兮为鬼雄。"这是祖国古代人民的英雄气概。同时也是他个人心目中最理想的气概。不是他在《离骚》中，以"鸷鸟之不群兮，自前世而固然"而骄傲而自豪么？

总结一句，这是屈原爱国主义的丰富内容。

非常显著，《楚辞》比起《诗经》，论爱国主义，其深度广度，都跨进了一大步。

后来的刘琨，祖逖，陶潜，杜甫，白居易、陆游，辛弃疾，郑思肖，文天祥，张煌言，顾炎武，以至于石达开，谭嗣同等等，都是他们的嫡系，爱国主义的播音员，中国人民的好榜样。

然而应当明确了解，过去任何时期的爱国主义，都不能和我们现在的爱国主义相比。其所以不能相比，是因为国家在本质上已经起了变化；而

《诗经》与《楚辞》所表现的，则不过只是程度上的差异而已。

1951年7月10日晚稿于北京师大

附注：作者此文，写《诗经》比较简单，写《楚辞》比较繁复，看去未免头轻脚重。本来应当加以充分的改写，不过一方面因为时间限制，一方面恐怕占去篇幅过多，所以仍旧原样刊登出来，又本篇所作某些关于《楚辞》《诗经》方面的推断，大半是根据拙作《离骚笺证》所得的结论，因恐过于紧碎，许多证据都没有罗列出来，谨此声明。

（北京师范大学国文系编：《爱国主义与文学》，北京师范大学出版社，1951）

附录二 左徒考——屈赋发微之一

《史记·屈原贾生列传》云：

屈原者，名平，楚之同姓也。为楚怀王左徒。

汝弼谨按：左徒之职，不见其他文籍，其官守维何？后人难于悬拟；即有言者，亦出就必，难惬人心，如张守节正义云：

盖今左右拾遗之类。

此以唐制为说，或即就下文："入则与王图议国事，以出号令，出则接遇宾客，应对诸侯，王甚任之。"诸语而推断之，未必即有当于传意也。以余考之，左徒之职，当即《礼记·玉藻》《汉书·艺文志》之所谓左史，何以知其然也？《玉藻》云：

天子玄端而居，动则左史书之，言则右史书之。

《艺文志》云：

古之王者，世有史官，所以慎言行昭法式也。左史记言，右史记事，事为春秋，言为尚书，帝王靡不同之。

按左史之官，周实设之，《逸周书·史记篇》曰：

穆王思保位为难，恐贻世羞，欲自警悟，作《史记》："维正月，王在成周。昧爽，召三公左史戎夫曰：……今夕联寤，遂事警予，乃取遂事之要戒，俾戎夫言之，朔望以闻，信不行，义不立，则哲士陵君政而生乱，皮氏以亡。谄谀日近，方正日远，则邪人专国政，禁而生乱，华氏以亡。好货财珍怪，则邪人进，邪人进而贤良日蔽而远。赏罚无位，随财而行，夏后氏以亡。严兵而不仁者，其臣慑；其臣慑而不敢忠，不敢忠则民不亲其吏；刑始于亲，远者寒心，殷商以亡。乐专于君者，权专于臣，权专于臣，则刑专于民，君娱于乐，臣争于权，民尽于刑，有虞氏以亡。奉孤以专命者，谋主必畏其威，而疑其前事；挟德而责数日疏，位均而争，平林以亡。大臣锢职，谇诛者危。昔日质沙，三卿朝而无礼，君怒而久拘之，谇而弗加，诸卿谋变，质沙以亡。外内相间，下挠其民，民无所附，三苗以亡。”

此事亦载《竹书纪年》。穆王二十四年，有王命左史戎夫作记之文，三公者爵，左史者官，戎夫者，其姓名也。《逸周书》《竹书纪年》皆作于战国，略与《周礼》同时。《周礼》备载有周设官之制，其《春官·大宗伯》之属有太史小史内史外史御史等职，皆可印证于故籍。独不见左史之名，是其记识有漏也。不特周官为然，楚亦备之，昭公十二年《左氏传》曰：

左氏倚相趋过，王曰：“是良史也，子善视之！是能读三坟五典八索九丘。”

《韩非子·说林下》亦载左史倚相说子期事，见荆伐陈一条，是楚有左史官也。（左史为官自杜元凯以下，先儒无异说，至郑氏《通志·氏族略》始以左史为氏，非其朔也。姓氏之曰官名转化者多矣，况传文又有“是良史也”之言乎）楚之左史之能读三坟五典八索九丘，与屈子之为左徒，而能博闻强志，明于治乱……上称尧舜，下道齐桓（《史记·屈原贾生列传》语）者，差为近似（上引左史戎夫之记，亦大较与屈赋宗旨表里，足为佐证）。且古之史官实掌枢要（王国维说。且《竹书纪年》明载左史戎夫爵为三公，则实周之显宦，略与屈子在楚之地位等齐，其非唐代左右拾遗之比，断可识也），而屈子亦“内则与王图议国事，以出号令”（文见上引《史记》本传），《汉书·艺文志》曰：“左史记言，右史记事，事为《春秋》，言为《尚书》。”又曰：“书者，古之号令”，是出号令之事，为左史所掌明矣。更以古器铭文征之，癸亥父匜鼎云“王赏作册丰贝”，睘卣云“王姜命作册睘安夷伯”，吴尊盖云“宰朏右作册吴入门”。王国维据吴尊盖之作册吴，虎敦，牧敦并作内史吴，而断作册即史官之异称，其说良是。册命即号令也。且史官世职，业有专攻，故皆长于载笔，观《尚书》《春秋》之谨严，及传世彝器铭文之华美可见矣。《论语·雍也》“质胜文则野，文胜质则史”。是言也，证之以屈子诸赋，当知非诬。“出则接遇宾客，应对诸侯”。(引文亦同上。按此接遇宾客亦承上文“与王”而言。古之史官，不乏接遇宾客，或与王共接宾客之事。如上引睘卣铭云：“王姜命作册睘安夷伯”。是夷伯者，必为王姜之宾客无疑。又《史记·孟尝君列传》载：“孟尝君待客坐语，而屏风后常有侍史，主记君所与客语”之事可见)又古者史官，往往衔命出使，此其职守，虽不见载于《周礼》，然考之故实，则班班可验。《国语·周语》：“王使太宰忌父率傅氏及祝史奉牺牲及王鬯往献马”，此一事也。又：“内史过从至虢”，此二事也。又云：“虢公亦使祝史请土焉”，此三事也。又曰：“襄王使召公过及内史过赐晋惠公命”。此四事也。《传》云：“屈平既放，不复在位，使于齐。”则屈子殆以史职出任齐使者也。顾楚国使齐之人，据《楚策》所载，似尚有昭雎其人者。惜不知与屈子是否同时，且孰为正副也。终始屈子行事，乃一一含于史官所掌，故余谓左徒实即左史之异称，或非甚谬。

复次，以《孟子》之说考之，徒字亦当为史字之楚译，《离娄篇》曰：“王者之迹息而《诗》亡，《诗》亡然后《春秋》作。晋谓之《乘》，楚谓之《梼杌》，鲁谓之《春秋》，一也。其事则齐桓晋文，其文则史。”赵注云：“乘者兴于田赋乘马之事，梼杌者嚚凶，兴于记恶之戒，春秋以二始举四时，记万物之名。”谨按台卿之释乘与梼杌，皆止缘文生训，未能道出其与史字之乘除关系。以声韵考之，史字古音属咍部，对转为乘，属登部。而梼杌者，当为楚语，楚史谓之梼杌，疾读之则成徒。因徒与梼并属舌端音故也。证之以古人歌诗，亦有可言者，晋袁宏《咏史》云：

> 周昌梗概臣，辞达不为讷。汲黯社稷器，栋梁天表骨。陆贾厌解纷，时与酒梼杌。宛转将相门，一言和平勃。趋舍各有之，俱令道不设。

考贾为楚人，而宏为阳夏人，阳夏今为河南之太康县，位于楚之北鄙，诗中梼杌，当即楚语孑遗(按阳夏古属陈州，楚惠王十年改陈以为县，其地遂入楚。故扬雄之造《方言》，往往以陈楚江淮并称，知为同一语系)。而时与酒梼杌云者，使非绎为时与酒为徒，则恶乎而可？与酒为徒者，谓之酒徒，古书不乏其例。《史记·朱建传》：“郦生曰：‘臣高阳酒徒也，非儒人也。’”《南史·陈暄传》：“吾生平所愿，身没之后，题吾墓云：‘陈故酒徒陈君之神道。’”《独异志》云：“时苗为寿春令，谒治中蒋济，济醉不见，归而刻木人，书酒徒蒋济，以弓矢射之。”等是也。而事之尤奇者，即陈暄亦为陈州人，故用语宜与袁宏合符。意者酒徒之称，盛行于陈州，故袁诗陈语，足相表里也。高阳地望，亦复近陈，故郦生云然。先有袁宏一诗斯足体千古未启之閟，不宁唯是，晋史曰乘，楚史曰梼杌，亦由声纽转化，何以知其然也？见于《左传》成公七年之吴子寿梦即吴子乘（古代人名繁简不同，概以音读有缓急，如买州钮之作密州，棼冒勃苏之作申胥，为例甚众），是文也，不特足以旁证梼杌疾读则成徒之说为合理，且既可依声纽转寿，亦自可以转为从以得声之梼。不宁唯是，史与梼杌，亦由一音转化。何以知其然也？《史记·历书》：“幽厉之后周室微，陪臣执政，史不记时，君不告朔，故畴人子弟分散。”按畴人与史官，乃同谊语之互见者。盖历算之学，古亦史官所掌故也。然畴与梼杌，其声并从寿得，则畴人即史臣矣。知畴人之为史臣，则知梼杌之为史。以是言之，曰史，曰乘，曰梼杌，虽云方言，其实声转，而楚语谓史为徒乃更得声韵学上之证明。

窃又考之，《韩非子·备内篇》云。

故《桃左春秋》曰：“人主之疾死者，不能处坐，人主弗知，则乱多资。”顾广圻曰：“藏本桃作挑，案皆未详。”俞樾曰：“左疑兀字之误，桃左盖即梼杌之异文。楚之梼杌，亦有春秋之名，楚语申时叔所谓：‘教之春秋’，是故谓之梼杌春秋矣。”谨案后人有以梼杌作桃杌者矣。如《元曲选》关汉卿《窦娥冤杂剧》臧晋叔刻本，梼杌即作桃杌，俞樾之言，殆近是也（窃疑春秋二字或系后人旁注，阑及正文者。在古书中不少概见。例见《古书疑义举例》卷五，此不复及，亦犹楚之五典，自有事典训典诸书当之，不必如世儒以五帝之书当之之说也。此本丁山说）。诚如是，则《孟子》之说为可征，且楚史遗久，亦可以考见矣。

况梼杌亦非必为嚚凶之名（赵岐之注，疑用左氏文公十八年传义。彼文云：“颛顼氏有不才子，不可教训，不知语言，天下之民谓之梼杌”），《国语·周语》：内史过曰：“商之兴也，梼杌次于丕山，其亡也，夷羊在牧。”且称梼杌也，乃与祝融鸑鷟比类，同为兴国之瑞，安在其为记恶之戒乎？观此则赵氏之说为疏矣。

更以《尚书》考之，《舜典》云：“契！汝为司徒，敬敷五教在宽。”是言也，如合以《左传》文公十七年“不知教训，天下之民，谓之梼杌”之文，岂非司徒为司梼杌之明验乎？（司徒执书契以掌教，《易·系辞传下》云：“上古结绳而治，后世圣人易之以书契，百官以治，万民以察，盖取诸夬。”许慎说夬卦卦辞“夬扬于王庭”云：“言文者宣教明化于王者朝廷。”《说文解字叙》知造字与施教，古本同源。然书契之造，古人已谓出于黄帝史官仓颉矣，而仓颉之名，近人又谓当为契字之衍音矣。故《尚书》以降，孟子之伦，皆谓契为司徒掌教，无异辞，独《周礼》晚出，记大司徒之职守，乃云："掌建邦国土地之图。"又云："以天下土地之图，广知九州之地域广轮之数，辨其山林，川泽，丘陵，原隰，坟衍之名物。"又云："以土会之法，辨五土之物生。"又云："以土宜之法，辨十有二土之名物。"又云："以土均之法，辨五物九等，制天下之地征。"又云："以土圭之法，测土深。"自诸文观之，一若司徒之官，源于司土，而殊不足以说明司徒掌教之故，吾无取焉。商之文化，与楚关系至密，后当论及）如是而梼杌为徒字衍之说，又可得一佐证。

后记。近人治《楚辞》者，颇不乏人，其成绩亦大有可观；然于屈子赋中诸问题，尚多未能解决。余云为此文乃首欲考知屈子在楚之官守，由此进而研究其思想、修辞立身、水死诸问题之原委，先成此篇，发表于《文史杂志》，尚未刊出，会劭西师主编本院学术季刊，允为尽先披露，并于原稿内容惠蒙指点，因得订正数事，无任感谢！此文与往《文史杂志》社所寄出者，内容颇有出入。故并存焉。

民国三十四年十一月三十日于兰州西北师院

（国立西北师范学院学术季刊第二期）

附录三 《白居易选集》前言

一

白居易在创作上的主要成就是诗歌。他的许多诗歌，和李白、杜甫同样真实地反映了所处的历史时代，深刻地揭露了当时的社会矛盾，强烈地表达了人民的呼声与抗议。在思想内容和创作方法上，对当时和后代，国内和国外，都发生过广泛而深远的影响。同时，他又是一个卓越的文艺理论家，别具风格的散文作者。他所留给后辈的这份珍贵遗产，至今仍值得我们借鉴。

二

白居易(772—846)，字乐天，晚号醉吟先生，又称香山居士。先世太原人，至曾祖温，移家下邽(今陕西渭南县东北)；祖锽，又移居新郑(今河南新郑县)。他出生于新郑县的东郭宅。因他父亲季庚曾在徐州做官，因此他又曾有一个时期侨寓在徐州符离县(在今安徽宿县符离集)。

他出生于一个没落的官僚地主家庭，对于接受封建时代的文化教养有较好的条件。同时因为“时难年荒世业空”，迫使他不得不从童年开始，就流转四方。南而苏、杭、宣、饶、襄樊，北而邯郸、太行，西而洛阳、长安，都曾印下他的足迹。这种生活，虽然较苦，但对诗人却是一种很好的锻炼：扩大了他的视野，密切了他和广大劳动人民思想感情的联系，为尔后写出大量反映民间疾苦的诗文打下了广泛的社会生活基础。

约与早年流浪同时，诗人生活的另一内容，是努力读书写作，准备参加科举考试，同当时的士大夫子弟一样，他想通过科举，登上仕宦途径，以施展自己的政治抱负。从 28 岁开始参加乡贡考试，到 29 岁进士及第，以及 30 岁、35 岁连中户部和尚书省两次特科考试，一共花去七八年的宝贵时光，从此算是勉强踏上了仕宦途径。起初做校书郎，后来又做盩厔(今作周至)县尉，授翰林学士，做左拾遗，当谏官。诗人的政治生活开始了，诗人的创作生活也开始了，而且很快就达到了旺盛时期。

在创作过程中，由于白氏的笔锋舌剑，真正刺着了当权者的痛处，使他们“变色”“扼腕”与“切齿”。因此立即受到对方一系列的排挤与打击。三年左拾遗任满，他不能继续在朝廷立足，只能作一名京兆户曹参军(为京兆府掌户口簿籍、催征租税的官佐)，从此诗人离开了可言的谏职，心中的愤慨是不言而喻的。

母丧休官(当时叫“丁忧”)，退居渭上，使他进一步脱离政治生活，置身田园，接近了劳动农民，而且亲尝到封建统治者掠夺老百姓的况味，内心的感触，是情见乎辞的。

休官期满，虽然又算是回到朝廷，可是被任命为太子左赞善大夫这样一个闲冷职位，这本来已经够使他失意了，不料，还有更大的挫折在等待着他。

元和十年，盗杀宰相武元衡，伤御史中丞裴度，白氏首先上书请求追捕凶犯，当权者以其“越职言事”，怀恨在心，便借了一个口实，把他赶出朝廷，远去江州作一名有职无权的司马。这是统治阶级当权派对白氏最沉重的一次打击，同时也是白氏所经历的最严峻的一次考验。

贬江州后，白氏在政治态度上发生了很大的变化，这不能不明显地反映到他的作品中来。政治斗争的勇气锐减，逃避现实的思想上升。佛道两教成了他的遁世津梁，泉石云林成了他的寄情乐土。此时的创作，虽仍时露不平之气，可是往往为一种沉郁感伤的情调所笼罩。“闲适”、“感伤”的作品在数量上突然增加，“讽谕诗”在数量上则显著减少。他的诗作第一次结集于这一年的冬天，总结历史上和他自己的现实主义创作传统和经验的《与元九书》也写在这一年的冬天，看来都不是偶然的。江州之贬是白氏前后期创作的转折点。

元和十三年(818)十二月二十日，江州司马任满，白氏奉诏改官忠州刺史，于次年三月到任。忠州在当时是个偏僻的山区，生产落后，税役繁重，人民生活困苦。他开始整顿地方行政，宽刑均税，奖励生产，积极想办法使人民生活过得好一点。没等任满，朝廷又调他回京。这时宪宗李纯已死，继位的是穆宗李恒。李恒是个荒淫昏聩的皇帝。面对当时官僚党争，愈演愈烈；藩镇叛乱，又若当年；他不是束手无策，就是处置乖方。这次诗人回京，虽然一连几任京官，也照例上了一些奏折，对军国大政陈述了自己的意见，但很少被朝廷采纳。于是在长庆二年(822)请求外调，至七月十四日，诗人又由中书舍人转任杭州刺史。

诗人在杭州，“鳏茕心所念，简牍手自操”；并注意兴修西湖水利，疏浚李泌六井；充分利用地方官的有限职权兴利除弊，为人民做些好事。长庆四年(824)五月任满，以太子左庶子被诏回京。可是先于是年正月，穆宗李恒死去，敬宗李湛嗣位，年仅16岁。愚蠢贪玩，不理政事，朝政完全被一些贪暴官吏所把持。因此白氏不愿入京，到洛阳就停了下来。

敬宗宝历元年(825)三月，白氏又解除庶子分司职务，出任苏州刺史，以是年五月五日到任。白氏这回再次出任地方官，也和从前在忠、杭两州一样，为人民做了一些好事。因此当他第二年离任的时候，“苏州十万户，尽作小儿啼”(刘禹锡《白太守行》)，老百姓对他恋恋不舍。

白氏北上途中，敬宗李湛为宦官所杀；文宗李昂继位。从此以后，白氏虽又连续受任西京长安、东都洛阳几次官职，但均非惬意，政治生活可以说是基本结束。倒是他在武宗李瀍的会昌二年(842)以刑部尚书致仕(退休)以后，特意施散家财，协助当地人民，开凿洛阳龙门八节滩以利漕运，可以算是诗人晚年引以自慰的一桩义举。

会昌六年(846)八月，诗人病逝，终年75岁。遗命葬于洛阳龙门山，李商隐为作墓碑。

三

白居易生于大诗人杜甫死(770)后二年，卒于王仙芝、黄巢等农民大起义(874—875)前近三十年，他的主要创作活动时期正处于这两者之间。这正是唐朝自从“安史之乱”以后，社会诸矛盾继续深入、扩大，全国规模的农民大起义正在酝酿、成长的时代。这一历史时代的特点是：社会上的各种矛盾进一步激化，由统治阶级内部分化出来的部分人士所发起的“永贞革新”(顺宗)和“甘露之变”(文宗)。一次比一次失败得快，一次比一次失败得惨。这一时期的历史情景，正如许浑的著名诗句“溪云初起日沉阁，山雨欲来风满楼”那样，怕人的死寂，窒息的低压不谐和地结合在一起，在预示暴风雨的即将来临。但另一面，贞元、元和之际，唐代文化又出现一个丰富多彩的繁荣局面：小说有传奇的兴起，诗歌有词体的创始，古文有韩柳的提倡。这些在中国文学发展史上，都是了不起的大事。而白氏适逢其会，他既为时代风气所熏陶，又以自己杰出的创作，引导着当时的诗坛，把他们纳入“裨补时阙(缺)”的轨道，这就是一般人所说的白氏所领导的“新乐府运动”的实质。前乎白氏，“新乐府”作者代不乏人，但目的并不一定都在“裨补时缺”；有的诗人虽然做到这点，但是还没有来得及把创作经验加以总结，使它上升为理论。白氏则不仅仅有相当丰硕的创作成果，而且有比较完整的创作纲领和创作理论，分别系统地阐明在他的名著《与元九书》以及其他一些散文当中，而且也直接标举在诗歌的正文和序引里面。

作者在《与元九书》里，对作家创作明确地提出了“救济人病，裨补时缺”的战斗任务，十分具体地提出了“文章合为时而著，歌诗合为事而作”的响亮口号。这是一个现实主义的理论纲领，是从我国古代诗歌创作正反两方面的经验总结出来的。这个纲领，这种理论，既批判了六朝以来逃避现实的“田园派”“山水派”的陶、谢诗风，也突破了三代以下诗人借口“言志”而搞自我吹嘘自我陶醉的狭隘传统。过去《文心雕龙》《诗品》反对江左颓风，但很不彻底；对子昂、元结思革六朝余习，而语焉不详。白居易比起他的前辈，则显然向前大大跨进了一步。所以对于这些论述应当给以足够的重视。

白居易特别关怀劳动人民，在他的笔下，劳动人民不仅是辛勤的生活资料生产者（如《观刈麦》的丁壮，《卖炭翁》的老翁）。而且是古代世界最高水平的手工业技艺的熟练的掌握者（如《缭绫》和《红线毯》的纺织女工）。因此，他对当时劳动人民寄以深厚的同情，对他们所受的剥削，进行了深刻的揭露，表示了强烈的抗议（如《杜陵叟》：“虐人害物即虎狼，何必钩爪锯牙食人肉?”《红线毯》：“地不知寒人要暖，少夺人衣作地衣!”）。更加可贵的是：白氏还经常把劳动人民和剥削阶级相对比，显示两个阶级对客观事物有着截然不同的感情和爱憎：如在《秦中吟·买花》里，上面写长安城里的有闲阶级，对于牡丹迷恋成俗；而下面忽然一转：“有一田舍翁，偶来买花处；低头独长叹，此叹无人论：一丛深色花，十户中人赋!”就是很能说明问题的例子。最后，白氏还有极其难能可贵的一点，就是他虽身为官吏，但并不认为自己高人一等；倒是在农民辛勤劳动面前，想到自己不事农桑而坐食厚禄，不胜惭愧；如大家所极为熟悉的《观刈麦》就是这样。这实际是出身剥削阶级的作家的自我批判。这种自我批判的精神，竟能出现于九世纪的作家，应当说是很了不起的事情。

在同情劳动人民的同时，白诗有不少篇章（不限于“讽谕诗”），都接触到妇女问题。

在封建社会里，由于男子在家庭中处于绝对支配地位，由于一夫多妻制度的合法存在，即使是贵族妇女，她们绝大多数也无法摆脱年貌盛时被玩弄、衰时被遗弃的悲惨命运。因此在白氏笔下，她们也每是任凭命运摆布的受侮辱、受损害的人。例如《新乐府》里的《上阳人》《陵园妾》《太行路》《母别子》以及不属于《新乐府》的《后宫辞》等，就都具有这种性质。但这里需要附带说明一下的是：白氏在描写这些妇女的不幸遭遇时，大多数情况下只是借题发挥，而真正的意图则在反映朝官的内部倾轧和进步势力的受打击和排挤。试看《太行路》的小序是："借夫妇以讽君臣之不终"；《陵园妾》的小序是："托幽闭喻被谗遭黜"；《母别子》的小序是："刺新间旧"（按"新间旧"，见柳宗元的《六逆论》，是当时统治集团内部新旧党争的政治口号，详解请参考原诗注释），这些都属于这一类，其中只有《上阳人》等少数篇章是例外。但客观上尽管如此，我们仍然不妨这样认为：白氏既同情被朝廷放逐的政治革新派，又同情那些因遭嫉而被打入冷宫的不幸妇女，现集中有《请拣放后宫人状》一篇，就是明证。因之上述这些诗篇，所借用的妇女问题的题材本身，就同时具有副主题的性质。

宫女的身份是奴隶，且有不少人是来自下层人民；因此对她们的不幸遭遇，就不能一律以宫廷贵族妇女的特殊遭遇来看待；而这就是《上阳人》等篇章，也仍然能够吸引广大读者同情的原因所在（开元末年，唐明皇李隆基派遣花鸟使从民间选拔宫女，吕向作《美人赋》以讽谏，作者在篇末特别点明这一点，值得注意）。

白诗写妇女的名篇是《井底引银瓶》和《琵琶行》。《井底引银瓶》塑造一个"感君松柏化为心，暗合双鬟逐君去"的大胆少女形象。这个少女不为封建家庭所容，与封建礼法格格不入，在当时说来，是具有叛逆性格的妇女形象。《琵琶行》的女主人公是一个有高度艺术才能和造诣的女性。她具有特殊的生活经历，独立的生活观点，是属于市民阶层的妇女典型，也是天涯沦落的诗人的艺术化身。

白氏也没有忘记为数更多的贫家女。她们虽然没有被打入冷宫的幽闭之苦，却有老大独居之恨，这在《秦中吟·议婚》一篇中有所反映。

《妇人苦》这首诗，体现了白氏当时对妇女问题的总认识。其中有两句是这样说的："人生莫作妇人身，百年苦乐由他人！"这两句话道尽了封建时代广大妇女人格上处于依附地位的黑暗社会生活现实。

此外，白氏还描绘了一些出身寒族的知识分子，如唐衢、张籍等，他们大多数是有成就的诗人，在创作上和白居易的观点相近，因之这些诗篇，往往体现着作者自己的创作观点，对研究白氏的文艺思想，有一定的参考价值。还有一些在艺术上有特殊造诣的人，如善于画竹的萧悦，善吹觱篥的薛童、阳陶，也都在他笔下写得栩栩如生，令人崇敬。这些作品，往往是在描绘艺术家卓越成就的同时，也阐发了诗人对某种艺术创作理论的独特见解，能给予艺术家们以启发和指导。

如上所述，广大的农民、手工业工人、被压迫妇女、出身地主阶级较低层的诗人以及各种艺术家，是白氏同情、声援以至歌颂的对象。另一方面，压在这些人们头上的是庞大的封建统治集团当权派及其爪牙，上自皇帝、大宦官、宰相、节度使、州刺史、县令，下至乡吏、里胥，则都是白氏揭露、批判和鞭挞的对象。皇帝是封建社会最大的剥削者和压迫者，是广大劳动人民饥寒交迫的总根源。用白氏的话说，就是："人之困穷，由君之奢欲。"(《策林》二一标题)在他的眼里，当时的皇帝，特别是德宗李适：荒淫无耻，贪得无厌，横行无忌，萃于一身(《杂兴》三首中的楚、越、吴三国的国王，都是中唐时代当今皇帝"的化身)。他们为了满足自己的穷奢极欲，不仅仅是通过名目繁多的苛捐杂税对老百姓进行敲骨剥髓的掠夺；而且还假手于他们的亲信，借"进奉"为名，对老百姓进行漫无止境的搜刮。对此，《旧唐书·食货志》有怵目惊心的记载。昏君在位，坏人掌权；太监(宦官)专横跋扈，气焰薰天(《轻肥》)；官僚红烛青楼，金迷纸醉(《歌舞》)；州官忙于进献(《红线毯》)；藩镇只顾杀人《赠友》第一首)；坏事尽管是奴才干的，而根源却是主子。因为"君之命令行于左右(宦官和宰相)，左右颁于方镇(节度使、观察使等地方大员)。方镇布于州牧(刺史)，州牧达于县宰(县令)。县宰下于乡吏，乡吏传于村胥……上开一源，下生百端……君好则臣为，上行则下效……故上苟好奢，则天下贪冒之吏将肆心焉；上苟好利，则天下聚敛之臣将寘(致)力焉……上益其侈，下成其私……"(《策林》二一)所以在他看来，皇帝贪官，上行下效；要反贪官，必反皇帝；反贪官只是反皇帝的起点，反皇帝才是反贪官的归宿。从这样一种基本认识出发，当他对黑暗的社会现实进行揭发和批判的时候，矛头都不仅仅是指向贪官污吏，而最终必然要刺击到皇帝：《重赋》篇"夺我身上暖，买尔眼前恩。进入琼林库，岁久化为尘"是如此；《轻肥》篇"借问何为者？人称是内臣。……果擘洞庭橘，鲙切天池鳞(皇帝御赐)"是如此；《歌舞》篇"雪中退朝者，朱紫尽公侯(皇帝亲近)"是如此；此外像《缭绫》篇的"去年中使宣口敕，天上取样人间织"；《道州民》篇的"一自阳城来守郡，不进矮奴频诏问"；《杜陵叟》篇的"昨日里胥方到门，手持敕牒榜乡村。十家租税九家毕，虚受吾君蠲免恩"；也莫不如此。即使下到掠夺炭工的"宫使"，抢劫郊区的暴卒，白氏也是绝不满足于就事论事，而是一揭到顶。像《卖炭翁》篇的"手把文书口称敕，回车叱牛牵向北"；《宿紫阁山北村》篇的"口称采造家，身属神策军。主人慎勿语，中尉正承恩"等就是。尽管白氏揭露皇帝，在态度上是有保留的，在手法上是比较隐蔽的；但范围相当广泛，鞭责相当有力，则是无可否认的事实。如果我们把这些材料汇合起来，那么当时端拱深宫的皇帝的累累罪行，就大白于天下了。

白氏笔下皇帝的爪牙，对主子则拼命讨好："小人知所好，怀宝四方来"(《杂典》第三首)；"夺我身上暖，买尔眼前恩"(《重赋》)；暴露出一副卑鄙下流的奴才相。对人民则尽量欺压：凶如强盗，行抢劫于京郊(《宿紫阁山北村》"夺我席上酒，掣我盘中飧"的描写)；坏过流氓，拿穷人开玩笑(《卖炭翁》在宫使劫走烧炭老人的千斤炭后，有关于他们"半匹红纱一丈绫，系向牛头充炭值"的细节描写)。使每一个人读了，都自然而然会产生一种"是可忍孰不可忍"的阶级义愤，这种阶级义愤，也是从人民的思想深处体验得来的。

整个封建统治集团，不仅仅是在物质享受方面，跟老百姓天地悬殊；就是在精神生活方面，跟老百姓也是枘方凿圆，格格不入。老百姓天寒岁歉，愁吃愁穿，所想的是"身上衣裳口中食"(《卖炭翁》)这些千百万人亟待解决的迫切问题；而他们则"贵有风雪兴，富无饥寒忧。所营唯第宅，所务在追游"(《歌舞》)，内心世界竟是那么样的丑恶空虚！不仅如此，遇着亢旱霜冻自然灾害十分严重的年景，农民面对"三月无雨旱风起，麦苗不秀多黄死。九月降霜秋早寒，禾穗未熟皆青干"的要命惨景，心急似火，情殷待赈，而"长吏明知不申破，急敛暴征求考课"(并见《杜陵叟》)，置老百姓生死存亡于不顾，照常急征暴敛，作为自己升官的阶梯。请看这又是多么冷酷、狠毒而又卑鄙！除此以外，白氏在《秦中吟·议婚》篇，批评了地主阶级在婚姻问题上的嫌贫爱富；在《题岳阳楼》诗里诅咒了华堂贵人以旁观者甚至欣赏者的态度看待严重危害人民生命财产的水灾；在《乌夜啼》里通过寒鸦与鹦鹉两种飞禽的不同生活对比，具现了社会上贵与贱、贫与富两个阶级"冷暖不相知"的精神隔阂，类似这样的例子，在《白氏长庆集》里还可以找出不少。

白居易又是一个爱国的政论家。他不仅写了五十首《新乐府》这一组诗反映并评议了唐代自武德至元和的政治、经济、军事、文化、社会风尚等多方面的社会现象，而且还写了七十五道《策林》，抒发他的政治见解，两者互为表里。除此而外，还写过不少单篇文章，其中《为人上宰相书》一篇，是写给"永贞革新"的首要人物之一韦执谊的。书中阐发了我国古代政治上较正派的用人唯贤的优良传统。《江州司马厅记》则通过刻画江州司马这个官："无言责，无事忧。噫！为国谋，则尸素之尤蠹者；为身谋，则仕禄之优稳者。"从而揭露了唐代官僚制度的腐败。文笔飞腾，内涵却十分深刻。

白氏在造就人才的问题上，也有一些比较可取的见解。譬如他在《霓裳羽衣舞歌》里，对元稹以体型和天才为选择青年歌伎的标准的观点，提出了不同的意见，而强调培养和提拔的重要性，这种论点无疑也是进步的。再如，白氏对前辈作家，即使像杜甫那样伟大，也只肯定其作品中十之三四，类似这种勇于批判的精神，见于《与元九书》中者，虽不为当时韩愈所喜(见所作《调张籍》)，而且评价也未必尽是，但他那不盲目崇拜古人的精神，却仍有值得学习之处。

下面，我们再谈谈白氏和当时同后世的俗文学的关系与影响问题。

中唐以后，城市经济空前发展，市民阶层陡然壮大；市民阶层既是俗文学的市场，又是它繁育生长的土壤。白居易际此时会，不能不和当时蔚然兴起的俗文学发生关系。《白氏长庆集》有些诗篇，像《长恨歌》《琵琶行》《井底引银瓶》《燕子楼诗并序》《龙花寺主家小尼》，题材新颖，风格独特，大都是受了当时俗文学的影响，而和后世戏曲文学的关系又甚密。例如白朴的《梧桐雨》《墙头马上》，就直接取材于《长恨歌》与《井底引银瓶》；马致远的《青衫泪》，就直接取材于《琵琶行》；王实甫的《西厢记》，虽主要取材于元稹的《会真记》和《会真诗》，但和白氏的《井底引银瓶》也似乎不无瓜葛。又如《龙花寺主家小尼》，实当视为后世昆曲《思凡》之祖。又如曹本《录鬼簿》《今乐考证》诸书，著录侯克中的《燕子楼》、赵善庆的《七德舞》诸杂剧正名，虽原本久佚，但顾名思义，比类而推，不能不是敷演白氏《七德舞》《燕子楼诗并序》(均未选)所传史事。白氏这些作品，到了后代，才得到真正的发扬光大。

另外，《白氏长庆集》还有一些对地方风俗、自然景物的描写，有助于我们视野的扩大，美感的陶冶，同样应当加以适当的肯定。

总之，白氏诗文创作的思想内容十分丰富，还大大有待于我们的研究和发掘。

四

下面我们再谈谈白氏诗文创作的艺术成就。

先谈诗歌：白诗许多篇章在思想性和艺术性上，都达到了很高的水平，他在艺术上的成就是多方面的。从主流来说，白氏的创作方法是现实主义的，其艺术成就也主要表现在这方面。

白诗的精华部分是“讽谕诗”，因此我们探讨他的现实主义创作方法的时候，也就从“讽谕诗”着手。其不属于“讽谕诗”的，只要艺术成就较高，而又足以说明问题，亦择要撮举。

白居易善于选择题材，揭露矛盾，大抵取自耳闻目睹的社会现实生活。《长庆集》的一些名篇，如《卖炭翁》《新丰折臂翁》等，其所依据的生活素材，本身就具有典型意义，再经过适当的艺术加工，遂成为情文并茂的不朽名作。他的许多诗篇，使用了叙事诗这一体裁。因为叙事诗有人物形象，有故事情节，便于塑造典型性格。比起自抒胸臆的抒情诗，更有利于揭露社会矛盾。他的一些被人传诵的叙事诗，如《卖炭翁》《新丰折臂翁》《井底引银瓶》以及《长恨歌》《琵琶行》等，上承汉乐府《陌上桑》《羽林郎》《孔雀东南飞》、陈琳《饮马长城窟行》、六朝的《木兰辞》等作品优秀的艺术传统，和唐代伟大现实主义诗人杜甫的代表作《三吏》《三别》等名篇一样，都是我国诗歌艺术的瑰宝。

白氏的"讽谕诗"中也常有一些生活特写，如《轻肥》《歌舞》《买花》《宿紫阁山北村》《观刈麦》《新制布裘》等。这些诗篇，没有完整的故事情节，没有集中的人物形象，只是着力刻画生活上的某一片段某一侧面，从而表示作者对这种或那种生活的评价。值得提出的是：当白氏评价某种生活的时候，往往避开自己直接抒发议论，而是通过对另一阶级生活的描写作对比而体现出来。

下面我们试用《轻肥》《歌舞》两篇为例：谈谈白氏创作方法的某些特点。《轻肥》写的是"吃"，宦官们吃的是"罇罍九醖，水陆八珍"，而老百姓则遇到荒年，连"糠菜半年粮"都混不上，只能互相交换，"吃"掉自己的至亲骨肉，而后同归于尽。这两种极端对立的社会生活，在诗人的笔下，紧密地联系在一起，构成了鲜明的对比。在《歌舞》中，刽子手的头子(秋官、廷尉)酒肉争逐，画阁里炭火熊熊，又有重裘庇身；而大狱里却关押着数不尽的衣不蔽体的老百姓；在三九大雪天横七竖八地默默死去。而要了他们命的，不是别人，正是那些酒酣耳热的家伙们。这又是用强烈对比的技法勾勒出来的一幅悲惨阴森的社会生活图景。

除去叙事诗和生活特写以外，白氏"讽谕诗"里又有不少的寓言诗。寓言诗的特点是：言在此而意在彼，这是在言论极不自由的历史条件下，诗人所采用的一种迂回、隐蔽斗争的表现方法。《长庆集》有许多咏物诗和咏史诗，往往都是寓言体：像《观海图屏风》《感鹤》《赠卖松者》《自蜀江至洞庭湖口有感而作》等篇，就都属于这一类。《赠卖松者》和《新乐府·涧底松》实际上是同一主题，寓言的意味十分明显。《自蜀江至洞庭湖口有感而作》一首，表面上似是作者在感叹大禹治水，半途而废，贻患至今；实际上这首诗乃是作者借古讽今，慨叹宪宗李纯对削平藩镇，统一中国，有始无终，没有取得彻底胜利。故结尾有“坐添百万户，书我司徒籍”的想望语，这显然和消灭割据有关，而和治水无涉，和《观海图屏风》用的是同一手法。诗中鱼、鳖、鳌、龙，都是拟人。

白氏还写了不少咏怀诗，以直抒胸臆。这类诗缘事而发，因心成咏，艺术价值虽不都是很高，但所涉及的社会问题比较广泛，有的足以考见作者的政治理想，因此也值得引起我们重视。

白居易的诗作善于集中描写，突出主题。陈寅恪《元白诗笺证稿》曾把白居易和元稹所作的《新乐府》作过比较，发现元稹在一篇诗里，有时并写两事：这样就容易导致结构松散，主题不明确。白氏则总是一题咏一事，因此就没有上述元稹所犯的那些毛病。他又发现：白氏即使是写同一题材，而每篇各有侧重，因此形象十分鲜明，主题十分突出。一题咏一事的好处，是在诗歌的有限篇幅内，简化头绪，借此腾出更多的运斤之地，以供作者的挥洒和渲染。就以两首长篇叙事诗《长恨歌》和《琵琶行》而论，情节也仍然比较简单，但却刻画出了鲜明生动的人物形象；而故事情节，在这里则居于次要的地位。

白氏也长于描写风景，集中有许多描写风景的诗篇；这些诗模山范水，抹月批风，风格刚健而清新，境界鲜明而生动；使人读了，能获得一些美感享受；故亦选注少量篇章，以备一格。

五

最后我想谈谈白诗向口语化的方向努力的问题。

首先，诗歌创作的口语化不是一个技术性的问题，而归根结底是一个态度问题。这是和他那种“非求宫律高，不务文字奇。惟歌生民病，愿使天子知”的创作目标密切联系着的，而这更根本的是决定于对人民的态度。刘熙载《艺概·诗概》说得对：

> 代匹夫匹妇语最难，盖饥寒劳顿之苦，虽告人人且不知，知之必物我无间也。杜少陵、元次山、白香山不但如身入闾阎，目击其事，直与疾病之在身者无异；诵其诗，顾可不知其人乎？

“物我无间”，就是作家和群众思想感情打成一片，这是问题的关键。这一特点，在当时的众多作家中，白氏确实是比较突出的。

李肇《国史补》说：“元和以后，为文章则学奇诡于韩愈，学苦涩于樊宗师；歌行则学流畅于张籍；诗章则学矫激于孟郊，学浅切于白居易，学淫靡于元稹，俱为元和体。大抵天宝之风尚党，大历之风尚浮，贞元之风尚荡，元和之风尚怪也。”李肇所论唐代诗文种种，并非专主语言，但语言实应看作重要因素。值得提出的是：白氏的独标浅切，是在当时淫靡、奇诡、矫激的风气包围中进行的。语言的通俗易懂，并非轻易能够做到的，而是经过艰辛的努力才获得的成果。刘熙载《诗概》又说：“常语易，奇语难，此诗之初关也；奇语易，常语难，此诗之重关也。香山用常得奇，此境良非易到！”刘氏这种说法是正确的。宋朝何薳《春渚纪闻》云：“自昔词人琢磨之苦，曾有一字穷岁月者。白香山诗词疑皆冲口而成，及见今人所藏遗稿，涂窜(涂改)甚多。”试看白氏为了琢磨自己诗歌的语言，曾经付出多少辛勤的劳动，但尤其值得注意的是：白氏对自己诗歌创作屡次修改加工，是以尽量写得通俗让人易懂作为自己的努力方向的。宋朝一个僧人惠洪所作的《冷斋夜话》曾说：“白乐天每作诗，令一老妪解之；问曰：解否？妪曰‘解’，则采之；‘不解’，则易之。”这一记载可能有些夸张，但至少表明白诗确实有这种显著的特点。

此外，还有待于进一步申论的是：自从文人书面作品和民间口头创作分道扬镳以后，文人的创作就越来越脱离群众；而民间口头创作，则因限于作家的生活条件，艺术上的提高往往大受限制。因而两者对流就成为促进文艺向前发展的必由之路。白氏革新诗体的功绩，就在于他以自己的创作实践，把作家的书面文学向人民口头创作的方向推进了一步，使可读的文学变成可听的文学，这样就无形中扩大了文学的社会作用，同时又反转过来提高了作家的创作水平。唐张为作《诗人主客图》，称白居易为“广大教化主”，是很有道理的。有人不了解作者在这方面的苦心孤诣，仍以一般书面文学的标准衡量白诗，见其不合，即斥其“下偶俗好”(《新唐书》本传评语)；此“犹鷦朋(朋，或作明；鷦朋，凤凰的异称)已翔乎寥廓(高空)，而罗者(捕鸟人)犹视乎薮泽(沼泽)也”。

正因为白氏存心要使人听懂，他就不能像别的诗人那样，一味追求诗句的简练与多变，大量地使用飞跃式的语言；而只能按部就班，妥帖布置，着重地使用一些连锁式(一环扣紧一环)的语言。白氏使用这种语言，毁誉各半：誉之者以为可比“郢人斤斫无痕迹，仙人衣裳弃刀尺。”(刘禹锡《翰林白二十二学士见寄诗一百篇，因以答贶之》)毁之者认为：“老杜……如百金战马，注坡蓦涧，如履平地，得诗人之遗法。如白乐天诗词甚工，然拙于纪事，寸步不移，犹恐失之，此所以望老杜之藩垣而不及也。”(魏庆之《诗人玉屑》)我们认为这两种说法都有一定的道理。白诗力求关节密合，成功处真如无缝天衣，风雨不透；失败处不免黏皮带骨，索寞寡神。

这也是一个作家向新的方向探索中不可避免的缺点。

白氏妙解音律，他把作律诗的某些法则运用于七古之中，这样就使得七言歌行的音调，更加和谐幽美。当我们诵读《长恨歌》《琵琶行》的时候，使我们感到它的韵律转折灵活，真如行云流水；音节响亮，不啻戛玉锵金；把诗歌的文采、声音、情意三者结合得再好没有了。

其次，谈白氏古文(散文)。白氏创作的主要成就，是在诗歌方面，这是人们公认的；而他对中唐时期古文运动蓬勃发展所起的作用，则很少有人注意。所以一谈到倡导古文运动，就单举韩愈，而提到白氏的人不多。实际上，白氏古文，也有很高的成就。这不仅仅从《旧唐书·元稹白居易传论》里“史臣曰：元和(文坛)主盟，微之(元稹)、乐天(白居易)而已。臣观元之制策(代皇帝起草的诏令)，白之奏议(向朝廷所上的奏折)，极文章之壸奥(深邃)，尽治乱之根荄(根源)；非徒谣颂(意指《风·雅》)之片言；盘盂(《尚书》及钟鼎铭文)之小说(短论)”，这一总结五代以前对白的评价中，可以知道；就是他自己，似乎也把文和诗看成同等重要。在他的《与元九书》中，曾经这样写道：“始知文章合为时而著，歌诗合为事而作”，在同一篇书信里，又说：“日者又闻亲友间说(闲谈)，礼、吏部举选人，多以仆私试赋判(自己拟作的辞赋和判词，这是唐朝考进士的两种科目)，传为准的(典范)。其余诗句，亦往往在人口中。”由此可见，在当时人和他自己的心目中，他的文章成就，绝不在诗歌以下，至于把唐代倡导古文运动的功劳，片面地记在韩愈的簿子上，那乃是宋朝欧阳修、宋祁所修《新唐书》的论点(苏轼《韩文公庙碑》有韩愈“文起八代之衰”的说法，对造成后人错觉，影响很大)。既不符合作家创作的实际(柳宗元写古文时间比韩愈早)，也不符合当时流传情况的实际。

我们决不想抹杀韩愈在唐代古文运动中的历史功绩。但是必须指出：韩愈所做古文有一种力追古奥的倾向，因而有时不免流于晦涩费解；影响所及，则成为樊宗师、皇甫湜等人的怪诞不经(如《旧唐书·元白传论》说：“向古者伤于太僻，徇华者或至不经。”这种评语，是深中古文运动中韩愈一派的要害的)。结果使古文运动的普及推广受到限制。白氏生与韩愈并世，同作古文，但一如其作诗，是以“浅切”为宗，而不以“古奥”为尚，他的所长，正是韩愈所短。惜时人狃于宋人对韩愈的过度称扬，不以为疑，而白氏自己亦为诗名所掩；因此他那些流传下来的不少优秀古文，就不再能够引起人们应有的注意。

白氏在政治上以汉朝的贾谊自命；其所作《策林》七十五道，是有意识地追踪贾谊的《治安策》的。他所上的许多奏折，又似乎是汉朝晁错、匡衡、刘向等人“上书言事”的进一步发展。他最重要的一篇古文《为人上宰相书》，上继李白的《上韩荆州书》，下开宋代王安石《上仁宗皇帝言事书》《上时政疏》，都是我国古代政论文的重要作品。由此可见，论次唐代的古文运动，而不把白居易计算在内，无论是从历史实际来讲，抑或是从创作成就来讲，都是说不过去的。

《策林》之外，本书所选的《与元九书》，是中国文学批评史上很重要的文献，不但思想性很强，而且艺术性也很高；不但是“文学批评”，而且可以称得起是“批评文学”。此外则还有一些抒情、写景小品，像《江州司马厅记》《三游洞序》等，或则旨趣隽永；或则丘壑郁盘，足以发皇耳目，澡雪精神；其《钱唐湖石记》一篇，虽题名为记，实际是一篇通俗文告。读此文告，我们不但可以看出白氏兴修杭州西湖水利，工作做得如何细致踏实；而且可以通过此文，知道唐代通俗文告的体式涯略。

最后，要特别指出的一点是：《白氏长庆集》所收白氏文章篇目，根据岑仲勉的考订，有不少是后人托拟之作，见所著《白氏长庆集伪文》及《白集醉吟先生墓志铭存疑》二文，研究白氏诗文者，可以参考。

六

从主流说，白居易是伟大的现实主义作家，但他毕竟是一个封建士大夫，孔、孟儒家学说，释、道思想，以及作为根本的他的地主阶级的阶级意识，都不能不在他的作品中表现出来，而形成作品中的消极部分。儒家以伦理纲常设教，在白氏诗文创作中，教忠教孝以及宣扬其他封建伦理纲常的言辞是数见不鲜的。这类言辞，有的独立成篇，如《新乐府》中《青石》《慈乌夜啼》《燕诗示刘叟》等；有的通过歌颂圣君、贤相、忠臣、孝子来体现；这在《讽谕古调》和《新乐府》里都可以举出很多。这种倾向，在大量“讽谕诗”中，表现得比较明显，这不能说与儒家积极用世的态度无关。等到元和十年(815)，因上书言事，触怒当权，被贬江州以后，诗人的政治理想破灭，政治态度由积极而转向消极；这时诗人的内心世界，佛道思想逐渐抬头，这是因为道家尚虚无，佛家谈寂灭，很容易和白氏在政治上失意情绪合拍的缘故。白氏在后期写了大量闲适诗，深衷所在，主观上是想用佛道两家说教解脱他内心的苦闷，填补他内心的空虚；客观上，也不能说没有受到李唐王朝尊崇道释二教所产生的严重不良影响。

白氏在《与元九书》中说：“中朝无缌麻之亲，达官无半面之旧”，这反映他有十分明确出身庶族寒门(即庶族地主)的自觉。庶族地主出身的人士当他们还没有走上政治舞台以前，在经济土和政治上受豪门贵族兼并和排挤的时候，容易和广大劳动人民的利害相接近，因此在政治上有要求变革的迫切愿望；这是整个地主阶级不太安分的一个阶层。但庶族地主和豪族地主同属一个阶级，它们和豪族地主之间并没有不可逾越的鸿沟。只要有朝一日变成豪族地主，政治斗争就立刻停止，他们的目光是十分短浅的，他们的世界观是充满矛盾的。这种世界观中存在的矛盾，无论是在白氏的创作理论当中抑或是在创作的实践当中都有充分的表露。例如他在创作理论上，是以孟轲所说的“穷则独善其身，达则兼济（原作善）天下”为准则，并把它提到十分明显的地位的；这并非仅仅是为装门面。看他自己不是分明在讲：“谓之‘讽谕诗’，是兼济之志也；谓之‘闲适诗’，是独善之义也。”（《与元九书》）而且在创作实践上，不是在写了大量“讽谕诗”以外，又写了大量“闲适诗”吗？实际上孟轲所说的“独善其身”，其狭隘性和利己性是显而易见的，是以有产阶级优厚的物质生活条件为前提的。至于“兼济天下”，表面看去，比“独善其身”前进了一大步，似乎无可非议；可是一接触到它的具体内容，包括“为君、为臣、为民、为物、为事”（《新乐府序》）五个方面，问题就出来了。在封建社会里，君、臣与民，是属于相对的两个阶级：白氏既要为君（包括为臣）。又如何能为民？既要为民，又如何能为君（臣）？这不是自相矛盾吗？阶级矛盾是要靠阶级斗争来解决，而“兼济”则是不切实际的幻想。

“兼济”的实质，既非完全为民；“独善”的局限，那就更显而易见，它是十分狭隘的利己主义。这种利己主义用儒家的“乐天知命”，道家的“安时委顺”，佛家的“寂灭止观”一些玄妙的辞藻粉饰起来，就容易迷惑一些人，甚至使他们逐渐走向脱离现实的道路而不自觉。当我们读到白氏在“独善”思想指导下所作的“闲适诗”的时候，印象并非都像他在《与元九书》中所说的那么美好，原因就在这里。

而且“兼济”和“独善”，本身就有矛盾。白氏对之，似乎也没有处理得很好。只不过是有时偏于“兼济”，有时偏于“独善”而已。这两种思想在他内心起伏不定，自然会给他精神上带来无限痛苦。

还有，白氏对做官的兴趣很高，这也可能和他“兼济天下”的抱负有关，但也不容否认这主要是受了儒家“学也禄在其中矣”那种说教的影响。譬如他在《悲哉行》里写道：“纵有宦达者，两鬓已成丝。可怜少壮日，适在穷贱时。丈夫老且病，焉用富贵为？”意思是：年轻时年富力强，做了官，可以吃喝玩乐，足足享受一番；老头子年迈力衰，纵然升了官，发了财，又有什么用处？请看这些话哪有一点“兼济天下”的意味？白氏还有时似乎把做官本身就当作生活目的。其《读李杜集因题卷后》有这样两句话：“不得高官职，仍逢苦乱离。”这岂不等于说：李、杜的终生恨事，是没有做上高官，如果做上高官，就可以含笑九泉了。请问这种思想又是多么庸俗？

还有，这位以“独善”自矢的诗人，似乎也有行不顾言之处。既然早年讽谏皇帝拣放宫女，为何自己晚年也蓄养声妓？既然写了《梦仙》《草茫茫》等诗以破除迷信，为何自己也炼丹吃药，企图长生，同僧人道士搞得如胶似漆？既然反对别人作文“以多为贵”的贪多习气和“为文作文”的纯艺术观点，为何自己也写下那么多毫无意义的东西？清叶燮《原诗》云：

> 诗文务多者必不佳。古人不朽可传之作，正不在多。苏、李数篇，自可千古。后人渐以多为贵，元、白《长庆集》实始滥觞。其中颓唐俚俗，十居六七，若去其六七，皆卓然名作也。

我与叶氏，具有同感。

七

最后谈谈本书的编选和注释。

白集诗文近四千篇，本书所选不及三百篇，不及全集十分之一。作品以思想性、艺术性俱强者为首选，其思想性强而艺术性稍弱或艺术性强而思想性稍弱者，亦酌选录。作品力求兼备各体，而又适当照顾到作者对当时重大历史事件的反应。所选作品以诗为最多，文次之，词最少（不是单指篇目，而是指的实际分量），这是因为白词思想多不健康的缘故。

本书诗、词、文皆试用编年体，打破《白氏长庆集》原书的编排体制。《白氏长庆集》原书虽系分体编排，但各体大致皆以年代先后为次，这样给我们选编此书以不少方便。此外则计有功《唐诗纪事》、陈振孙《白文公年谱》、汪立名《白香山年谱》以及近人所作的多种白氏评传、选注本后附简谱，编注者亦广为涉猎，适当参考。作品写作年代，有能确切指出者，有能大致指出者，亦有不能指出者。其不能指出但亦无碍我们对原文的理解者，则以类相从，以便读者比较对照。《白氏长庆集》原书虽由作者及元稹共同编纂，但经唐末五代社会变动，早已颠倒错乱，非尽旧观；后人编年，亦或踵误。本咨编注者，尽其管窥，试为厘正。

白居易诗在唐人诗歌中虽以浅显著称，但他究竟是九世纪的作家，今天的读者仍然不易完全读懂，本书对所选诗文，作了必要的注释。如原文浅显易懂，则仍引用原文，而附注其难字难词；原文不注亦可解者，一般不注。亦有原文虽若可解，然不注则无以尽其丰富的含义者，亦加注。所注不限精华，糟粕也注，这样有助于读者全面了解作家与作品。白诗多用口语，注时不仅要知其含义，还要尽可能和现代汉语沟通，因而也适当地运用了训诂学上的音训原则，以免臆造。又封建时代，对本朝皇帝名字，往往避讳，如唐太宗名世民，高宗名治，唐人往往避世用代或日，避民用人，避治用理，但有时又有例外。如《白氏长庆集》即民、人杂用，盖自杜甫时代已然。凡遇此等，则择要注明。又后人著述及随笔，多有涉及白氏及其创作掌故者，并非皆可信据。如宋赞宁《高僧传》以白氏贬江州，其刺史为李渤即是，凡遇此等，本书编注者未敢轻引。

近来书店所出关于研究白居易的专书、专论、资料、选注等不下数十种，给选注者编写本书，很多便利，很大启发，谨此声明，对原著者表示感谢。

本人文质无底，不足以言著述；今虽勉强成书，而缺点错误，在所难免。热望读者同志，不吝赐教！

1978年国庆节前于北京

附录四　论李清照

李清照是祖国历史上一位早期具有觉醒意识的女作家，对于她作品的评价，报刊杂志发表的文章已经不少。本人这篇论述，是希望从李清照个人的一生遭遇以及她对这种遭遇所抱的态度，来探索一下她的性格特征，进而尚论一下她的全部作品的成就与局限。孟子说过："诵其诗，读其书，不知其人可乎，是以论其世也。"这种以"知人论世"的方法，来探索一位作家及其作品的成就和局限，虽然是两千年前提出的老办法，但却不失为一种稳妥可靠的办法。据我所知，直到今天，关于这位作家的年谱和评传还没有十分令人满意的，因此想知道这位作家思想发展的轮廓，并进而弄明白她的创作道路，都是一件不大容易的事。

至于她的著作，《宋史·艺文志》著录有《易安居士文集》七卷、又《易安词》六卷。虽不能肯定这就是她的全部作品，但是比起我们能够看到的词、诗和杂文就多得多了。特别是诗文已失的最多。而后人撮辑的词里面，不免又有些是把别人的作品羼入，而真实可靠的作品比现代人撮辑的篇数要少。如李文祷所辑《漱玉集》多至七十八首，而赵万里所辑《宋金元人词辑》则以四十三首录为正编，另附存疑者九篇、订为伪作者八篇。因此这里就发生两个问题：其一是依照《宋史》所著录，作者诗文集是七卷，而词仅六卷，我们就不能依据《漱玉集》的"现状"，而断定她主要的成就是词；其二，她现存的词有些还要经过审查考订，应当存疑或属伪作的，就不应当拿来当作评价的依据。例如中有"眼波才动被人猜"句的《浣溪沙》，王鹏运已谓其"词意儇薄，不类易安他作"；又有"怕郎猜道、奴面不如花面好"句的《减字木兰花》一首，《词辑》亦列入存疑项中；至如有"无那无那，好个恓惶的我"句的《如梦令》，《词辑》已辨明其为向镐乐斋词等。按清照为人，赵明诚题她三十一岁画像时说"端庄其品"，似非以色取悦男性者，因此，我认为《漱玉集》里，混进别人的作品，绝有可能；前人所疑，不为无因。

在许多同志的文章里，都是把她的作品分为前后期，而以靖康之变为转折点，这种划分的办法，我基本上同意。然而有些同志更进一步下断语说：李清照的前期作品主要是写闺阁生活，没有涉及当时的政治斗争，因此这一个时期的作品，无可肯定。这说法就太武断了。

我们知道，李清照虽然出生于官僚家庭，而且又嫁给了大贵族家庭的子弟赵明诚，过着优厚的剥削阶级生活，但是当我们看她所作的《金石录后序》的时候，知道她的内心世界，还是存在着矛盾，存在着不安与痛苦的；譬如她一则曰："故虽处忧患困穷，而志不屈"。再则曰："是欲求适意，而免取憀慄，余性不耐"，这种不安和痛苦是从哪儿来的呢？物质生活不丰赡么？精神生活没有寄托么？都不是。这就不能不深究一下她的家世和当时的政治斗争了。

北宋末年，统治阶级内部矛盾加深，党争剧烈。清照的父亲李格非和赵明诚的父亲赵挺之虽然是儿女亲家，可是在政治上却是对头。李清照十八岁嫁到赵家，到第二年自己的父亲就被权奸蔡京派列入党籍，和苏轼等在政治上一起受打击。时赵挺之正以阿附蔡京之故，从礼部侍郎爬到尚书右丞的高位。蔡京被当时正义人士（如太学生陈东）骂为国贼，依附他的都是一些聚敛之徒，李清照遇到这样一个公公，（苏轼曾骂赵挺之为聚敛小人）是心怀不满的，故作诗有"炙手可热心可寒"之句。可见她们翁媳之间，是存在着深刻的矛盾的。而这矛盾，是为封建礼法所不容，并且是多少和当时的政争联系起来的。

由此我们得知，北宋末年朝廷里和大臣间的矛盾加深了，新旧党间，新党与新党、旧党与旧党，你争我夺，毫无原则，完全是为了个人的利益，这情况十分严重，甚至连一个官僚家庭，都变成操刀相向的战场，李清照是很深刻地感受到了。集中有《浯溪中兴颂碑》和《张文潜》诗二首，其内容如何？已发表的论文中尚未见谈及。据笔者考订，张耒（即文潜）原韵，殆作于崇宁三年，当时和者，有黄庭坚、潘大临，都是在政治上被打击的人物。而崇宁二年到三年，正是蔡京当政的时期。崇宁二年，蔡京一方面修宋神宗史，一方面把自己的一些政敌，统统嫁名"党人"，下监司长吏司刻石，凡九十七人。三年，变本加厉，又把元祐元符"党人"加在一起，计共三百零九人，由徽宗赵佶亲笔书写，刻石文德殿东墙，又着蔡京书写一道，颁发到天下各地。李清照和张耒作诗，必在其时。这时北方辽、金的外患仍然严重，而宋朝内部却演着互相倾轧的丑剧，复蹈唐代天宝之乱的征象已经形成，故当时许多头脑清醒或在政治上失意的文人，已经预感到国家的危机就要到来，因此借开元、天宝遗事来揭露当时政事的黑暗；而李清照、张耒等就正是这样的作家。李清照的这两首和诗，虽作于早年，艺术上不够成熟，但是对于上自宫廷、下至官僚，那种豪华享乐、荒淫无耻、尔虞我诈、互相倾轧的丑态与罪行，揭露无余，不失为战斗性较强的优秀作品。因此当我们读到“著碑铭德真陋哉，乃令神鬼磨山崖”的诗句，就不禁令人想到当时的君臣，是怎样用歌功颂德，粉饰太平的手段来掩盖他们的祸国罪行；当我们看到“君不见当时张说最多机，虽生已被姚崇卖”的诗句时，又不禁联想到蔡京等人在没得势的时候，伪装赞同司马光；等到得势的时候，又排挤他。蔡京作俑，许多人就效法他的故伎，反过来整他，例如赵挺之就是如此。当我们读到“不知负国有奸雄，但说成功尊国老”的诗句时，又不禁联想到蔡京那一伙奸臣，凭着刮净百姓膏血得来的“帑庚盈溢”“丰亨豫大”，来鼓励朝廷的荒淫奢纵。这虽然仅仅是两首诗，但形象而概括地暴露了当时朝政的腐败，君臣的罪恶，指出外患的不可避免。而且作者在写这两首诗的时候，是充满了激情与愤怒，噙和着血泪与控诉，虽然和张、潘、黄等成于同时，但很少有人达到像她这样的政治水平和思想水平。这正是她后来南渡，联翩写出不少爱国诗篇的思想基础。因此我们有理由说：李清照并非驯服的封建家长制的俘虏，并非祸国殃民的封建统治阶级的应声虫。她具有一定的叛逆性格，具有过问政治的高贵品质。

而且她是一个具有崇高理想的人，对于读书、对于生活、对于爱情，都有她自己独立的见解。如果没有这一切，就很难设想像她这样一个出身于贵族家庭的人，在创作上会有什么成就。

如《金石录后序》所述，她喜欢收书，而且喜欢读书。收书读书，应当说是她早期生活的主要内容。关于她这一段的生活，据她自己的描述，则是：“食去重肉，衣去重采，首无明珠翡翠之饰，室无涂金刺绣之具，遇书史百家，字不刓阙，本不讹谬者，辄市之，”“于是几案罗列枕借，意会心谋，目往神授，乐在声色狗马之上”。可见她的收书、读书，并非茫无目的，而是想通过它，来摆脱贵族闺阁生活的腐烂与空虚。依《后序》所记，她本来是博闻强记的，但对万卷遗编，也不是无所去取，无所选择。在这汗牛充栋的故籍中，她所喜爱的并非是曹大家《女诫》、张华《女史箴》之类，而是写本李杜韩柳集、世说、盐铁论、汉唐石刻副本，甚至在几经颠沛、变乱之后，当爱为拱璧，将护备至。这就使我们不得不承认这位女作家，在鉴别古书的好坏上，是具有些眼光与识力的。而且如果我们进一步从她那现在已经保留不多的诗文创作中，也可以看出，她从古书中选择了哪些人物？她推崇过项羽、嵇康、刘琨、谢安、木兰等，都是一些历史上的民族英雄和具有叛逆性格的人物，这些人物的未凝碧血，仍然沸腾于女作家的身上而令人感到她英灵虎虎。不但愧杀腐儒，而且使哲人(朱熹)和英雄(辛弃疾)激赏。

不容否认，作者早期的收书和读书生活，也有借以消磨岁月和沉溺陶醉的一个方面，如果我们不加分辨，也会造成极其有害的结果。但是我们细读原文，则知道作者一方面对这种生活，流露了沉溺、陶醉的不健康感情，而另一方面则又和这种生活展开了不懈的斗争。因此，她一则说："自王播、元载之祸，书画与胡椒无异；长舆、元凯之病，钱癖与传癖何殊?"再则曰："昔萧绎江陵陷没，不惜国亡而毁裂书画；杨广江都倾覆，不悲身死而后取图书；岂人性之所著，生死不能忘欤?"最后得出结论说："然有有必有无，有聚必有散，乃理之常，人亡弓，人得之，又胡足道?所以区区记其终始者，亦欲为后世好古博雅者之戒云。"作者写这篇序文，已经是52岁的老人，但到底是清醒过来了。

读书，虽然耗去了作者大半生的时光；但是值得称述的，还是她毕生的创作活动。如上所述，作者是具有自己的理想的，这种理想使她和家长、官府、朝廷格格不入，到后半期而更加成熟。早年，她陶醉于书斋的悠闲生活，并且存在过"甘心老是乡"的幻想，实际应当说她这一时期是企图把自己的政治理想和现实的矛盾通过读书而逃避过去。但是后来由于金人的入侵，她的这种幻想才开始破灭，国土半壁沦陷，藏书大半抛弃，而且她自己也和"流人"混在一起，到处漂泊。这样的客观现实，摆在面前，把诗人的思想向前推进了一大步。

但是我们仍需要指出，靖康之变的社会动乱，并非能够使一切封建统治阶级都觉醒过来，而且应当说由于阶级本性，决定他们绝大部分是走向投敌叛国，或者虽然也逃到江南，但仍然过着他们那种荒淫无耻的剥削生活；至于人民的流离与死亡，国家的残破与危机，则不仅仅是无动于衷，反而是在继续促成与推进。除此以外，统治阶级还有另外一些人，他们具有一定的爱国热忱，反对敌人的侵略，同情人民的苦难，痛恨卖国贼的妥协投降政策，当时的一切爱国者和李清照，正属于后一类。不容否认，国难的加深，对他们可能是一种强有力的刺激；但是同样的社会条件，对于不同的人物，所起的作用是不同的。政治立场要起着很大的作用，个人的思想斗争要起着很大的作用。如果我们看不到这点，就不可能全面地掌握一个作家思想发展的规律，创作实践的规律。例如李清照这样的人，她过去虽然也很关心政治，可是安逸的书斋生活，又使她把很多有用的时光消磨过去。可是靖康之变发生以后，剥夺了她这陶然自足的小天地，硬把她抛进奔亡群众的洪流中；使她不能不重新考虑需要什么样的社会条件才能维持她过去那样的生活，没有强大的国防，没有贤明的政府，读书人是不能保证有一个和平的读书环境的。于是她增加了对朝廷的不满，对卖国贼和侵略者的痛恨，对古代英雄人物的向往。过去她虽然也预感到政治危机的即将到来，但是还没有切身感受，正像站在山阁里的有闲诗人虽然感到"山雨欲来风满楼"时的冷气透裾，但毕竟没有被倾盆的大雨淋得遍体灭顶，因此诗人的笔触还是漂浮的。但是现在不同了，国土沉沦，家乡不保，风尘仆仆，死里逃生，这一切现实生活的磨炼，把作家的创作推向新的高峰；她朝着国内外的敌人抛出了一连串的匕首和标枪。她讽刺逃跑主义的宋高宗赵构说："至今思项羽，不肯过江东"(《夏日绝句》)；她反对金朝侵略者和他们一手扮演的傀儡政权如(张邦昌)、刘豫之流说："所以嵇中散，至死薄殷周"(《咏史》)；她嘲骂那些软弱无能的文武大臣说："南渡衣冠少王导，北宋消息欠刘琨"。像上述这些语重心长的短章，实已达到当时写作思想上和艺术上的最高水平，朱熹惊叹为非妇人女子所能道，(见《宋诗纪事》引朱子游艺论评)清俞正燮誉为："忠愤激发，意悲语明，所非刺者众。"(《癸巳类稿)易安居士事辑)虽然都是站在封建地主的立场来评价李清照，但也不难看出，李清照这一时期的创作，确实是竦动了当时和后代的评论家，使他们惊叹不已。

这一时期作者所写的爱国诗篇，是和她对南宋统治阶级的无情揭露结合在一起的，这样就使它们的思想内容更为广阔、深刻，因此就更加富于战斗性。

这类作品多以短诗的形式出现，而且没有什么感伤情调，我们推测它们的写成年代，应当是在她初经乱离以后，赵明诚未死之前。

和这类作品近似的，在集中还有晚年所写的一些诗文，如《上枢密韩公尚书胡公三诗》和《金石录后序》《打马图经序》《打马赋》等，虽然仍然反映作者对故乡本土的怀念，对当时重大政治问题的关心，但战斗性远不及前一期的作品为强，而且时常流露浓郁的感伤哀飒情调。虽然这一时期所作，大抵篇幅较长，而且词语更多修饰锤炼，但是令人读了之后，不是斗志昂扬，而是意绪消沉。例如她在绍兴三年夏五月所写的《上韩肖胄和胡松年的诗》三首，事实是自从金人侵宋以后，宋朝流亡，朝廷内部急剧分化，主战主和两派相持不下，主和派实际上是妥协投降派，以宋高宗赵构为首，当时一切卖国贼都附和他。这次派遣韩、胡二人出使，实际上是假借探问徽钦二帝为名，遂其卖国苟安之实。因此在韩、胡二人持节之前，就把他俩的家属连升几级，额外还有丰厚赏赐，当然向金朝纳款的数字更是惊人。主战派主张用兵，反对通使；而韩、胡则借口恐怕败盟，反对用兵。如果李清照这时期还保有过去那种抨击朝廷的锐气，则这三首诗完全可以写成另外一个样子，而现在她在赠给韩肖胄的一首诗中，却是一模一样照录了朝廷派遣韩某出使时皇帝的命令、大臣的举荐、韩某的答词。既无任何批判，而且附和三方面的意见。实际上我们今天看来，宋高宗的命令完全是屈辱求和的命令、丧权卖国的命令。其“勿勒燕然铭，勿种金城柳”“土地非所惜，玉帛如尘泥。谁当可将命，币厚辞甚卑”等言辞，都只能做这样解释。至于朝廷大臣，虽以强硬外交劝勉韩某，但是在强敌入寇的情况下，就根本不可能有这种外交。至于韩某答词，则完全是在冠冕堂皇的借口下，反对武臣用兵；而实际上自己是贪生怕死。李心传《建炎以来系年要录》六六载：

> 肖胄言：今大臣各徇己见，致和战未有定论，我和议乃权时之宜，以济艰难，他日国步安强，军声大振，理当别图（笔者注：这完全是当时的投降派的陈词滥调）。今臣等先行，请毋先渝约。

投降派的口调，活灵活现。诗中“仁君方恃信，狂生体请缨”（或本作“圣孝定能达，勿复言请缨”可能是出于后人窜改）所指事实即此。李清照对之，不但不加反对，反而附和他说“或收犬马誓，与结天日盟”，岂不荒谬？至于那首七律，更进一步美化投降派的头子赵构，来欺骗沦陷区的人民。使后代人不能从诗人的文辞中，窥见历史的真实。

上胡松年的一首和上述两首虽写在同时，但随声附和的气味较少，可能是更多地流露了作者的真情话。如说“脱衣已被汉恩暖，离歌不道易水寒”，就对胡的贪生怕死有所暴露；说“夷虏从来性虎狼，不虞戒备庸何伤”，就是在支持主战派的陈兵边界，以备不虞；说“遗氓岂当种桑麻，败将犹闻保城郭”，就是在怀念沦陷区的人民和孤军奋战的将士；但语气比较悲凉，没有表现出沦陷区人民和敌人斗争的英雄气概。最后还是以自伤沦落，泪洒山河作结，这就暴露了她已经丧失了曾经一度存在过的雄心壮志。因此给读者的印象，就不再是斗志昂扬，而仅仅是欷歔感叹了。至于《打马赋》，过去曾有人给予它过高评价（如李汉章《题李易安打马图》），也不恰当。试看这篇作品的末尾，明有“木兰横戈好女子，老贫不复志千里”，则实使人一方面钦佩她曾经立过跃马横戈的雄心大志，另一方面又使人感到她随着年龄的衰老，暮气加重，取消了素日的报国宏愿。给予读者的印象，就不完全是鼓舞振奋，同时也感到衰迈消沉。

《打马图序》虽然记录的是闺房中的一种游戏，但这里也有作者生活的片段和南渡时社会动乱的图景。如“今年冬（绍兴四年）十月朔，闻淮上警报，江浙之人，自东走西，自南走北，居山林者谋入城市，居城市者谋入山林，旁午络绎，莫知所之”就是。我们知道作者的视野现在更加广阔，她所能看到的，已经不仅仅是统治阶级的内部，而且也更广泛地接触到广大的社会人民。但是应当指出，她笔下所概括的恐怕很大一部分是社会的上层，她依然不能准确地表现人民。

和上述这两篇作品写在同一年代的《金石录后序》，作者通过自己的生活经历，勾画出金人入侵时，宋朝上层社会的腐朽无能，诪张狼狈最生动、最丑恶的面相，比之一般历史记载，要具体而深刻集中得多。这里作者所概括的生活，远比她所理解的要广泛。例如“昔萧绎（梁元帝）江陵陷没，不惜国亡而毁裂书画；杨广（隋炀帝）江都倾覆，不悲身死而后取图书”之句，谁看了还会以为这仅只是在谈赵明诚一家，而不肯进一步地联想到当时捆载书画南渡的宋高宗赵构？没落阶级就是爱惜珍宝古玩远过于锦绣河山，更不用说对勤劳、勇敢、智慧的人民群众了！不仅如此，作者在这篇序文的前面说：“自王播、元载之祸，书画与胡椒无异；长舆、元凯之病，钱癖与传癖何殊？”这就无异自承她和赵明诚的大力收藏金石书画，自命风雅，实际和贪官污吏的聚敛财物没有任何差别。不过作者写这篇序文时，她仍然是站在原来的阶级立场来说话，因此使我们感觉不到她想坚决和旧生活、旧思想决裂，而是对旧生活表示无限的留恋与惆怅；如果不加批判，就会对读者发生很大的毒害作用。

李清照不仅仅是对政治关心，而且对文学也有自己的看法。集中还有《词论》一篇，我同意夏承焘先生不十分肯定的看法，认为这是一篇早期的作品。作者在这篇论文中，对唐代以后的作家作品提出了大胆的批评。从这里我们不难看出：这位青年词人对前辈作家多致微辞，可见她对古人并不盲目崇扬。例如对南唐二主，则说：“语虽甚多，所谓亡国之音哀以思也。”对柳永则说：“虽协音律，而词语尘下。”所有以上这些评语，我们认为是比较中肯而且多少是涉及作品的思想内容的。“所谓亡国之音哀以思”，还不是等于说南唐二主词所流露的是没落阶级的低沉灰暗情感？所谓“词语尘下”，还不是在批评柳永的“怯雨羞云情意，举措多娇媚”(《斗百花·满搦宫腰纤细》)；“无限狂心乘酒兴，这欢娱渐入佳景”(《昼夜乐》)；“殢雨尤云，有万般千种相怜惜”(《浪淘沙慢》)写和妓女胡缠乱搞，毫不知羞愧的那些卑劣作品吗？其中最为大家所非议的，是作者反对苏轼的“以诗为词”，因而认为她是反对苏轼对词体的“解放”。为了弄清是非，我在这里摘引马克思《给拉萨尔的信》里的一段话：

> 我现在谈：《佛朗茨·封·西金根》吧……现在且说坏的一面吧。第一——这是纯粹形式问题——既然你用韵文写，你就该把你的韵律安排得更艺术一些。但是不管这疏忽在职业诗人看来是多么可怕，我一般地认为这个剧本是好的，因为我们现在的末流诗人除了光滑的形式以外，再没有什么别的了。

问题已经被马克思讲得很清楚！马克思并不是一般地反对推敲韵律，而是反对末流诗人除去光滑的形式以外，就再也没有任何别的东西。李清照的《词论》反对苏轼词的“不协音律”，并没有错；错处是在于她没有从思想内容上来反对它。而且总的说来，《词论》批评古代词人，没有把政治标准提到首要的地位，这确是它的很大缺点。但是也不能说她评文完全不重视政治标准。不难设想，像“露垂倒影柳三变，桂子飘香张九成”(陆游《老学庵笔记》引李诗逸句)之句，热衷参加科举的进士们看了会高兴。果然，李清照在政治战线上和文艺战线上所展开的对敌猛攻，招来了敌人对她进行各式各样的迫害与报复。在政治上诬蔑她通金，在生活上捏造她晚年改嫁(一个五十二岁的老孀妇改嫁，在封建社会中是不可思议的)，在文艺创作上伪造许多低级作品来鱼目混珠，惑乱视听。在这些坏人当中，有秦桧的儿子秦梓，其余也就可想而知了。关于当时的这种无耻谰言，遍引没有必要，我只引王灼《碧鸡漫志》卷二所记一条如下：

> 易安居士，晚节流荡无归，作长短句……闾巷荒淫之语，肆意落笔，自古缙绅之家，能文妇女，未见有如此无顾忌(?)也……李戡尝痛元白诗纤艳不逞，非庄士雅人，多为其破坏，流于民间，子父女母，交口教授，淫言媟语，冬寒夏热，入人肌骨，不可除去……其风至闺房妇女，夸张笔墨，无所羞畏，殆不可使李戡见也。

王灼把李清照和元稹、白居易放在一起，加以诬蔑，显然在“声讨”背面，隐藏着可耻的政治目的。在王灼之辈心中，也许认为这样就可以使她抬不起头来；谁知千载之下的人读了，李清照竟上与元、白同列，这不但不是她的耻辱，反而是她的光荣。

但是李清照的诗，也有糟粕。集中有《端午帖子词》，虽是代替做宫嫔的亲戚所作，然她也不能一点不负有文责。这几首诗，完全是颂圣的阿谀文学，没有一点可取之处。我们评价李清照，也不应当对这类作品讳而不谈。要知道作者除去与帝室联姻之外（见周密《浩然斋雅谈》），她自己也曾“附御舟河道之温”（后序），可见“皇恩雨露”，也是直接沾过一点的。固无怪要和他们表示亲善了。

下面我想谈一谈李清照的词。

李清照的词，早年晚年的作品都有，最有阶值的是《渔家傲》“天接云涛连晓雾”一篇，这首词虽然小标题是记梦，但无妨看做是作者被压抑的政治抱负与热情的曲折反映。但封建社会给妇女安排的命运，政治理想是无法实现的。因此最终仍然只能以空幻的归宿作结。这首词的精神面貌，十分接近《九章·惜诵》，不过出之于妇女之口，故弥觉其难能可贵。

但作者的这种政治抱负，往往又和她的忠君思想和孤芳自赏的情调纠缠在一起，最典型的例子是《击梧桐》一首：“但怅望，王孙未赏，空使清香成阵，怎得稳根帝苑，开时不与众芳近；免教向，深岩暗谷，结成千万恨。”这说明她的思想意识，仍然没有摆脱封建贵族的羁绊。其中像这样的例子还很多，就不一一列举了。

李清照还有一些怀念故乡、怅望中原的词，这是她漂泊生活的一种反映。例如《清平乐》的“今年海角天涯”，《添字采桑子》咏芭蕉的“愁损离人，不惯起来听”，《临江仙》第一首“春归秣陵树，人老建康城”，《永遇乐》的“中州盛日，闺门多暇，记得偏重三五”，《转调满庭芳》的“惟愁海角天涯”，《鹧鸪天》的“仲宣怀远更凄凉”……这些词虽然也不能说没有一定的思想性，但是多以沉郁低徊的情调出之，就不能启发人改变现状，因此就不能给予较高估价。

占比重较大的是闺情词。

李清照是一个贵族家庭的妇女，关于她与赵明诚夫妻间的爱情生活，如果单从赵明诚的《题象诗》“清丽其词，端庄其品，归去来兮，真堪偕隐”及《金石录后序》“取半千钱，步入相国寺，市碑文果实归，相对展玩咀嚼，自谓葛天氏之民也。”“余性偶强记，每饭罢，坐归来堂，烹茶，指堆积书史，言某事……中即举杯大笑……甘心老是乡矣。”以及赵明诚死后，所写祭文的片断词句所表露的感情的悲痛看起来，殊使人感觉她们的感情，虽是建立于封建包办婚姻的基础之上，还是相当友爱和睦的。但是如果我们把李清照的全部存留作品考察一下，就不难发现李清照和赵明诚之间还是有些矛盾的。譬如《金石录后序》李清照记赵明诚临死前的情况说“殊无分香卖屦之意”，就无意中流露了赵明诚的蓄有姬妾。李清照生活在这样的家庭中，是不是会有不满？这是本文想进一步探索的问题。果然，在她所写一首最长的慢词《多丽》篇，就有如下一系列的词句：“也不似贵妃醉脸，也不似孙寿愁眉，韩令偷香，徐娘傅粉，莫将比拟未新奇。……似愁凝汉皋解珮，似泪洒纨扇题诗……人情好，何须更忆，泽畔东篱。”这就无异表露自己，绝不甘心像上举古代妇女成为丈夫苟且和玩弄的对象。但是即使自己生活如此严肃，也仍然在忧愁丈夫的随时会有“外遇”，自己的爱情会被夺移。特别是丈夫一出仕，可以广纳姬妾，还有谁仍然会记挂穷约时期的老妻，《多丽》词下题兰菊，大家公认是作者自己人格的体现。因此被后世画家为“易安居士”写真时经常采用的题材。因此，我们敢于肯定《多丽》这首慢词，应当多少带有她自己家庭生活的投影。

从此我们就不禁发现另外一个秘密，即赵明诚虽有几次出仕，但等他盖棺的时候，李清照仍然仅只称他为庞翁，庞翁就是东汉末年的庞德公，是一位隐士。赵明诚虽然也有很长的一个时期隐居，但他毕竟不是庞德公，可见作者是有意识地在美化和夸大他这一段生活。这种文学艺术题材上的选择与夸张，就不能不联系到作者本身的利害(还可能有不满赵氏聚敛之风的因素)。试看作者写在上引《金石录后序》所记归来堂生活那一段，多么得意忘形？并且意志十分坚定地说：“故虽处忧患困穷，而志不屈。”但是当赵明诚一旦出仕，李清照马上就换了另外一付心情，说“若有音书凭过雁，东莱不似蓬莱远”(《蝶恋花》第一首)，这首词应当写在李清照三十八岁那年，时赵明诚正处在长期隐居开始出仕的时候，而李清照的心情反而感到冷漠。其后李赵相偕南渡，赵明诚做建康令，李清照写《临江仙》词(见上引)，也是如此。于是我们就不禁发生这样疑问，像《西厢记》《琵琶记》里崔莺莺、赵五娘反对张生和蔡伯喈应试的心情，李清照是否也会有些？《漱玉集》有许多写别恨的篇章，这些词如果我们不晓得古代贵族妇女的处境，也可能责难她别离乃人生中细故，而抑郁伤怀到这步田地，正是没落阶级的心理特征。其实何止李清照？《西厢记》送别一出：“碧云天，黄叶地，西风紧，北雁南飞，晓来谁染霜林醉，总是离人泪!”(《端正好》)

大家都在赞赏，就因为它不仅仅是写出了女主角的离愁别绪，而是在这种离愁别恨中，浸透着封建妇女时常担心自己被遗弃的血和泪。

李清照虽然有知识，有才华，有骨气，而且当赵明诚在政治上失意的时候，肯与他同甘共苦，不过作为贵族出身的赵明诚，是否能够始终尊重她这种高标逸韵，就很成问题了。当他宦途寥落的时候，虽然会感到老妻那种"处忧患困穷而志不屈"的品质的可贵，《题象诗》来个"端庄其品……真堪偕隐"，但一朝成为达官贵人，原来堪偕隐的人就未必能同骖鹤辔，原来心目中对她所感到的端庄，在另一种场合中，就可能变成"臭谬"。难道贵族妇女的这种遭遇，在历史上是少有的吗？

尽管李清照如何高尚其志，然而她到底无法改变封建社会与家庭给妇女们所安排下的命运，到底无法扭转男人对妇女"色存爱存，色衰爱弛"的玩弄思想。问题并不在乎离婚和不离婚，长门、冷宫的况味，实际上要比离婚更苦，反正同样是被遗弃。

李清照也似乎亲身经历了这种苦况，当她年老色衰的时候，对方的爱情就一去不复返，她在寻觅(《声声慢》)，但是寻觅的结果，却惹得满身烦恼，"怎一个愁字了得!"这就无异表明，在"愁字"言外，还有怨恨。

这样的主题，在李清照的词里，是数见不鲜的。《满庭芳》下阙，这样写道："从来知韵胜，难堪雨借，不耐风揉，更谁家横笛，吹动浓愁。莫恨香消雪减，须信道扫迹难留。难言处，良宵淡月，疏影尚风流。"李清照自负其高标逸韵，自然不能忍受男子的滥发淫威。但经过一番热闹地争吵以后，又继之以无情的冷漠。冷漠是爱情的完全破产。《凤凰台上忆吹箫》里有这样的几句："新来瘦，非关病酒，不是悲秋。"由此可见，李清照词里往往有一些感时叹逝之作，绝不是无病呻吟，而正有其难言之隐在。这种难言之隐，主要应当是对赵明诚不满，而又不能克服温情，和对方彻底决裂，因此陷于不能自拔的苦境。

为了充分说明问题，我愿意再介绍一下《金石录后序》，因为这篇文章更直接地记录了二人的生活关系。关于收藏图书彝器，我们应当看成主要是赵明诚的事情。《金石录》本赵明诚所著，他是当时很大的一个收藏家。收藏图书彝器正是当时上层社会的风气，实际是皇室和贵族的公开垄断国宝。李清照虽为此书作后序，而且有时自解裙钗，从事撮集，但这仅仅是一种对赵明诚的赞助行为。两人的旨趣有相通之处，也有不同之处。大约李清照的收书，近于作家和学者；赵明诚的收书，则近于古董家、收藏家。因此两人对书的态度，有所不同。赵明诚那种有人借阅书籍，稍一损坏，必须责令修复完好的作风，李清照似乎并不赏识。因此她说："是顾适意，而反取憀慄，余性不耐。"这种矛盾发展到后来就愈加显著。当金人入侵，她们举家南渡，平素所藏，已成流人莫大之累，看李清照如何记录赵明诚对妻子的态度？"余意甚恶，呼曰：如闻城中缓急奈何？戟手遥应曰……所谓宗器者，可自抱负，与身俱存亡！"这什么话？难道说"宗器"遗失，还要老妻抵命不成！如果我们要是当事人，不知当做何想？这时候李清照在赵明诚的眼里，已经比东西还轻，也可以证明他对李清照的爱情到底如何了。

然而可惜也可恨的是，李清照对待这样一个丈夫，竟没有多少反抗。因此就不能不使人怀疑，她对丈夫的关系，还是以容忍为怀，远不像对朝廷和家长来得刚猛。因而她的闺情词，就总的倾向看，是软弱无力的。如果介绍不当，就可能对青年一代发生毒害和腐蚀作用。

此外，李清照还作了一些写景的小令，最好应当推《如梦令》"常记溪亭日暮"一首。其"兴尽晚回舟，误入藕花深处。争渡，争渡，惊起一滩鸥鹭"，风格刚健清新，和《敕勒歌》有异曲同工之妙。给读者的感染，是生动轩昂，没有一点低沉感伤的情调。

总而言之，李清照身值乱离，在她的作品当中有所反映；但是她没有写出异族侵略给人民所带来的严重灾难，和表现出人民的团结御侮精神。她的思想情感和人民有很大的距离。一直到最后还没有很好地克服，因此就妨碍了她的创作进一步提高。因此她在中国文学史上应当享有一定的地位，但不能厕身于伟大作家如杜甫、陆游、辛弃疾之林。

她的一生是悲剧的一生。构成悲剧的主要原因，是她虽有政治理想，但是没有政治实践。因为她是一个女子，无法摆脱封建社会重男轻女的命运。凭着个人著作，凭着个人作战，结局自然不能不是悲剧。我们今天读她的作品，一方面要在当时具体的历史条件下，发掘她在当时所起的进步作用；另一方面又要严肃指出作者的阶级局限，指明她仅是具有一定正义感和反抗性的贵族妇女。她有时候指责皇帝，但在另一种场合就又颂扬皇帝。她的爱国思想和忠孝观念同时并存，她和人民的思想感情有很大距离，她那晚年作品的抑郁低沉的情调，不管促成这客观的原因是什么？但总是表明了作者在个别问题上仍然是个弱者，因此就应当加以批判！

（载《文史哲》，1962）